1958 年，唐德剛與胡適合影於哥倫比亞大學東亞所。

唐德剛教授出席「海外胡適研究現狀」講演會

唐德剛（右）與白馬文藝社的友人周策縱（中）、劉紹唐（左）合影

1988 年攝於紐約何靈琰（右四）家中。右起唐德剛、王方宇、夏夫人王洞、何靈琰、夏志清、心笛（浦麗琳）。

唐德剛與好友合影。左起汪榮祖、唐德剛、劉紹唐、陶英惠、李敖。

1992 年 9 月，唐德剛（右一）與胡昌度（左二）、熊玠（左一）合影。

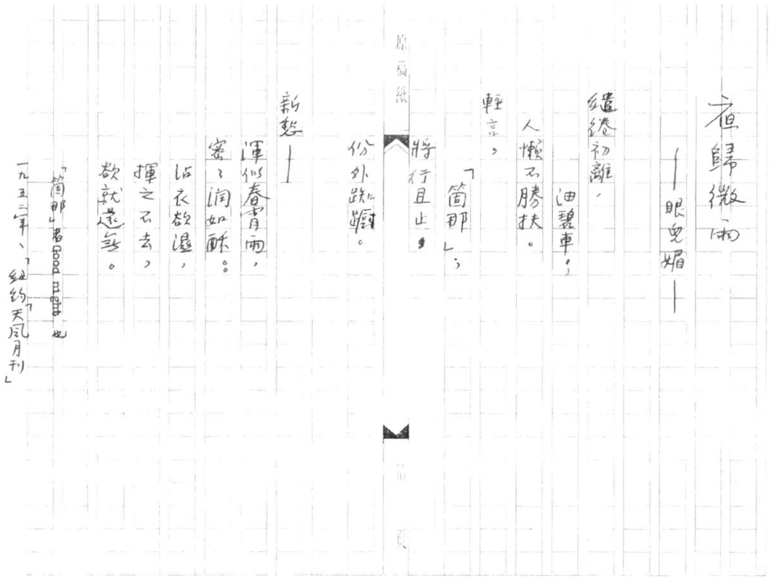

夜歸微雨

—眼兒媚—

繾綣初離，油碧車；人懶不勝扶。輕言，「箇耶」；將行且止，份外踟躕。

新愁—渾似春宵雨，密密潤如酥。沾衣欲濕，揮之不去，欲就還無。

「箇耶」者Good night也

一九五三年、「紐約『天風月刊』」

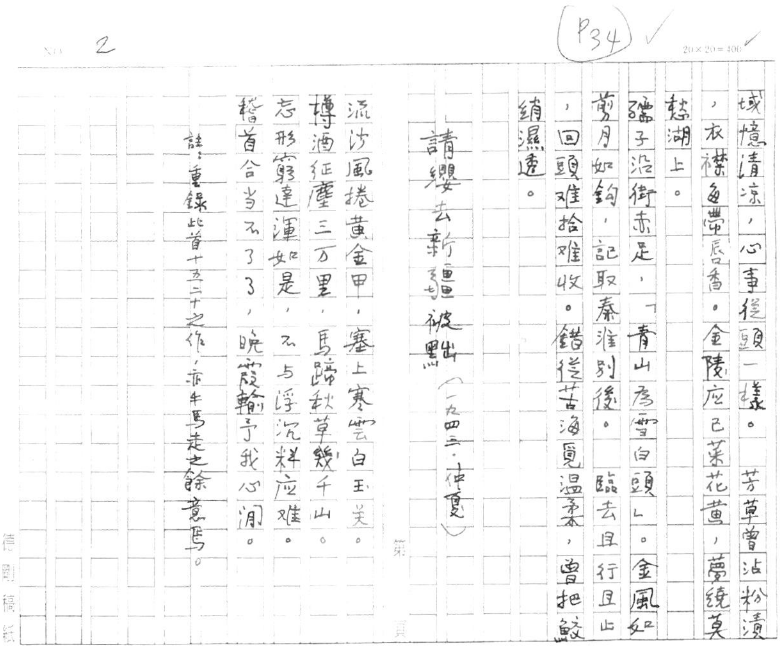

NO 2　P34

域憶清涼，心事從頭一樣。芳草曾沾粉漬，衣襟多帶唇香。金陵应已菜花黃，夢繞莫愁湖上。

孺子沿街赤足，「青山为雪白頭」。金風如剪月如鉤，記取秦淮別後。臨去且行且止，回頭难捨难收。錯從苦海覓溫柔，曾把鮫綃濕透。

請纓去新疆被黜（一九四三・仲夏）

流沙風捲黃金甲，塞上寒雲白玉关。
樽酒征塵三万里，馬蹄秋草幾千山。
忘形窮達渾如是，不与浮沉料应难。
稽首合当不了了，晚霞輸予我心閒。

註：重錄此首十五二十之作，亦牛馬走之餘意焉。

唐德剛舊體詩稿手跡

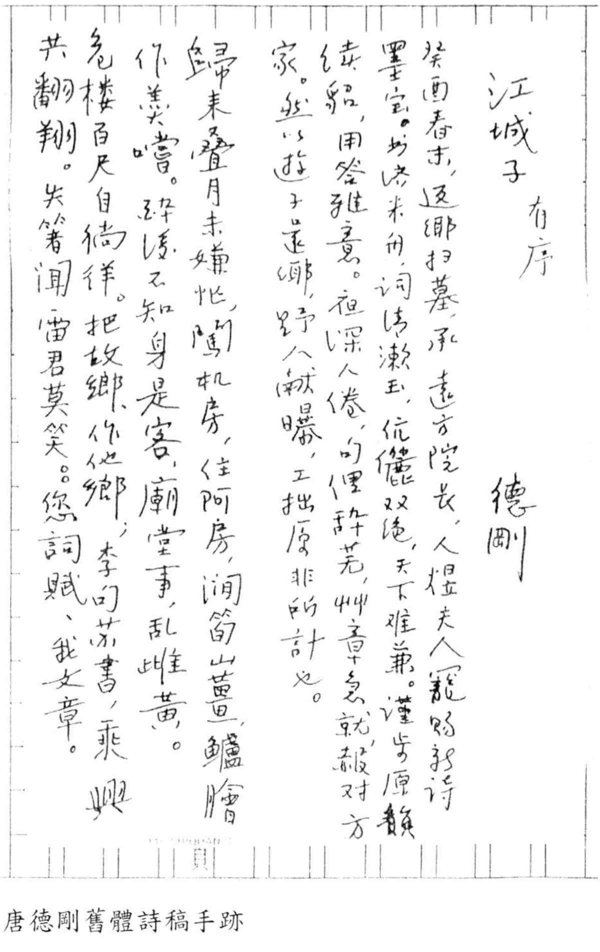
江城子 有序

德剛

癸酉春末，返鄉掃墓，承 袁方院長，人杰夫人寵賜新詩墨寶。如洛米舟，詞清漱玉，伉儷雙絶，天下難兼。謹步原韻續貂，用答雅意。但深人倦，句俚辭荒，草草急就，赧對方家。然以遊子返鄉，野人獻曝，工拙原非所計也。

歸來疊月未嫌忙，闖机房，住阿房，澗筍山薑，鱸膾作羹嚐。醉後不知身是客，廟堂事，亂雌黃。危樓百尺自徜徉。把故鄉，作他鄉；李白蘇書，乘興共翻翔。失箸聞雷君莫笑。您詞賦、我文章。

唐德剛舊體詩稿手跡

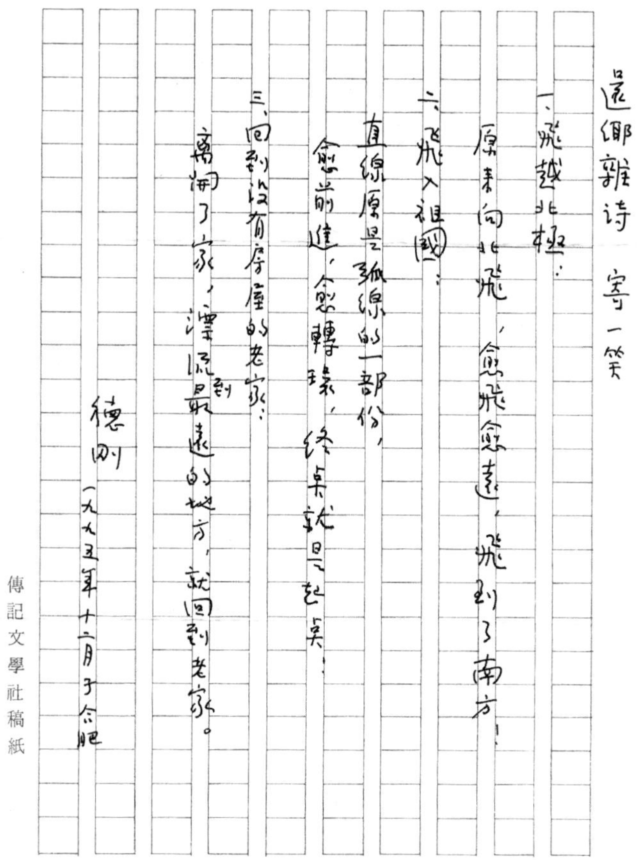
還鄉雜詩　寄一笑

一、飛越北極：

原來向北飛，愈飛愈遠，飛到了南方！

二、飛入祖國：

直線原是弧線的一部份，

愈前進，愈轉環，終點就是起點！

三、回到沒有房屋的老家：

離開了家，漂流到最遠的地方，就回到老家。

德剛

一九九五年十二月于合肥

傳記文學社稿紙

唐德剛新詩稿手跡

唐德剛作品，包含民國通史、口述歷史、散文、小說等等，集歷史學家與文學家於一身。

唐德剛作品集

國家圖書館出版品預行編目資料

五四新文化 / 唐德剛著 ; 中國近代口述史學會編 . --
初版 . -- 臺北市 : 遠流 , 2019.05
面 ;　公分 . -- (唐德剛作品集)

ISBN 978-957-32-8543-4 (平裝)

1. 五四運動　2. 文集

628.263　108005284

唐德剛作品集
五四新文化

作　　者——唐德剛
編　　者——中國近代口述史學會
總監暨總編輯——林馨琴
編輯協力——楊伊琳
行銷企畫——趙揚光
封面設計——張士勇

發 行 人——王榮文
出版發行——遠流出版事業股份有限公司
臺北市 10084 南昌路 2 段 81 號 6 樓
電話／ 2392-6899 傳真／ 2392-6658
郵撥／ 0189456-1
著作權顧問——蕭雄淋律師
2019 年 05 月 01 日　初版一刷
售價新台幣 480 元（缺頁或破損的書，請寄回更換）

ISBN 978-957-32-8543-4

YLib 遠流博識網

http://www.ylib.com　E-mail:ylib@ylib.com

五四新文化

附唐德剛詩詞鈔

唐德剛——著
中國近代口述史學會——編

序

人間彩筆本歸唐

汪榮祖

二〇一九年適逢「五四運動」一百週年，百年一遇，很是難得。唐德剛只比「五四」小一歲，未能躬逢其盛，否則必能再寫一篇精彩的「五四百年祭」；不過，他在「五四」六十年、七十年、八十年、以及不是整年的「五四」紀念日，都有文章評說。今「人」去「文」在，遠流出版公司收集唐公有關「五四」的文章，集為一編，既可為「五四」百年來的評價留下記錄，也可為唐公百歲初度作為紀念，甚有意義。中國近代口述史會長禤福煇先生與遠流總編林馨琴女士囑我為此書寫序，不敢推辭，並借此懷念亡友。

唐公文章具有獨特的風格，詼諧可讀，讀其文如聽說書，引人入勝，趣味無窮。我在悼念唐公的詩裡，曾有「人間彩筆本歸唐」之句，應非虛譽。斯編僅收錄與「五四」相關議題，包括「五四」的性質、胡適的定位、新詩與戲曲，但特別要向讀者推薦的是與胡適相關的文字。胡適不僅是「五四」的要角，而且是唐德剛曾經過從甚密的鄉前輩。唐公執弟子禮（自稱再傳弟子），胡大師視為閉門愛徒，在胡寓吃徽州菜、私室交談，錄音口述。胡適生前的朋友無數，但像胡唐兩位無話不談的密友，尚不多見。當今仍有「罵胡」與「捧胡」兩派，唐公無疑是首屈一指的「知胡」派，讀者可以一讀他的《胡適雜憶》。

胡唐師徒情深，可以想見。唐公對胡大師有深厚的感情，自不待贅言。在感性方面，唐視胡為中國文化巨人，自孔老夫子以下僅有的一百位巨人中，「適之先生是最近和最後的一位」，雖非空前，已經絕後；評價之高，無以復加。中國大陸在一九五〇年代初，曾出版百萬言批判胡適，從哲學思想、政治思想、歷史觀點、文學思想、哲學史觀點、文學史觀點、考據學、紅學的藝術性、紅學的人民性，九個方面清除胡適思想的「流毒」，反而如唐公所言，成就胡適成為「九項全能的學人」；唐公親眼目睹，看到胡適對批判他是心中竊喜的。唐公覺得還可加上禪宗史研究，湊成十項全能。

不過，唐德剛畢竟是訓練有素的歷史學者，或如西洋人所說的，是「不帶情緒的史家」（dispassionate historian），以直筆為榮，以曲筆為恥，說真話，有不為賢者諱的氣魄。所以唐公雖推崇胡老師備至，但所見不同時，雅不欲屈己奉承；十項全能之中，如有不足之處，也要說得一清二楚，亦洋人所謂「吾愛吾師，更愛真理」也。胡適的專業是哲學，師從杜威（John

Dewey），風從「實驗主義」，但唐在《胡適全集》中，找不到一篇有關研究這方面哲學的學術論文，略可呼應金岳霖對胡適哲學之批評。胡適治史學，以考據癖著名，惜流於「為考據而考據」，成為「無用之學」，唐更直言：考據乃輔助學科；換言之，考據乃手段而非目的，亦為胡老師未能稍涉社會科學方法，感到遺憾。胡適宣導文學革命，聲名最著，提出「八不主義」，雖風靡一時，但唐質疑「八不」，並無新意；再者，以唐之見，大力提倡白話，矯枉過正，在胡適推波助瀾之下，十二、三歲學齡兒童記憶力最好的時候，不去背誦唐詩宋詞，而去讀「時光老人，滴答、滴答」的白話文，以至於不懂平仄四聲，失去理解中國文字特性的機會。胡將文言視為「死文字」，欲以白話取代文言，唐公尤其不能接受，指出：「我國五四以後，新文化教育家不許教文言文，而吾國古典文化幾乎全是文言文寫的，文言被一刀切掉，新文人對舊文學就茫然無知了」！這「一刀切」的嚴重後果，對後代而言，猶如「造孽」。唐公說得極好：各國「都有其獨特的文化傳統，和語言文字的特徵，他山之石，可以攻錯，吸收他人之精華，提出自己的糟粕，原是義無反顧的，但是我們斷然不可，因為洋人怎樣，我們一定也要怎樣」。但刻意要跟著洋人學樣，胡豈能辭其咎乎？胡又要以新詩取代舊詩，但所謂新詩，依唐之見，乃是洋詩「橫的移植」，若無「縱的承受」，終究如無根之浮萍，甚至造成如唐公引施子瑜教授所說：「三千學子盡詩盲」的結局。唐公雖亦致力於白話詩的寫作，但一直覺得新詩「多愁多病」、「經不起風吹雨打」；胡適雖嘗試了六十年，但「新詩似乎只有詩人們自己在沙龍內，彼此欣賞，互相讚嘆」！唐公終感不如舊詩的引人入勝，新一代的學者文人，包括院士、院長在內，也不免手癢，要寫律詩，結果因「不懂平仄」、「拗救不易」，只會貽笑大方。胡適居然也承認，寫好律詩非幾十年的功夫莫辦，足見其藝術價值之高；然而如此藝術，讓其消逝，豈不可惜？幸有葉嘉瑩教授亟生平之力，講授並宣揚舊詩詞，引起廣泛的注意，漸受重視。

毋庸置疑，唐德剛對胡適倡導「全盤西化」，是頗有微詞的，不僅僅導致「縱橫失調」，幾乎是有橫無縱，把中國幾千年的文化也「一刀切」了。「五四」諸公誤將現代化等同西化，盲目追隨；正確的認知應該是：中國傳統在西方文化影響下的現代化。客觀的科技可以照搬，但具有主體性的文化則不可；否則，便無「固有文化」存在的可能。胡適雖說：「沒有哪個民族，可以完全去掉它底固有文化的」，但按照胡適「全盤西化」或「全心全意西化」的辦法，中華「固有文化」必然危同累卵。唐公於「五四」七十周年時已經見及，望能重估「五四」價值；到八十周年，更感失去「縱的承繼」，有文化萎縮的「燃眉之急」！然而又過了二、三十年後的今天，仍挽瀾乏力，似乎春去不復返。

唐德剛雖生於「五四」之後，但在上新學堂之前，有接觸舊學的機緣；他那一代人尚有此機緣，再下一代就絕無僅有了。唐公提及胡適在自述中說：他十二歲到上海讀書時已經讀過易經，所以能夠糾正他的沈老師，誤將易傳當作左傳。「小胡適」除天資聰慧外，如何有此能耐？

不言而喻。遺憾的是「一刀切」之後，傳統既被清除，不可能再有這樣的「小胡適」了。結果呢？唐德剛在「五四」八十周年時說：「已經八十年，玉石俱焚，結果我們在廢墟之上蓋了些不三不四的小洋房，住進了許多兩頭不通氣的半唐番小青年、小魯迅」！一針見血之論，言之痛心。

當今為胡適寫傳者，屈指難數，然唯有唐德剛與李敖與胡適有親切接觸，心靈互通，所以寫得最為真實生動。十八世紀蘇格蘭人包斯威爾（James Boswell）為英國文豪詹森（Samuel Johnson）立傳，曾與傳主相處百餘日，果然寫出一本傑作。李敖與胡適長談一次，短敘三次，原擬寫十卷本胡適評傳，但出第一冊後，不想再寫。胡適對這位年輕知己，青眼有加，雖李對胡褒貶兼有，但逝世之前仍關心李的近況。唐德剛與胡適相處的日子，要長得多，寫作風格也像包斯威爾，引用對話與表達親切感受。唐一生久居紐約，而紐約成為國共內戰後，許多達官貴人寄寓之地，唐有志於現代史，對那些名人，包括胡適在內，多有來往。胡適既看重他的哥大後學，又重鄉誼，久而成為忘年莫逆，並完成《胡適口述自傳》，口述期間親切交往，具見於《胡適雜憶》一書。正由於有機會就近觀察，才能夠鬚眉畢見；胡適即使是完人，是人就會有缺點。唐、李兩人對胡適的評價未必相同，但皆褒而不避貶。唐德剛尊胡而不鄉愿，不惜直言毋隱，但在捧胡者眼裡，不免會被視為「猶大」，最具代表性的捧胡派蘇雪林，對胡適最欣賞的兩位後學，痛恨不已，視為恩將仇報。最引起軒然大波的是所謂「胡適的博士問題」。唐公在第二篇寫道：

胡適的博士論文，《先秦名學史》，後來衍伸為《中國哲學史大綱》（上卷），實在是中國文化史上一部劃時代的巨著，可惜作者不識時務，誤將「明月照溝渠」大材小用，把這篇光彩輝煌，有「啟蒙性貢獻」的傑作，誤當作學報性的文章，作為博士論文，投入哥大這個溝渠，不幸五大主考都不通漢學（夏德略識漢文），不語精義，看不懂這篇論文，所以博士生胡適就吃癟了。

吃什麼癟呢？就是考試沒過嘛！那還了得？但唐德剛不是道聽塗說，而是他在哥倫比亞大學手稿珍藏室所見，後來手稿非家屬同意，不得見！此事並無關宏旨，更何況胡適雖沒有在一九一七年拿到學位，而且沒拿到不是胡適的錯，錯在洋教授不識貨，更何況十年後還是取得博士學位，無礙胡適的博士頭銜。不幸的是：唐德剛說了實話，捅了簍子，引起撻伐。據我所知，唐公對此頗感無奈，未再多言。

我自一九七一年起在美東教書直到二〇〇三年退休，與唐公在紐約、華府，以及亞洲學會在各地開會之便，聚談甚歡，書信來往更多，猶留存唐函約二十餘封。進入世紀的二〇〇〇年，唐公已經退休，移居三藩市，於歲末來函寫道：

榮祖善儀兄嫂，新年康樂。人老了，跑不動了。這次在台北講台上，突感不適，為免倒而不斃，匆忙退席，倚老賣老一番。嗣又被拉夫去綠島過夜，並吟歪詩一首乞正。（人權夜宿綠島聞綠島小夜曲〉：月迷島黯海聲喧，夜曲遙聞百感煎；萬劫神州餘漏網（您與李敖總統還不夠格），覆巢安忍一雛全（地富反壞右全家遭殃，一人獨免）；最憐兩岸慈親淚（人權碑上語），難化雙獠霸主鞭；欲拜豐碑申一願，要憑禿筆別奸賢。德剛偕眷拜年，二〇〇〇於加州。

唐公直到辭世前仍鍾情於舊詩，借詩澆胸中塊壘，我東施效顰，亦以「歪詩」反思五四百年，兼念故交。是為序。

百年一遇不尋常，又見群賢為爾忙；
獨恨斯人騎鶴去，惟將彩筆作金藏；
師尊未必皆真理，弟子猶能卸偽裝；
縱承已斷應哀悼，橫植無根逮可傷。

汪榮祖

二〇一九年四月二日寫於林口大未來居

汪榮祖，美國維琴尼亞州立大學榮退教授(Professor Emeritus)、中央大學歷史講座教授、中央研究院近史所兼任研究員、天津南開大學歷史學院訪問講座教授。

編者的話

唐德剛教授是中國近代口述史學會的創辦人。二〇〇九年唐先生不幸病故後，唐夫人吳昭文女士將整理唐先生遺作的重任交付本會。除二〇一〇年的《唐德剛與口述歷史：唐德剛教授逝世周年紀念文集》外，至今我們已陸續編輯完成了《段祺瑞政權》（二〇一二）、《中國之惑新編》（二〇一三）、《民國史抗戰篇：八年烽火》（二〇一四）、《中國革命簡史》（古蒼林翻譯、夏沛然審校，二〇一四）四本著作。

二〇一五年遠流游奇惠前主編建議本會編選唐先生的五四文集，可惜篇幅略有不足，會員也多忙於抗戰口述項目，不得不暫行擱置。今年年初林馨琴總編前事重提，并建議附入唐教授的詩詞，以紀念五四運動一百週年和明年的唐先生百歲誕辰。我們欣表讚同。

編寫民國通史是唐教授的宏願，生前修訂的該書大綱曾列入「五四運動篇」[1]，惜因晚年多病，未能如願完成。唐先生一向認為，一部中國近現代史是由現代化轉型運動的各個階段組成，一轉百轉；而五四則是一場新文化的現代化運動，是磅礴歷史長河的一大洪峰巨浪，繼往開來，并與歷來由政治活動家所推動的其他階段有所不同，具有非常特殊的意義。五四到如今雖然已經百年，還一直是我們說不盡、道不完的話題。

本書正編分為四個部分。第一部分「五四概論」收入了唐先生為紀念五四運動六十至八十周年而寫的四篇文章，概述五四廣狹、大小的不同定義，其承先啟後的地位及功過得失，重新評估其歷史價值。

胡適是五四新文化運動的一代宗師，科學、民主、實驗主義乃至白話文、新詩等胡適的有關「科目」，也早已成為五四留給我們的寶貴遺產。第二部分「胡適定位」的前三篇將胡適的歷史地位和作用，一一詳細道來。〈淺釋科學民主，追悼適之先生〉是胡適去世時的追悼專文，彌足珍貴。實驗主義二十年代前後曾在中國盛行一時，但後來卻銷聲匿跡。〈實驗主義新詮〉和〈對拙作實驗主義新詮的幾點解釋〉寫於一九六一年；十七年後大陸提出「實踐是檢驗真理的唯一標準」的口號，帶來了後來的快速經濟發展。

五四也是一場文學革命。歷來文史不分家，唐先生是歷史學家，也是文學家。在第三部分「文學轉型」中，唐先生回憶了他與新舊文學的終生因緣。從史家和行家的角度，多方面回顧和討論了新詩的發展歷程和現代化轉型困境，認為中文有自身的語言特點，我國在詩歌方面有著自《詩經》以來的三千年燦爛傳統，新詩既要有「橫的移植」，但也要有「縱的承繼」；文言和白話骨肉相連，不可偏廢。

戲曲既也是案頭之曲的純文學，也是場上之曲的表演藝術。在最後的「戲曲世界」部分，唐先生用亦莊亦諧的絕妙文筆，談述了在五四新文化的滾滾浪潮下，傳統戲曲在現代社會中的價值和如何世界化的問題。

如果說從《五十年代底塵埃》、《戰爭與愛情》，可看到唐先生小說家的一面，那麼本書附錄的詩詞鈔，可看到他詩人的一面。本書是唐先生詩詞的首次結集。舊體詩詞部分是以唐先生遺留的詩稿為基礎，經我們的多方搜集和補充，共收唐先生一九四一至二〇〇一年的一六〇首作品，按寫作時間排序。部分原無斷句的詩詞標題和按語現增加標點，方便讀者閱讀；少數詩題的原有抬頭現概予省略，方便排印。新詩部分收入作品二十五首，選自《白馬社新詩選》（周策縱先生、心笛、王潤華合編，台北：新地文化藝術，二〇一〇）。

本書的全部編成，有賴本會同仁的共同努力。正編由孔強生負責，禤福煇會長補正。詩詞集由王渝主編，孔強生補遺。編輯過程中各會員多方提供寶貴意見。我們要特別感謝汪榮祖教授百忙之中撥冗賜序，為本書增色不少。另感謝梅振才先生幫忙辨認詩稿手跡，吳歡章教授惠賜數首佚詩。

謹以此書，表達我們對唐德剛教授的不盡懷念。

中國近代口述史學會
二〇一九年四月

【附註】

1. 見本會編《段祺瑞政權》禤福煇會長序，第ii頁。

目錄

五四概論

十八灘頭亂石多

信疆：

承詢有關「五四運動」的問題。我們學歷史的在職業上說都是些「事後始知」的覽脚司馬懿，而「事雖過去」，我們「知」的仍然不一定正確；實在不應亂說。然既勞下問，却之不恭，也就只好不揣淺薄，略談管見。

我國自秦始皇廢封建到宣統退位，二千多年中的「中國生活方式」（the Chinese way of life），可說是沒有太大的變動。所謂「生活方式」當然是包括衣食住行、思想行為、風俗習慣等等在一起的文化整體。這種千年不變的中華大帝國中，農業社會裏的生活方式，並不是如時俗感覺過敏的學人們所說的什麼「落伍」或「不進步」。相反的，它却是許多思想家所嚮往的「較好的」甚或「最好的」生活方式。

美國民主思想的開山大師桀符生，當年便一再強調，中國小農制鄉村社會的生活方式，才是人類社會生活的典範；那也是所謂「桀符生德謨克拉斯」（Jeffersonian democracy）（編按：桀符生為傑弗遜舊譯。）的原始理想。

本來嘛，人生在世，總希望他底社會生活過得健康快樂。桀符生那時便認為小農制下的中國社會生活，遠比工商業發達的歐洲社會生活，要健康快樂得多。他這番話，實在是有他的道理的。

可是我們這個千年未變的生活方式，近百年來忽然弄得非變不可了。變好、變壞，那是另一問題。「非變不可」則是擺在面前的事實。所以一部中國社會發展史，正像一條浩浩奔流的長江大河，它平穩地流了兩千里，這一下忽然流入了一段狹谷險灘，一下子波濤洶湧起來，發生了「突變」。這也就是前賢所說的，「誠二千年來所未有之大變局也！」這句話的真實意義吧。

自清季迄今，我們已變了一百多年。今日回顧，吾人也可看出這段「突變」的程序，原是以「一波未平，一波又起」的方式向前流動的；而這些驚濤駭浪，固然是由于地心吸力、月球引力等等的「必然」因素所促成；但是大氣中的風向轉換、氣候變化、雨量多寡等等不可預測的「偶然」條件，對它發展的情勢也有決定性的影響。我們讀歷史的人以及一切意識形態理論家，對這些變幻無常的時代波濤，都是不能未卜先知的。「五四」也者，便是這場「突變」之中，不可捉摸的時代波濤之中的一個「浪頭」而已。

我國長江中下游一帶的農村裏，以前便有句可笑的歇後語叫做「禿子掉到江裏去，一浪一個花頭。」在我國近百年，後浪推前浪的歷史洪流裏，就不知道有多少禿子掉到江裏去了。失足落水之後，他們多半都只能「花頭」一現，便滅頂了。泳術較佳的，就多現一兩次，最後還是隨波臣而去。

蘇東坡說得好，「大江東去，浪淘盡，千古風流人物！」但是從大江岸邊的黃鶴樓上看下去，「風流人物」算得老幾？他們不過是在浪裏露了一兩次「花頭」的墮江禿子而已。大江流日夜，風流云乎哉？

中華民族現代化底社會發展的洪流，截至目前為止，還未能完全通過這一段「過灘時代」。「十八灘頭亂石多！」一灘一灘地「過」下去，正不知道有多少禿子落水，真是驚險絕倫。但是十八灘總歸是會過完的。到那時，「晴川歷歷漢陽樹，芳草萋萋鸚鵡洲」；清風徐來，水波不興，那就是我們子孫重享昇平的時候了。

拉雜寫來，不成篇章，千祈教正為幸。

唐德剛　四月二十日

＊原載於《中國時報》一九七九年五月十日

五四內容的新鑑定

記得在重慶沙坪壩讀書的時候，我們的大學校長羅家倫先生是言必稱「五四」的。連那時我們師生對淪陷區通信所用的「假地址」，也離不了「五四」——我們的通訊處是「重慶、沙坪壩、松林坡、五十四號」。我當時所收到自陷區所寄來的家書，信封上所寫的便是這個不存在的假地址。

羅家倫先生是「五四運動宣言」的撰稿人。那宣言也是他個人留在中國歷史上，唯一的一篇「不朽的著述」吧。所以他言必稱「五四」。

羅家倫是胡適之先生的學生。胡適當然更是這個「五四」的宗師，這個「運動」底鎮山老祖。在那時我們那批胡適之「學生的學生」底心目中，胡適當然更是個言必稱「五四」的「五四」大人物了。誰知事有出乎常理者。在我第一次和胡先生談起「五四」時，他便把「五四運動」大罵了一通。他說他那時在上海，他個人和這個「運動」「毫無關係」！

胡適這一席話，真把我說得——且用當今台灣流行的文學術語——「一頭霧水」！

胡適為什麼罵「五四」呢？他的理由是「五四運動」一起來，便把他所提倡的「新文化運動」腰斬了。從此「新文化運動」變了質，走歪了路，胡適和國運，都受了極惡劣的影響。

胡、羅這兩位師徒，所談的都是「五四運動」，而他二人顯然的，是各有其不同底定義的。

胡適的定義很明顯，他是把「新文化運動」和「五四運動」，一分為二的。羅家倫的定義雖然很含糊，但是他顯然是合二為一，把「新文化運動」和「五四運動」，一鍋煮掉。後來又出了個共產黨，共產黨紀念「五四」，也是一鍋煮的辦法，只是他們把這樁政治運動前期的啟蒙運動，縮減到「十月革命一聲炮響」八個字，可謂自私之極。最後總算出了一個「我的朋友」周策縱，把這個時期的前運動、後運動，大五四、小五四，結了個總賬。

可惜的是，策縱這部書是用英文寫的，在國內流傳不廣，因而有許多「周公」已經解決的問題，在國內——尤其在大陸——大家不懂英文，還是置若罔聞，仍在胡說亂講。

周策縱在他那本巨著內曾提出一項結論——也是筆者許多年來所肯定的——「五四運動的要義，是在尋找一種新思想」；一種能夠代替儒家舊傳統的「新思想」。

這一「新思想」他們找到了沒有呢？七十年匆匆忙忙地過去了。七十年後，痛定思痛，我們這批學歷史的回頭看看。歷史證明，他們是找到了。

找到了什麼呢？簡單扼要、一針見血四個大字：「科學」、「民主」。

我們今日細心觀察觀察，我華族所聚居的中國大陸、台、港、新加坡，以及美洲華人社區之內的一切問題，哪一項的解決之道，不是圍繞著這四個字打轉？

毛澤東把中國搞糟了，就是這位仁兄，既不相信科學、更不相信民主的結果——他是誠實地徹底不相信。因此他在大陸上所搞的「大躍進」、「大煉鋼」、「大寨」，大這、大那，把「大」陸搞的一團糟，都是他底「知識愈多愈反動」的「毛澤東思想」所引起的——毛澤東壓根兒不相信科學，也不知道啥是「科學」。

毛澤東也壓根兒不相信民主。中、青年時期，他心有此想，口不敢言。到了老年、晚年，權力、聲威、信心，都有了泰山壓頂之勢，他就口出真言，公開反對民主了。毛氏口口聲聲都是「人民」，可是在他個人統治的二十七年之中，最倒楣的也是「人民」。毛氏所賴以統治的是「幹部」；而中共的「幹部」，比起中國三千年政治傳統中的「官」，還要糟糕十倍以上。

在今日大陸上，有哪個「人民」敢和「幹部」去談一下「民主」呢？所以毛澤東所搞的那一套「人民大會」、「人民政協」……等等「新民主」，事實上遠沒有劉曉慶娘娘所搞的那套「下詔立憲」、「五大臣出洋考察」，來得光鮮漂亮！

從歷史上說，毛澤東原也是「五四青年」，怎麼樣一旦匹夫得志，便大反其「五四」傳統呢？相反的，日本小鬼，從未搞過什麼「五四運動」，但是在今日亞洲，談「科學、民主」又有那個地區能和日本相比呢？

此一歷史現象，說來費解。其實吾人如把近百年來世界各國的歷史，加以綜合分析，再概念化它一下，也無啥深文大義。

蓋科學與民主，並不是兩個空洞的概念，它二公原是人類歷史上，所謂「現代化」階段中，兩件具體的內容；而「現代化運動」則是以「經濟發展」作起步的，也就是從農業經濟，逐漸走向工業經濟。有某種經濟條件，自然會產生某種程度的民主制度和科學發展。說它們彼此之間相互為用則可；把它們先後倒置、反果為因則不可——人類歷史上，至今還沒有經濟發展落後，而政治制度前進、文化發揚超越的例子。

「現代化運動」，原是西歐北美的英語民族領先搞起來的。它本身的歷史，原是一種經濟上的「縱的承繼」。我們跟人學步，利用人家的經驗，少走彎路，加快速度，超英趕美（像今日日本一般），未始不可。在文化上、政治上，空喊科學、民主（像五四時代大師小師一樣），專搞「橫的移植」，則難免指鹿為馬。後來再搞得走火入魔，把個「恐節伊凡」的子孫也當成聖人，崇拜起來，開倒車搞專政，那就大錯特錯了。

不過歷史的興衰，就不同民族之間的競爭來說，原是三百年洋東轉洋西，大家「輪流坐莊」的。英美型這一套，也已經霸莊了三百年。再如法炮製下法，是否斷定不出紕漏，也很難說。洋人也說過，民主制度，並不是「最好」的制度，只是「較好」的制度而已。我們在今後三百年的「超西方」（post-western）時代裏，能否搞點新花樣來，倒是我們東方思想家今天的責任。

「五四」快七十週年了。有思想的學入和青年們，其共勉之。

*原載於《中國時報》一九八四年五月四日〈人間副刊〉

爲「五四」結賬

發生在七十年前的「五四運動」，現在是應該到了結賬的時候了。為結這筆小賬，我們還得把「中國近代史」這本總「流水賬」略翻一遍。

老實說，一部中國近代史便是一部「中國現代化」的歷史。遠在三十年前，我們一批朋友們曾合辦了一個雜誌《海外論壇》，在該刊第一、二期我便發表一篇長文叫「論中國現代化底階段性」。三十年來我對該篇拙文的細枝末節時有修正，但是對「階段性」這基本觀點，自覺沒有大錯——「五四運動」便是這個「階段性」中的一個大「階段」。在他發生之前已有幾大階段；在它之後，亦有若干階段。請申其說，以就正於高明。

現代化實是西化同義詞

在「五四運動」以前曾有些什麼「階段」呢？那就不得不從「鴉片戰爭」（一八三九～一八四二）說起。那時的「現代化」實是「西化」的同義詞，也就是魏源所說的「師夷之長技以制夷」；也就是目前中國「四化」中的「科技現代化」。

老實說，這一段早期的「科技現代化」搞得不錯——那時的「大清帝國」和「大美合眾國」之間的「差距」，比現在小得多！但是這個第一期的科技現代化是失敗了。到「甲午戰爭」（一八九四～一八九五）以後，孫中山和康有為便認為科技是餘事，政治才是根本，所以這兩位廣東老鄉就搞起「政治現代化」運動來了。孫主張「建立民國」，康主張「君主立憲」。一個激進，一個緩進，二人是殊途同歸的——這是第二階段。

可是這第二階段的「現代化」也不如理想，甚至是失敗了。遺老們不是說「民國不如大清」嘛？朋友！這是千真萬確的啊！

「政治現代化」失敗了。胡適之、陳獨秀，我這兩位安徽老鄉就搞起「文化現代化」來了。在他們看來，科技餘事也，政治亦餘事也。其根本蓋為文化乎。中國固有文明，太糟糕了。不洗心革面，不全盤西化，其他一切改革均屬枉然。但是如何洗心革面？如何全盤西化呢？他二人乃敦聘了兩位洋老師，一個叫「賽先生」，一個「德先生」。

可是這兩位洋老師雖大名鼎鼎，望重華夷，卻口齒不清——他兩位既講不出所以然，更提不出具體（著重「具體」二字）的改革方案來。——這便是「五四運動」這個大「階段」了。

「五四」這個時代從北京大學開始，大師們都多少有點「思過於學」、講起文化上的根本問題來，「自以為是」，而又搞不出什麼名堂來。因此不久，陳獨秀這位好學生便掉頭而去，另找名師了。這兒我不是說「賽」、「德」二老師沒學問、沒真理；而是他老人家提不出任何

「具體方案」來幫我們解決具體問題——搞個模模糊糊的「一點一滴的改革」嗎？老人家，我們有沉疴在身，等不及呀！這樣就只有另請明醫了。

我們新請來的兩位老師，一位姓馬、一位姓列。

這兩位老師可不像「賽」、「德」二公的混沌水了。他二人學富五車、有具體方案、有實際經驗，更有獎學金、實驗費……踏破鐵鞋無覓處，這一下可找到了。噫嘻乎！中國革命「非以俄為師、斷無成就」，是聖哲之言，其誑語哉？

這樣便開始了我們左傾的「社會主義階段」。這一階段的社會主義者，真是烈士如雲，人豈不惜小我生命哉？真理、國家重於生命也。巧的是這時的國民黨在中山既歿和「清黨」以後，從一個從事社會的改革的革命黨，來個快速的向後轉，搞它個長袍馬褂，文武周公的「前五四」（Pre-May 4th）的官僚體制來。太阿倒持，把現代化的「意蒂牢結」這個法寶，全部奉獻給「左派朋友」去獨佔鰲頭了。

「後事還須問後人」

社會主義者，尤其是「中國共產黨」，是永遠「偉大、光榮、正確」的。在政權上說他們確實是成功了，但是在搞了數十年，屍骨堆山、血流成河之後，才發現自己既不偉大，也欠光榮，更不正確了——這一來又搞出一個「開放階段」的「鄧小平變法」來。

「鄧小平變法」的結果如何？治史者，不敢妄言也——因為那是屬於「星相家」的學問。但是歷史家則可肯定它也是一個極重要的「階段」，而這個階段比其他階段可能更艱苦，因為自「洋務運動」而下，所有「階段」（包括「五四」）都帶有「革命」性。革命者，「革」他人之「命」也——一刀兩斷，殺人如蔴，「笨牛闖進瓷器鋪」（打倒孔家店、玉石不分），都不太難。而「變法」者，「變」自己之「法」也。主張吃素「放生」的佛教徒不是說：「世人試各平心問，誰肯將刀割自身？」所以「革」他人之「命」易；「變」自己之「法」（割自己之肉）難也。

再者，革命者，秋風掃落葉——來去匆匆。變法者，磨洋工也，大家慢慢來，不行再換個辦法！為評《河殤》之上演，中央首長王震不是說過：「老子革命數十年……」，如何如何乎？真是一針見血之言，不肯將刀割自身之心理現象也。所以「鄧小平變法」絕非三年五載之內可妄言成敗。對它作公平有效之評斷，勢非在五七十年之後不可。至斯時也，這個小小地球是否被美蘇二帝國主義的原子武器燬滅且不可知，遑論小平變法。

筆者草此文時，正隨星雲大師弘法探親團，在國內拜佛，難免受他的影響，且引某禪師一詩曰：「山僧到此休饒舌，後事還須問後人。」就此打住。

「五四」意義所在

我們讀史者翻閱過去流水賬，既有此籠統結論；如今言歸正傳，則「五四」這筆賬，又如何結法？

曰，五四的意義蓋可歸納成如下各條。

一、五四是個「文化運動」，與其他各階段之由政治活動家所推動，又自不同。——它沒有具體的政治方案。因此為善不足，為害也不大。

二、它提出近百年來國人尋找問題的最徹底的答案：中國固有文明本身害了不治之疾——人死病斷根，因此：

三、它對固有文化作了「通盤的否定」。現在《河殤》的思想，便是這一脈絡的延續。

四、它對所謂「西方文明」（概括為「賽」、「德」二先生），作了全盤的肯定。但是：

五、它卻提不出「全盤西化」的具體方案，也提不出（如孫中山先生）這樣有效的方案（中山的「三民主義」也是一種政治性的「全盤西化」）

六、它為有「具體方案」，「有效行為」的全盤西化的政治力量鋪路——這就是後來的共產黨。早期的中共是「蘇維埃化」——蘇化是西化的偏鋒。

七、它忽視了「經濟發展」對社會生活現代化的重要性。五四思想家全部是「士農工商」傳統觀念的受害者，把發財致富，看成商人之言。他們是瞧不起商人的。

八、它在西化上有些雜零狗碎的小成就——如搞「語文一致」的「白話文」，便是西化之一環。

九、它既然也是「中國現代化史」中的一個「階段」之一，它和其他「階段」一樣，承先啟後，自有其因果。

十、「五四」有「五四」的框框。它突破人家的框框；人家也有權利突破它的框框。

重新估定「五四」價值

以上是略談「五四」的意義。至於我們要如何對待這一階段，大致也可提出數點：

一、胡適引尼采之言曰：「重新估定一切價值。」他們把孔家店的一切價值重新估定了。我們現在也應該把五四運動中所提出的一切價值重新估定一下，例如「北京大學」入學作文中，不許用「文言」的那項荒謬價值，就需要重估一下。其餘類推。

二、著重「社會科學」的研究；摒棄「玄學」上空談框框。一切「主義」、「思想」都是框框。連小小的《河殤》，也在有意無意之間，搞出了個小框框。

三、在經濟必須找到個出路。經濟搞不上去，則其國必窮，其民必貧。既貧必愚，既愚必弱。至於如何增加生產，搞好經濟建設，馬克思、列寧、孫中山、胡適，乃至「五四」大師、「五四」小師，無一而非「黑門」。

經濟上不去，文人大師們底法言、箴語，無一而非廢話。「鄧小平變法」的重點也在經濟。我們希望菩薩保佑他。

一九八九年四月十七日上海成其半，南京赴杭川車中完稿

＊原載於《百姓》半月刊一九八九年五月一日號第一九一期

走出歷史三峽，需時兩百年

「五四運動」在近代中國文化史已經成為一種特殊名詞，它底意義有廣狹大小不同之分。我的朋友周策縱，在美國密執安大學寫了一本第一流的博士論文叫《五四運動》（據說已有漢譯本），他杭巴狼把新文化運動、新政治運動都包括了進去，寫成了一部現代中國新文化運動全史，這是一本最有份量的「五四運動史」——周策縱的「五四運動」就是個廣義的、大的「五四運動」。

胡適反對「五四運動」！

我的鄉前輩楊亮功先生，曾經親身參加過「五四運動」，在「五四運動」還不到半歲大的時候，青年的楊亮功就寫了一部「五四運動」，那是最早的一部五四運動史。楊氏老年在台灣做考試院長，想把他青年期的著作重印一下，可是他再也找不到這本小書了，最後他把這項尋寶的工作交給了我；我千方百計總算把它找到了，楊公高興之餘，還在再版的序言裏，把我誇獎了一番。楊亮功先生所寫的，只限於那場北京的學生們，在天安門前鬧學潮的小故事。所以楊亮功的「五四運動」，就是個狹義的、小的「五四運動」。

以前在紐約市當了一輩子，那個國際馳名的「華美協進社」主任的孟治先生，是位美國名人。他在《當代美國名人錄》上，最光榮的一條經歷，便是：「曾在中國的五四運動時，被捕坐牢」，孟君所列的這個「五四運動」，自然也屬那小的一類了。

近八十年來的中國學術界，乃至海外漢學界，總歸肯定胡適為「五四運動」底重要領導人之一。可是胡適卻親口告訴我，「五四運動」時他不在北京；他也最反對「五四運動」，原因是「五四運動」把他所一手推動的「新文化運動」給政治化了。政治先生一來，文化就走樣了（見《胡適口述自傳》第九章）。學術界公認胡適為「五四」領袖之一，沒有錯；胡適反對「五四運動」，也是歷史事實，這個矛盾是什麼回事呢？原來胡適是處在廣、狹、大、小的夾縫之中，誰能否定胡適的領導地位？但是胡適自己，卻偏要反對那個發生在天安門前的「五四運動」。他所反對的自然也就是那個狹義的、小的「五四運動」了。換言之在那個大的「五四運動」中，他是個崇高的領袖；在那個小的「五四運動」中，他卻是個反對派。

反封重於反帝，自責重於責人

但是在這大小廣狹不同的定義之間「五四運動」究竟是啥回事呢？我記得在「五四運動」五十周年時（一九六九年），中美兩國正在同時大鬧其紅衛兵式的學潮。哈佛大學教授史華滋有感於此，乃集合一大批「五四」專家，在哈佛大學開了個盛大的國際研討會，會後出了一部大書，大談「五四運動」的經緯。後來美國政治學報，也要我寫一篇書評，我就覺得那本大書是精於樹木，而弱於森林（拙作漢譯見上引胡傳）。

我個人認為，「五四運動」從宏觀歷史的角度來看，它只是整個中國近代政治、社會、文化，驚濤駭浪的「大轉型運動」中的一個重要階段，一個里程碑。「五四」的基本精神是「反傳統」；對中國三千年來的文化傳統，來它個徹底的否定，所謂「打倒孔家店」，所謂「全盤西化」皆是也。運動後期攏出個「左派」來，並且喊出了一些新口號叫做「反封」（他們把中國傳統裏，所有的文物制度，一概目為「封建殘餘」，而加以反對），奇怪的是，早期的左派，也是「反封」重於「反帝」；自責重於責人的。

咬牙切齒反傳統，所為何來？

「五四」前後中國的新知識階級之反傳統情結，可說咬牙切齒的，所為何來呢？我們要從宏觀歷史的大潮流的形勢來看，是不足為奇的。何也？因為鴉片戰爭以後，我們受盡了西方帝國主義的屈辱，仁人志士都要奮起救國。但是如何救國呢？他們首先想到的是學習西方的船炮路礦，是所謂夷務和洋務，用個目前的名詞，那就是「科技救國」或「四化救國」。他們搞的成績蜚然呢，縱是海軍一項，我們已變成赫赫海軍大國。誰知數十年的經營，甲午戰爭中被日本人幾炮就打得精光。

四化不行，那就搞五化救國，搞體制改革，變法維新，最後也是一敗塗地。五化救不了國，那末就搞革命救國，搞個辛亥革命，再搞個二次革命，搞得個炮火連天，人頭滾滾，最後搞出個軍閥大混戰，愈搞愈糟，糟到「民國不如大清」。這又是什麼回事呢？志士仁人搔首不得其解，想來想去，最後想出答案來，那是我們整個民族，整個文化都有問題，要中國有救，民族翻身，那只有把舊的、老的、壞的，杭巴狼，全部砸掉，模仿西方先進國家的科學和民主，一切從頭來起。因此他們就恨爹、恨娘、恨祖宗、恨封建，這就是「五四」反傳統的歷史背景。長江後浪推前浪，一個浪頭，一個浪頭，向前推動。最後才推「五四運動」這個大「洪峰」來。冰凍三尺，非一日之寒也。

中國成功轉型，要再等四十年

「五四運動」既然只是歷史潮流中的一個「洪峰」，洪峰只是個浪頭，它本身既是「前浪」，也是「後浪」，後浪還要推前浪，一浪一浪地推下去的，君不見它推了八十年又推出個「六四運動」來。將來說不定還會有「七四」、「八四」呢。這樣一浪一浪的推下去，將伊於胡底呢？朋友，推到風浪靜，不再有洪峰就好了嘛。

這就是筆者一再說的，一部中國近代史，便是一部近代中國政治、社會、文化的轉型史，政治制度要從君主轉民主，其他各種制度和風俗習慣也隨一轉百轉，全部轉完，大致需時二百年，在這轉型期中，是死人如麻、驚濤駭浪的，所以筆者不揣淺薄，乃把這兩百年的轉型期，名之曰「歷史三峽」。照目前形勢觀察，大致再有四十年，我們就可以出峽了。到那時風平浪靜，全族人民也就可以過點太平日子了。但是出得了，出不了峽，還得看我民族和領袖們有沒有這一機運和智慧。無此機運，缺此智慧、那我們就只有「七四」、「八四」的再慢慢地拖下去，夜長夢多，那就真的不知伊於胡底了。

台灣怕「武」，大陸怕「文」

最近華文報章（始自香港《太陽報》）上有一則有趣的消息說，江澤民主席對台政策，落實為「四不」原則。犯其一大陸就要對台「動武」。前三「不」屬老生常談；第四「不」則是前所未聞的。江說：「台北堅持以台灣制度取代大陸制度，則被認為企圖吃掉大陸。」換言之，台灣怕的是大陸「動武」；大陸顯然也有點怕台灣「動文」。這實在是江公過敏了。台北多的是要搞台獨的小政客；卻沒有一個想「吃掉大陸」的大政治家呢。真正想「以台灣制度取代大陸制度」的人，今日不在台灣，而還在大陸呢。這種人今後在大陸上可能愈來愈多，多到趕不盡，殺不絕的時候，而硬要趕之、殺之，則「七四」、「八四」就搞不完的了。《漢書》上說：「揚湯止沸，莫如去薪。」有經國之前例在，方法不同，原則無異，吾願有華盛頓歷史機運的江公，亦有作華公之智慧也。阿門。

＊原載於《明報月刊》一九九九年五月號

胡適定位

胡適的歷史地位與歷史作用

——紀念胡適之先生誕辰一百週年

在一整部的「傳統世界文化史」裏面，更具體的說，也就是二十世紀以前的世界文化史裏面，我們底「中國文化史」所佔的分量——（且讓我大膽假設一下）——大致是三分之一強，或二分之一弱。而在這撐起傳統世界文明半邊天的中國文明中，起棟樑作用的東方文化鉅人，自古代的周公、孔子而下的諸子百家，到中古時期的名儒高僧，到宋明之際的程朱陸王，以至於二十世紀的康孫梁胡，嚴格一點來說——也就是以胡適的文化階層為座標來衡量——其總數大致不會超過一百人。

在這一百名的東方文化鉅人中，今年剛滿冥壽一百歲的胡適之先生，便是這百人中最近的一位。這便是我這個「適之先生的小門生」，開門見山，替胡老師在中國文化史中，廼至傳統世界文化史中，所定的位置。為先師在歷史中定位，而且定的是一個相當具體的位置，我自己承認是相當大膽的。當然這只是一種門生弟子，對業師的「私諡」，但是我個人相信這私諡距離歷史事實，並不太遠。在下是一個在現代西方大學本科教授世界文化史的專業教師。現在做這樣大膽定位，實在也是從我的職業裏，長期教學心得和比較研究之後，所得的結論。是否有當？還要請胡氏門生故舊，和親胡、反胡，以及中間客觀的「各黨各派」的專家學者，和賢明的讀者，不吝指教。

「胡適的文化階層」是什麼？

先說說什麼叫做「以胡適的文化階層為座標」。「座標」（coordinates）是數學和統計學中用以規範統計數據的縱橫軸。更簡單的說，它就是做統計和比較的基層標準。

我們今天也以「胡適的文化階層」為座標。我個人就認為，與胡適同一階層，或更高階層的中國文化鉅人，不超過一百人。而在這一百位鉅人中，適之先生是最近和最後的一位，却不是最低的一位。

在五十年代的中期，美國的《觀察》雜誌，也曾以類似的標準把胡適提名為「當代一百名最有影響人物」之一。（見Donald Robinson, The World's 100 Most Important People, *Look*, Oct. 4，1955，p. 40）這一百人中，華裔只有兩位。另一位是晏陽初先生。胡氏當時並未以此為榮；我個人當年亦以其所舉非偶，而不以為然。

可是今天我自己也以「胡適的文化階層」為座標，認為三千年來出生於中國的文化鉅人（注意：不是政治鉅人）不過百人而已，那末這種推算的具體標準，又在哪裏呢？

這兒我們就得看看，適之先生在中國文化史中的具體表現了。

一位九項全能的學人

胡適是中國學術史上的槃槃大材；是一位九項全能的專家學者。

我為什麼不乾脆用通俗的體育名詞「十項全能」，而減掉一項呢？因為十項全能和「萬能」一樣，除在體育場之外，只是個抽象的形容詞，言其百能百巧而已。而我這「九項全能」，則是經過適之先生生前自己認可的具體項目。他自己承認他在這九個項目裏，都「做了一些工作」。這九個項目是：一、哲學思想；二、政治思想；三、歷史觀點；四、文學思想；五、哲學史觀點；六、文學史觀點；七、考據學；八、紅學的藝術性；九、紅學的人民性。

事實上，這九項都是一九五四年大陸上的「中國科學院」和「全國作家協會」，替胡氏聯合擬訂的。他們認為胡適這個「資產階級的學者」，在這九項科目裏都有「流毒」，所以列舉出來作為全國工農兵大眾和知識份子一致「批判胡適」的項目。

我記得當我把這張「菜單」式批判項目送請胡公過目時，他看了又看，不禁笑逐顏開，大為高興。我因而問他：有沒有一兩件「該批判而沒批判」的項目，可以加上去？「湊滿」十項，豈不更好？如此，則郭沫若不就可以再寫一部「十批判書」了嗎？（詳見《胡適口述自傳》第十章）

胡先生大笑說，「九項九項，九項九項！」其實那時要由我來加，我可加上第十項：批判胡適對佛教禪宗的偏見。

胡適是韓愈以後，打和尚打得最起勁的學者。他說，「個個和尚都說謊。」和尚們聽了只能大唸其阿彌陀佛。共產黨那批無神論者，可能也認為胡適打和尚打得好，因此就把這一項刪掉了，也可說是氣味相投吧。

所以胡適在中國文化史上的表現，實在是一位（他自己笑納的）「九項全能」（其實是十項）的大專家、大學者。

在五十年代的中期，共產黨威信最高之時，也是胡適最灰溜溜的時期。他們舉國批胡，九項之中，一項也沒批倒他，真是紅朝無人、窩囊之極！

學報性的原始貢獻

胡適在上述九項（或十項）的「貢獻」或「流毒」，又大致可分成三類九等。

第一類或可叫做「學報性的原始貢獻」（original contributions to general scholarship）。胡氏治學範圍極其駁雜，在上述十項之內的每一項要他都能寫出極高水平的原始貢獻。其深度往往在各該行二三流專家之上。從他十九歲時執筆的〈詩三百篇言字解〉、〈爾汝篇〉、〈吾我篇〉到他七十歲還孜孜不倦的《水經注》等等，數十年「拿繡花針」的功夫，都屬於這一類。那是一種象牙塔內，純學術性的工作。這也是任何學人教授、碩士博士，都應該做，都可以做的工作；只是工作有輕重、貢獻有大小、成績有上中下之別罷了。生為今世學人，如連這項起碼的工作都不願做，那就要變成美國學界的三字經所說的「不出版、就完蛋」（publish or perish）了。

記得在五十年代的末期，有一位治「中共黨史」專家的蕭作樑教授，要我陪他去看胡先生。胡先生很興奮地和他談了一個多小時的中共黨史，使蕭君大為折服。

我們辭出之後，蕭君向我翹起大拇指說，「胡適之在任何一行，都有他的『高等常識』，真了不起。」

我問蕭，「高到何處呢？」

蕭說，「三流專家以上的水平吧。」

細分起來，我們這個「人文科學」（胡適頭語），可不止三十六行啊。在每一行裏都能考他個榜眼、探花，可就真不容易啊。所以胡適之先生實在是個不世出的「曠世奇才」，一位博覽羣書、博聞強記、博通古今的真正的大博士。正因他博通多行，他在某一行之內，其「學」可能不及各該行的第一流專家；而其「識」則往往有以過之。「見多」始能「識廣」。如此，則一些只會鑽牛角的小專家，如果只是某一行的專材，在「見識」方面，他就無法與融會貫通的胡適相提並論了。

正因其如此，胡適在人文科學的每一行之中，都可算是個專家；在每一行也都有第一流的

「勁敵」。擂台遍打、拳友如雲。這也就是五十年代中共舉國批胡的精華所在。那時大陸上的批胡學者，雖多半都是奉命作文、奉旨辦事，然其中亦有好多舊仇，是藉機洩憤的。

老實說，大陸上批胡，台灣就不批了嗎？非也。大陸明批，台灣暗批而已。最近去世的國學大師錢穆，就暗批了一輩子。不過錢氏所批的只限於「國學」。至於胡氏最精彩的「西學」，他就無從置喙了。其實胡適在中國文化史上最大的貢獻並不在「整理國故」，而是他所說的「再造文明」。

要走上「再造文明」這一更高階層，那就不是專倒中國字紙簍、專鑽中文故紙堆的國學大師們所能勝任的了。這是一種「現代化」（modernization）的工作。

啓蒙性的文化掛鉤

什麼叫「現代化」呢？恕我不揣譾陋，且自問自答一下。從比較文化學的觀點來看，將「中」比「西」，論雙方「古代文明」（比諸古埃及、蘇瑪利、巴比倫），中方可能略遜一籌，然亦伯仲之間也。比諸中古大黑暗時代的歐洲，則「西」不如「中」矣。可是在近代期（十八世紀以後），西方文明來了個大躍進，中國文明來了個大躍退。兩兩相較，「西方」就變成了「先進」，我們就變成「醜陋的中國人」了。

所以近百年來我民族的文化建設，當務之急，便是：「向先進學習」。「先進」者，「西方先進國家」也。「向先進學習」者，「西化文化」也。老實說，我們從魏源（一七九四～一八五七）的「師夷之長技」，到張之洞（一八三七～一九〇九）的「西學為用」，到胡適（一八九一～一九六二）的「全盤西化」，實在是我們向先進國家、先進文明學習的三個主要階段。我們要首先趕上「先進」，繼而超越「西方」，然後才能鑄造一個有自己內容的「現代化運動」。在這一系列的「西化運動」中，胡適之先生實在是最全面、最有系統、也是最有成績的一位倡導人。他底工作是真正需要「中西之學俱粹」，才能得其三昧，引蛇出洞，把中學與西學掛鉤。那不是小腳放大的國學大師們；更不是粗通漢學，甚或不通漢學的「假洋鬼子」們（借用魯迅名詞），所能做得到的。

所以適之先生在「中國文化史」上，第二類，也是更高一級的貢獻，應該叫做「啟蒙性的貢獻」（contributions to enlightenment）。

寫啟蒙性的作者和作品，在學術水平上，可能遠不如、也可能遠超過寫第一類「學報性」的作品和作者。因為那都是一種面向羣眾深入淺出的作品，形式上近乎通俗體（popular writing）或新聞體（journalistic）很難被習於學報型、集刊型的學術圈所接納。因此它的學術性是高是低，那就要看作者和讀者的學術修養了。就以胡適的成名作〈文學改良芻議〉來說吧，它表面看來是一種空泛無當，內容問題重重的社論、邊（專）欄一類報紙文字（Opinionated journalistic writing）。今日吾人如以類似的文章投諸港台的報刊，可能都要被退稿呢。如投諸什麼學報或集刊，那就更不必說了。事實上，胡適〈文學改良芻議〉第一次在紐約發行的《留學生季報》（四卷一號，一九一七年三月出版）出現時，也沒哪位老幾，正視他一眼。可是一到陳獨秀、蔡元培諸公眼內，它就身價百倍，一躍而成為「文起百代之衰」的革命宣言了。

可是胡適的博士論文〈先秦名學史〉，那也是一部啟蒙性的不世之作，就沒有那麼幸運了。〈先秦名學史〉後來衍伸為《中國哲學史大綱（上卷）》，實在是中國文化史上，一部劃時代的鉅著。可惜作者不識時務，誤將「明月照溝渠」，大材小用，把這篇光彩輝煌，有「啟蒙性貢獻」的傑作，誤當成學報性的文章，作為「博士論文」投入哥大這個漢學溝渠。不幸五大主考都不通漢學（夏德略識漢文）、不諳精義，看不懂這篇論文，所以博士生胡適就吃癟了。

我在哥倫比亞大學手稿珍藏室，細玩該篇（那顯然是一九二七年以後，哥大選為「珍品」收藏的），審查一位主考（疑是夏德）用藍色鉛筆的潦草批劃，真為考生胡適不平。哥大博士出身的李又寧教授，對此比我更為氣憤。她曾告我，她立志要開個國際會議，為胡適之先生「博士論文」平反。

真正啟蒙性的作品，不是我輩普通學人都可以寫的啊！它也不是水準不夠的學者，可以隨便看得懂的啊！至於有些教授和秘書們問我，胡適的論文，又不是用中文寫的，為什麼杜威看不懂？我想這問題還是不回答的好。

所以胡氏在上述的第一類「學報性」的貢獻上，大致可以說是「學重於識」的。搞「學」

那是看功力的。「十載寒窗」、「三更燈火」，用功的學人，苦學自必有成。——胡適之確是我個人所知道的最用功的前輩學者之一，因此他學富五車、名滿天下，實在不是偶然的。但是治學單靠用功也是有其極限，尤其是從「傳統」走向「現代」；從「翻書」走向「電腦」。例如胡老師搞了十多年的「水經注」。將來如麻煩「電腦」，恐怕那衹是幾個禮拜，甚或幾個小時的事了。

可是胡氏在第二類「啟蒙性」的貢獻裏，那就是「識重於學」了。「學」是可用功去學的。「人一十之己百之，人一百之己千之」，龜兔競賽，老子非把你趕上不可，這是用功可以學得到的。烏龜尚且做到，何況人乎。可是「識」就不然了。「識」是學不到的。

孔子曰：「學而不思則罔；思而不學則殆。」古今學人之間，既學且思的已不多見；能學能思就更少了——這是上帝恩賜，不可强求也。而胡適便是這樣一位，百年難得一見的，能學能思而又人品可愛、人格完美的智者。

我國聖賢的社會作用

但是牡丹雖好，仍需綠葉扶持。任何個人都只是社會海洋裏的一個泡沫。歷史上任何英雄也不能單靠主觀因素成長的，他要靠時代和社會中無數客觀因素集體的來加以培植、呵護和扶持的。胡先生總歡喜說：「社會給予一個人的報酬，遠大於他對社會的貢獻。」這是他的由衷之言，也是他的經驗之談。

事實上社會對他底貢獻所付予更大的報酬，也就是社會對他所寄予的更大的期望，使他對社會繼續的反哺和回饋。這一團體與個體相互為用的關係，可能是中國社會和中國歷史中，知識份子底社會作用的特殊現象。其他文明中則未必如此也。這種社會關係，中國歷史上，所有的英雄、豪傑、名儒、碩彥，皆身歷之。胡適只是他們之中最近的一位罷了。

我們底歷史裏，何以發生此一特殊現象呢？這大概與我們所特有的「無神的文化傳統」（atheistical cultural tradition）有密切的關係。在一個「有神的社會」（theistical society）裏，國計民生、精神物質、一切的一切，都被一位有「無上權威的上帝」（Almighty God）所主宰了。祂無所不能，無所不在。祂造出了所有的人類；祂也為人類編造出他們應有的道德教條，和一切文物規章制度。祂掌握了最高權力；也享盡了人間天上一切的榮耀！——你如不信，去問問信基督教、猶太教、伊斯蘭教的朋友就知道了。

可是我們的民族却是個古怪的民族。在我民族史裏面就缺少了「上帝」這個萬能的東西。因此上帝爺在其他民族中所享有的一切權利、義務和榮耀，在我們民族裏就被我們的民族英雄、聖賢、豪傑所分享了。——尤其那些無拳無勇的高知聖賢，他們殺人無力，為害不足；遺臭萬年，沒個資格；而他們偏又聰明睿智，能說會講，為我們團體生活，制禮作樂。他們多半也是人品可愛、人格完美，所作所為，福國利民，所以就萬民仰止，一枝獨秀，留芳千古；貢獻有限，而社會對他也就「報酬」逾恒了——胡適便是這項民族文化特產中，最近的例子。

我幼讀「大學衍義」中之名句，什麼「為天地立心，為生民立命」等等，總認為它是宋儒「天人合一」等偉大的空話之另一章。及長歷盡憂患，逋逃絕域，接觸既廣，涉獵亦多。午夜沉思，對少年期田園所習，竟時多反思。每覺我古聖先哲之名言，實多出於超人智慧與非常體驗，不可以「偉大空話」、「封建唯心」等偉大的空話，把他們一竿子打翻。——偶思及此，愧疚之情，每至汗涔涔而下。

胡適引尼采之言曰，「重新估定（中西）一切價值。」（Transvaluation of all [Chinese & Foreign] values）我們兼採中西之長，不多烘、不酸腐，也非冒進、非暴力，來「再造文明」，才是正當的途徑。——胡適的途徑。

所以我們可以說，胡適在中國文化史上第三類的貢獻，便是他與社會和時代交互為用的集體貢獻，一種宗師型的「劃時代的貢獻」（Epochmaking Contributions）。他開拓了一個時代；而這時代却是歷史和社會栽培他、呵護他和扶持他來集體創造的結果。很自然的，他也就變成這個時代的發言人了。

這一階層的貢獻，實在是思想界、學術界，對民族文化和人類集體文明，最高形式的貢獻——也可說是「聖賢階層」的貢獻。我們要「為天地立心、為生民立命」，換言之，要找出個「民族共同意識」（National Consensus）和新的「民族生活方式」（a new national way of life），上帝既然不能替我們代勞，我們就只好自己動手了。「自己動手」爾我均有此心而無其學；有其感而無其智。這樣我們就要仰賴一些更有智慧的聖賢來替我們作發言人了。——「為天地立心，為生民立命。」我們經過一百年的磨練，如今才選出一個名叫胡適的國大代表。我們集體的，一天天地把他趕向聖賢之路。要他做我們這個時代的發言人。

一位知識份子對社會的貢獻，昇華到這個最高境界，則文字的表達，往往都是多餘的了。

宗師形象與「不立文字」

事實上我國文化史上的第一位宗師周公旦，即無一字流傳。所謂「鴟鴞」之詩，「周公之禮」等等，都是後人的附會和偽托。孔子也是「述而不作」的。孔子的思想主旨也只能於比較可靠的「論語」、「檀弓」二篇中，覓其一鱗半爪，而二書均為「羣弟子、記善言」，非聖人手著。至於「五經」的本身，那就更問題重重了。它們都是儒家的經典。但是它們與孔子本人的關係，則是個天大的問號了。

如此說來，朋友們或者要問，則我國古聖人周公、孔子豈不都成為「白手起家」了？

斯又不然。蓋他二人都是主宰我東方文明底儒教的開山宗師。他們與當時的社會與時勢相互運作，奠立了我民族當時的「共同意識」；規範了我民族所共有的「生活方式」。在這種「儒家的生活方式」形成之初，綜合既有經驗，抽絲剝繭，而作其發言人，都是要言不繁，詞簡意騃的。《論語》〈檀弓〉所記，都是最好的和最可信的事例。至於後來的「五經」「九經」「十三經」……迺至經書滿屋，那都是滾雪球式的文化發展的必然結果。

同樣的，我們如談這一階層的胡適，就不能拘於胡適的什麼著作了。他已變成我民族現階段的一個時代的「宗師」（master of the age）、一個「形象」（image）。他已超脫了什麼《胡適文存》、《文選》、《論學近著》甚至有待出版的《胡適全集》。——簡言之，他在我國當代歷史上的「形象」「地位」（status）和「作用」（function），已進入「不立文字」的超凡脫俗的「化境」（a transcendental state）。

例如我們今日要談「民主」，就必然要提到「胡適」。「胡適」就是「民主」；「民主」就是「胡適」。二者已無法分割了。其實「胡適」並未有系統的發揮過「民主」的理論；但是「胡適與民主」這項題目，今後將要被繼起的「胡適學」專家們去「發揮」（commentaries）它一千年呢。以後的「三禮」「三傳」，還多着呢。客星犯主，要言不繁的主體導論，反而是次要的了。這項發展遠景，今天才是個開端。

其他有關胡適的科目，如「新思想」、「新文學」、「新詩」、「白話文」、「實驗主義」等等，無一而不要走向這條路。其實胡適又寫過幾篇深入的研究實驗主義的論文呢？一篇也沒有嘛。但是今日又有誰能把「胡適」與「實驗主義」分開呢？「胡適」就是「實驗主義」；「實驗主義」就是「胡適」嘛。朋友！這就是胡適在歷史和社會上的作用；也是歷史和社會對胡適的栽培啊。這相互為用的發展程序，是個歷史的「偶然」；也是個歷史的「必然」啊！

但是我個人這一看法，只能為我祖國的知者道，而不能與生長於異文化的洋人言也。我記得二十多年前我在哥大時，便曾向哈佛來訪的研究生賈祖麟（Jerome B. Grieder,《胡適與中國文藝復興》的作者）作如上的解說。那時他顯然沒有聽得進。他後來大著上那些對胡適並不太重視的評語，事實上都是中西文化隔閡的結果——不同文化的漢學家很難了解中國「聖賢」在歷史上、社會上，所起的作用呢。

「若全肯，即辜負先師也」

我在這裏，把我的老師胡適之說得與聖人同列，有些反胡的朋友們，可能早就嗤之以鼻了。其實我這兒着重的也只是他在「第三類」的貢獻——「為天地立心、為生民立命」這一面。

近百年來在現代西方各種新制度的挑戰之下，我們傳統中國那套老生活方式搞不下去了。我們需要一個適合「現代」的新的民族意識，和一個嶄新的生活方式。在尋覓這個新意識、新方式的無數賢達之中，適之先生實在是一位最全面，也最有成績的，繼往開來的大師。因此這個「胡適的幽靈」（胡氏生前自嘲語），今日還在海峽兩岸，大顯其聖。他也是今日斯民所仰，惡魔所懼的最大神靈。對這座偶像，我們應該焚香頂禮到底。

至於胡適在「第一類」所作的學報性的原始貢獻，他也不過是個戴東原、陳寅恪罷了。余英時說：「胡適學術的起點和終點都是中國的考證學。」試問在中國學術史上，哪一位考證大師的考證，是無懈可擊的呢？

說到胡老師那套「大膽假設、小心求證」的「方法」，那也只是七十年前的陳槍爛砲，早該進博物館了。我們應該承認它在歷史上的貢獻；我們更應該知道，那一套在現代已經大大的落伍了。何炳棣所謂「雕蟲小技」也。

胡適在「第二類」啟蒙性的貢獻，是驚天動地的。但是啟蒙畢竟是啟蒙。如只是啟蒙而不臻於成熟，那就流於膚淺幼稚了。啟蒙作品是革命宣言、牆上標語。煽動性很大，時間性也很大。一旦時過境遷，則意義全非。就說作新文學規範中「八不」的「不用典」一條吧，首先犯禁的竟是胡適之自己。他在後來寫的那一篇重敘文學革命緣起的文章，其題目竟然叫〈逼上梁山〉。「逼上梁山」不是一條典故嗎？在胡適那時，「逼上梁山」可能只是「不避俗語俗字」，而在我們現在，那就是百分之百的「用典」了。胡適「知法犯法」，「不用典」云乎哉？

再說陳獨秀、胡適當年，為大力推行白話文，矯枉過正，北京大學在招生考試時，考生竟不准用文言作文。那時考生人人會作文言。為提倡白話非強迫他們改變一下不可，未可厚非也。七十年過去了。大學考生如今人人也都會寫白話，不會寫文言了。如果「文言」今日仍然是投考北大的門禁，那就豈止食古不化哉？簡直是「十分混帳」了。

再說「白話詩」（今日叫做「新詩」）吧。胡適當年提倡的目的，是要它「語體」易讀、易懂，「作詩如作文」。可是七十年發展的結果，恐怕天下文字，沒有那一種比中國目前的「新詩」，更難懂、更難讀、更朦朧、更晦澀、更「不合文法」了！這也是「新詩老祖宗」胡適當年所未曾想到的吧。

所以我們研究和繼承「胡學」，不能教條化，更不能食古不化。我們要掌握他歷久不磨的真知灼見；我們也要練習我們自己，知昨是而今非的判斷能力。我們的老師是「聖之時者也」。

適之先生生前教導我們，最歡喜徵引「洞山和尚」的故事。

洞山和尚最敬重他的老師雲崖和尚。於是有人問洞山，「你肯先師也無？」（贊成老師的話嗎？）洞山說，「半肯半不肯。」又問，「為何不全肯？」洞山說，「若全肯，即辜負先師也。」

胡適之先生講學一輩子的要旨，就是叫他的學生們「做個不受人惑的人」。——「不要讓人牽著鼻子走！」

所以我們繼承胡學、研究胡學，就千萬不能忘掉這一條胡適遺教的中心要義。對老師我們要「半肯半不肯」。

我們要不受人惑，就要先從不受老師之惑做起。

作為本文結束，我敢大膽的說：

不肯定胡適的大方向，

中國便沒有前途！但是
不打破胡適的框框，
中國學術便沒有進步！

——一九九〇年十二月十七日胡老師百歲誕辰之夕，在台北耕莘文教院講

＊原載於《傳記文學》一九九一年一月第五十八卷第一期

民主先生與自由男神
——胡適在近代中國文化史上的位置（上）

胡適之先生（一八九一～一九六二）在二十來歲時就「暴得大名」，其後一生盛名不衰，至七二高齡在台灣逝世時，路邊致哀者數十萬人，備極哀榮，也是數千年來，一位無拳無勇的白面書生所寡有，但是名滿天下，譭謗隨之，他也是近現代中國，具有最大爭議性的頭號文士和思想家。是之者，對他老人家就頂禮膜拜，視為千載難逢的學術思想大師，在這些崇拜者之中，當然也有一些男女弟子們，他（她）們壓根兒不知胡適思想是怎麼回事，但是為著個人的愛慕私情，有的甚至是奉命對胡適暗作監控的人物，但為胡適的盛名，和有教無類的教育家的人格所感召，居然對胡氏也大搞其一套「程門立雪」來，這也就是班固所說的，「昔仲尼歿而微言絕，七十子喪，而大義乖」的應有現象。

在非之者的陣營中，尤其是在無產階級的革命陣營中則認為胡適是資產階級的文化班首，是無產階級革命浪潮中的，萬惡不赦的頭號反革命。可是縱在反共陣營中的反胡派，也認為胡適底言行所發生的影響，是一種最惡劣的「胡禍」，和「毒素思想」，禍國殃民，必須加以

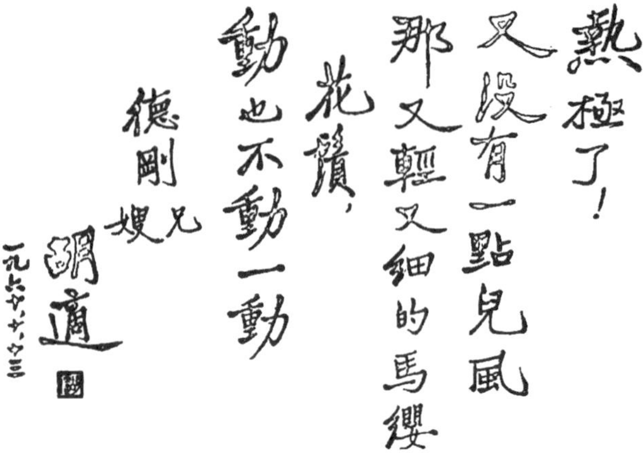
熱極了！
又沒有一點兒風
那又輕又細的馬纓
花鬚，
動也不動一動
德剛兄嫂
胡適

胡適先生為唐德剛夫婦所寫的條幅（一九六〇年十月）

圍剿和根除。最可嘆的還有一些「文人相輕，自古而然」的學者文士，為著門戶之見，而與胡氏終身為敵，至少也是陽捧陰貶，在他們眼光裡，胡適之學，只是一種野狐禪，無足重輕，更可笑的，則是反胡派中，也有一些學者文士，他們也是壓根兒不知胡適學術思想為何物，只是對胡氏的盛名發生嫉忌，而以終生反胡作為一種娛樂嗜好。

記得當年哥倫比亞大學有一名年輕貌美，和我們小助教們廝混得很熟的小女秘書，忽然被一個模特兒公司選中了，當起模特兒來。後來在一個社交場合，我看她身著時裝，濃妝艷抹的以名模姿態出現，不免恭維她一句說：「瓊茜呀，妳現在簡直和夢露一樣的漂亮了。」想不到我這句馬屁話拍錯了，她把朱唇一噘說：「TK呀，我還不知道有什麼人認為夢露

『漂亮』呢。」她這句美女相輕之言，對我雖然只是一陣耳邊風，但細思之，卻是一件在群眾心理學上，有代表性的標準現象，人類的「同行是冤家」的普遍心理，實在是放諸四海而皆準的。因此在這種錯綜複雜的世態裡，要想把胡適之先生在中國近代文化史上，安裝個適當的牌位，實在是太不容易的，四方不討好的，膽大妄為。不幸的是，吃我們搞歷史這行飯的人，這是一項迴避不了的任務，分明知道爭議性很大，也要知其不可而為之，我們這一代胡迷不做，讓後輩執筆，可能就更搔不著癢處了。

效驗明時方論定

我國古代臧否人物，月旦時賢，本有「蓋棺論定」的一句成語，因為一個人不管他如何善變，一旦蓋棺，則諸變全銷，評論大定矣，且看楊度（一八七五～一九三一）此人，他原是黃興的密友，有志革命而不屑作中山信徒的改革派新人物，一變而為籌安會首腦，擁護袁世凱做皇帝，而為帝制派禍首，遭民國通緝，你又怎想到這個反動派，後來又結交了個後輩周恩來小友而加入了共產黨呢？因此不論楊度這個變色蟲，是如何的善變，一朝蓋棺，就百變全銷了。但是「蓋棺論定」這句話也只能對像楊度這樣的普通政客才比較適用，它對一個歷史製造者就嫌不夠了，因為一個歷史製造者都有其影響國計民生底事業的，他在事業上難免有敵有友，一旦蓋棺而論其功過，其敵非之，其友是之，那就聚訟無已時，哪還談什麼定論呢？所以有人就認為蓋棺不能論定；只有「恩怨盡時方論定」，就以歷史人物袁世凱（一八五九～一九一六）來說吧，筆者讀史數十年，簡直可以說未嘗讀過一篇，對袁稍有正面肯定的歷史作品，袁世凱就壞到如此程度嗎？至少他青年時代在朝鮮，隻身抗拒五帝侵朝的那一段，也是值得肯定的嘛，歷史家們何以把老袁就說得一無是處呢？無他，恩怨未盡也，受袁氏之恩者，早已與草木同朽，而對老袁憤疾抱怨者，則百年未衰，因此袁氏在中國近現代史上就一無是處了，歷史家筆則筆之，削則削，恩怨皆盡時，則這個「竊國大盜」，才能稍有平反的機會呢。

但是「恩怨盡時方論定」這句話，還是對政治人物說的，對個學者和思想家就不太適用了，試問一個學者、思想家像梁啟超、胡適、魯迅、馬寅初、梁漱溟等人，在歷史上論定，就與恩怨無關了，他們是靠學說思想留名後世的，對他們在歷史上的地位之肯定與否，就不能靠恩怨而要靠學說思想的效驗了。一個思想家的學說，往往是風行草偃於一時的，但是它是否具有真理和灼見，那就要看它在歷史上的效驗，且舉「馬列主義」為例，乖乖「馬列主義」還得了，慢說在俄國了，它在中國乃至全世界，都曾是與耶教的「聖經」同列呢，全世界不知道有幾千萬革命志士，為馬列主義拋頭顱、灑熱血搞了一輩子，直至最近十數年來，鄧公小平搞起了「一國兩制」，尤其是「蘇東波」解體，才知道馬列主義也大有問題。馬列二人在「蘇東波」解體之前，原是聖人嘛，解體之後，「馬列主義」為何物，一切就要重新估價了，至少他那一套政治經濟模式，和革命口號，什麼「剩餘價值」，「階級鬥爭」等等，目前已被證明，在現實情況之下，至少是行不通了，蘇東波解體前後的馬列之懸殊，何以有若是之大哉？那就是憑他們對現實的國計民生，所發生底實際效驗了。因此歷史家要評論像馬列兩位這樣的歷史製造者，「蓋棺」就不能論定，「恩怨盡時」也不能論定，要為他們在歷史上安排個位置，就要看他們的思想學說「效驗明時」，才能論定了，馬列師徒如此，胡適、梁啟超、魯迅、馬寅初、梁漱溟輩亦然也，具體而微罷了。

胡適的思想學說

所以談胡適我們先得檢討檢討胡適有些什麼「思想學說」，然後才能談談他思想學說的影響和效驗。

在二十世紀五十年代之初，更具體的說是在一九五四年十二月初，北京的「中國科學院」（當時「社會科學院」還未另立門戶）和「全國作家協會」在共產黨的策動之下，成立了一個「胡適思想批判討論工作委員會」，擬定計劃，對胡適的思想學說，發動了一記綜合性的全面大批判，把個當時正在紐約當灰溜溜底寓公，閒得發慌，靜極思動的老胡適，「批」得笑呵呵，這記批胡既然是全國性的和全面的批判，我乃徵得胡老師的同意，按大陸上批胡材料的分類，把胡適的思想學說作了一番整理，並綜合分析之為十大類別如下：（參見《胡適口述自傳》第十章，原為九項，第十項則是筆者另外加上去的）

（一）哲學思想
（二）政治思想
（三）歷史觀點
（四）文學思想哲學史觀
（五）哲學史觀點
（六）文學史觀點
（七）古典文學與考據
（八）紅學的藝術性與人民性
（九）紅學批判與評論
（十）禪學與禪宗史

胡適之先生最了不起的地方是他的淵博，他是個十項全能的學者和思想家。中共在五十年代清算胡適時，所舉的上列九項，其實是大有漏列的，例如胡適雖反對佛教，但卻是中國禪學的專家之一，更是中國佛教南宗禪學史的權威。共產黨是無神論者，因此對禪宗佛教，就敬而遠之，對胡適也就免於追究，乃把他這項權威漏列了。

在上列十項中，任何學者能通其一，就可以為大儒，例如馮友蘭、李季、金岳霖、侯外廬等，就可說通其（一）及（五）；孫中山則通其（二）；顧頡剛、傅斯年、雷海宗等通其（三）；

周策縱，錢鍾書等通其（四）及（六）；郭沫若、胡小石等通其（七）；俞平伯、周汝昌、馮其庸等通其（八）及（九）；近代中國佛教界的僧俗，和日本的鈴木大拙等，則通其（十）。而胡適則是十項全通，對上述任何一項，他都可與該項中所舉例的權威相頡頏，而毫無遜色，這就是他的淵博了。

「啓蒙大師」所應有的是非

記得筆者當年做胡公助理時，由於老師平易近人，而永遠鼓勵後學，要具有「不疑處有疑」的「批判精神」，我有時也頑皮的批判本師，我所說的笑話，而卻最使老師認真的一句，便是，「您所說的抽象的理論無一不對，但是所舉的具體建議，則很少不錯」，我所說的這句話，雖是當年茶餘酒後，在老師虛懷若谷的鼓勵之下，一些頑皮的笑話，而這些笑話底真正涵意，無非是說，胡適對引進學理的努力和對新思想、新文學的啓蒙基本上，和方向上，都是正確的，只是在枝節上，在時間的考驗下，它也有需要修正和補充的地方而已（它不是像共產黨人或紅衛兵口中的「毛澤東思想」，只許歌頌，不容批評而已。）而這些頑皮的笑話，其後竟被一些對胡適學並無深入了解的胡派紅衛兵，圍攻了半個世紀，然不才小我，為堅持本師「半肯半不肯」（胡適所欽佩的半山和尚底話）的訓誨，至今未悔也，對於一些不值一駁的惡言惡語的人身攻擊，我也聽了亡友劉紹唐先生生前「自鄶以下無譏焉」的剴切勸告，未加理會罷了。

我何以說胡適思想學說裡的抽象理論，無一不對呢？原因便是胡適基本上是一位輸入引進學理的「啟蒙大師」，他所輸入引進的，都是我們古老中國所應有的當務之急的西學精華，且看：八不主義，實驗主義，大膽假設，小心求證，廢除文言，推行白話，自由民主，人權法治，民主是一種生活方式，真理是實驗出來的，時取時棄（黑貓白貓哲學的老祖宗），多談問題，少談主義，打倒孔家店，引進學理，整理國故，再造文明，所有的「國民黨」都是保守的，沒有那個民族能完全丟掉他自己的「固有文化」，社會對一個人的報酬，遠大於一個人對社會的貢獻，有一分證據說一分話，有九分證據，不能說十分話，知難行亦不易，不要讓人家牽著鼻子走，乃至和比戰難，容忍比自由更重要，不覺不自由，也就自由了，作新詩要念得出，看得懂，對人要有疑處不疑治學要不疑處有疑等等，為人做事、讀書治學的抽象觀念，妙言警語，實在是無一不對。

至於胡適所建議的具體事實，例如他在當學生時代就反對同學開愛國學潮，勸同學們讀死書，不管國事做了北大教授，卻反對「五四運動」；胡適反對暴力革命，當然也反對「農民起義」；胡適主張「好人政府」，搞一點一滴改革，用不著打倒軍閥，打倒列強；胡適言必稱美國，把美國看成至善至美；胡適接受杜威的法律論，以為法律只是維持社會秩序的工具，而不知它是欺人殺人的武器；胡公要蔣介石把國民黨一分為二，要毛澤東放下槍桿，參加競選；胡適在抗戰開始，全國敵愾同仇，與入侵強寇死命拚搏之時，曾和周佛海、高宗武一道去唱「低調」；都是白面書生深具良心，而十分天真的建議。

總之胡適除去「文學革命」之外，他是反對其他一切暴力革命的，這是很天真的想法，因為他不了解一個社會，病入膏肓，發生了死結，才發生暴動的原故，因此他有時提出的許多具體的建議，都表示胡適是個中產階級家庭裡，可愛的乖寶寶出身，成長於象牙之塔內的，善良的白面書生，對塔外社會的陰暗面，所知甚少。所以我這個歷經憂患的打工仔、小學生，才覺得我們這位德高望重，自信心極強，而夫子氣又太重的老師，政治上實在是太天真了（politically naive），他老人家，對中國的萬分複雜的轉型運動，所引進的抽象學理，無一不對；但是所舉的具體建議，卻很少不錯，質之高明，是耶？非耶？

胡適哲學思想的時代背景

現在再分別談談胡適對上述十項思想學說的貢獻，先說說他的哲學思想。但是在談胡適哲學思想之前，還得粗淺地先談談哲學思想的中西之別。

人之異於禽獸者，是人類在食色二慾之外，還有個「求知慾」，要求知，就會發生知識的累積，知識累積了，就會發生文化，這就是禽獸世界所沒有的了。人類求知的法則很多；求知的對象，具體的、抽象的，也十分複雜，這個求知的整體，在古希臘，就叫做「愛智學」，也就是後來的「哲學」（philosophy）了，我國古聖先賢，所發生的求知慾，基本上和古希臘人是一樣的，只是我們古漢語裡，沒這個愛智學的名詞罷了。

不過我們東西兩方的求知慾，雖極相似，我們兩方對愛智的發展，卻各有所偏，我們的古哲學是以「人」為本的，一切知識都繞著「人」來打圈圈，尤其是時至前漢，在漢武帝搞起「罷黜百家，獨崇儒術」之後，這個人本主義，或人文主義，就走向極端了。古代儒家對不可知的自然現象之好奇和敬畏，雖然也接受了「鬼神」的觀念，但是我們的主流思想畢竟是以人為本，所以我們也就「敬鬼神而遠之」了，既然敬鬼神而遠之，我們對神學也就沒興趣，宗教也就搞不起來了，最多搞點祖先崇拜就算了。再者我們既然一切以人為本，我們對人以外的，宇宙萬物的求知慾，也就不大，尤其是在「獨崇儒術」之後，其他學派，如自然哲學（道家）、邏輯學派（名家）、法理學派（法家）和宗教學派（方士）就統統都被封殺了。

古希臘人，沒有把人看成「萬物之靈」，在他們看來「人」只是宇宙裡的萬物之一（他們叫being，我們也可以譯成「物」吧。）所以英文裡至今還把人類叫做「人物」（human being），人既然不是萬物之靈，那麼鬼神就偉大起來了，人就變成神的產品，這一來我們東西文明就溝水東西流了，我們的傳統，因而便是以人為主的「國家」（state）獨大；西方傳統中，國家之外，就還要加一個教堂（church）了。再者，古希臘人既然對宇宙萬物都有興趣，因此他們的 philosophy 也就是對宇宙萬物求知的整體了，不幸的是，他們西方雖然沒個漢武帝來「獨崇儒術」，他們在中世紀也搞出個獨崇上帝來，上帝的神學獨霸了愛智的地盤。他們底名家、法家、道家，在中古時代，也統統被封殺了。

因此，我們人類的文明，雖然東西異碑，在現代前期，我們還是兩方五十對五十，西風並不能壓倒東風的。但是在十四世紀以後，情況就急轉直下了，因為西方在十四世紀，搞出個「文藝復興」來，文藝復興（Renaissance），這個詞的原意卻是「復古」，因此所謂文藝復興，便是對教廷獨霸文藝的造反運動，教廷的獨霸被打倒，文藝恢復希臘早年百家爭鳴之古，他們對「宇宙萬物」求知的興趣，也就一發不可收拾了，漸漸地現代科學（modern science），就在西歐地區，開始萌芽了。科學發展了數百年，至十八世紀初年，它就和哲學分家，而自立門戶了，科學發展其後一日千里，也就回頭影響了他們哲學的發展，很快的，西方的科學哲學齊頭並進，終於炮製出人類歷史上，前所未有的「現代文明」。這樣一來，我們還在關門睡大覺的東方儒者，也就一日千里的變成落伍的民族了。

以上所述，我們也可說是東西文明最淺顯的區別吧，而這個最淺顯的區別，在十九世紀與二十世紀之交，卻表現得最為明顯。等到胡適於二十世紀之初，留學美國時，不用說當時歐美的科學發展已舉世無雙，西方的哲學也已被整理得名目繁多，條理分明，古老的宇宙論、本體論、知識論之現代化不用說了，什麼政治哲學、社會哲學、教育哲學、人生哲學、社會主義、實驗主義、神學、美學等等，更是說不盡的了，其哲學家之人才鼎盛，學說之精闢，真是五光十色。反觀我國，壟斷了兩千餘年，只此一家，別無分號的儒家老店，出了幾十百萬，只通一門的老闆伙計，冬烘學究，和甘草柴胡等等，成筐成簍，霉爛的草藥，面對這些光彩輝煌的洋貨超市，我們就傻眼了。而在這洋廣超市之中，作其能說會講的青年推銷員，就是胡適、趙元任這批歐美歸來的留學生了，他們所叫喊兜售的洋貨，雖然也只是一些大眾消費品，值不了幾文錢，但是這些洋廣雜貨，對我們土老兒的消費者，真是無一而非動人眉目，撩人心意的新鮮事物也。

當然嘛，在胡適等人從歐美返國之前，早就有康有為、嚴復、梁啟超等人對西方思想學說的大力宣傳和評介，而為之名滿海內，不幸的是，康老人一知半解，只是個半罈醋；嚴復雖頗有些實學，然以古文取勝，讀者只限於上層士大夫；任公東拼西湊，以昨日之我與今日之我挑戰，所學雜亂無章。彼三人者，介紹新學，吊人胃口則有餘，實際質量則不足也，不像胡適那樣有系統的「輸入學理，整理國故」之能綱舉目張也，加以科舉既廢，新學方興，一個新的知識階級，正在日上東山，因此只要有幾句與時代巧合的啟蒙閒話，就能風行草偃，暴得大名了。

「中國哲學史大綱」的啓蒙作用

胡適以一個絕頂天才，頗有漢學根基的青少年，打入美國之常春藤盟校，苦學七年，深入寶山，滿載而歸，其深入淺出的西學內涵，就非康梁皮毛，和嚴復的專題翻譯，所能望其項背了，所以一位年未而立的青年學子的第一部書，《中國哲學史大綱》（上卷）一出，就引起全國震動，實在是不難理解的。老實說，筆者這一輩的後學，青少年期之能涉足新學，都是從熟讀胡適開始的，而他這部不同凡響的第一部書，也是胡適一輩子所寫的，最好的和影響最大的成名之作，實在是我輩（至少是筆者個人），對現代學識的啟蒙之書，有暇如自述所學，當再深入評介，本篇限於篇幅，就無法細說了，但如以三言兩語概括之，那也不妨略舉數端如下：

一、它是一部中國現代思想革命的宣言書，我們要知道在胡適之前，儒家不只是一門哲學，它簡直就是一門以祭祖為基本儀式的宗教，孔孟之書不只是兩位哲學家的著作，它是一門宗教中的「經書」，和佛經、聖經、可蘭經享有同樣地位的神聖著作，讀者是只許發揚和詮釋，是不容許批判的，在我國傳統典籍圖書，經史子集的分類裡，是專列為「經書」的，諸子百家之書，是不能跟經書並列的。這項「獨崇儒術」的傳統，已有兩千年以上的歷史，根深柢固，可是胡適的「大綱」一出，孔孟之書就被拉下寶座，與諸子百家同列了，神聖的儒家，自此就和諸子百家一樣，成為中國哲學之一宗了，這是兩千年未有之事。賢明的讀者們，固然可以說，孔老二的儒家香火，延續至此，已油盡燈枯，胡適不打孔家店，孔家老店也會自動倒閉的，誠然英雄很多都是時勢造的，但是我們卻不能不承認胡適是這個潮流上的第一位英雄，他底成名之作，是這個新潮流上的第一部書。

二、胡適這部書在近現代中國學術史上是新舊兼善，它之所以能成為歷史上的名著，不只是它在處理諸子百家的思想上，用通俗的白話文和新式標點，引進了嶄新的西方學理，它在處理中國古典上的功力，也不讓乾嘉諸賢，足使當時瞧不起這位後學的老輩學人，耳目一新，而概嘆作者是「中西之學俱粹」，這也是實情，不像我輩後學，講起新學來，滿口洋文，頭動尾巴搖，一提到三墳五典，就以洋學人膚淺的根基，來自我解嘲了，胡適對「中西之學俱粹」這面獎牌，確是當之無愧的，所以才能做個不世出的學者和啟蒙大師，至於他這本書，究竟「粹」在何處？有機會再細加分析吧。

自由男神的政治偶像

再談談上表所列的第二項「政治思想」，胡適不是政治學家，他在高深的政治學的領域裡，沒有超過「高等常識」和「經驗論」的範疇，但是民主政治卻是他的宗教，他對所謂英美式的「民主政治」，真是堅信不移，老而彌篤，其原因便是胡適只談政治，而不搞政治，所以才能終身不改其道，不像孫中山先生是個政黨的黨魁，以美為師搞不通，就轉而去搞以俄為師，因此在政治行為上，中山未始不對也，但在政治學理上，就弄得暈頭轉向了。

再者，胡適論政，雖然只是從高等常識出發的，但胡氏是個絕頂聰明之人，與政治學理有關的常識，異常豐富，他又是個舉一反三，聞一而知十的智者，所以政治學雖非其本行，就憑高等常識，他也能談得鞭辟入裡，深入淺出，頭頭是道，二百五的職業政治學者，和訓練不足的當國政治家，像毛澤東和李登輝那樣的程度（毛在現代政治學理上，連權力和權利，都搞不清楚），想做他底學生，恐怕還要惡補好一陣子，才能聽講請益呢！

但是以上所述，只是引進現代西方「純學理」的一部分，至於這種純學理，與傳統中國，以農業經濟和農村生活為主體的政治內涵，是否適合；目前不適合，在中國社會開始轉型（也就是西化或現代化）之後，需要經過多少階段，多少年月，才能初步適應，在胡適的「知識」和「經驗」裡，就是一張空白了。我國古代對一個宰相級底政治家的訓練，都是從深入農村的地方小吏做起的（參見拙作論范仲淹，載於本年七、八月份「傳記文學」），然後當大政，才不會說空話，不像轉型期中的胡適，以及和他同時的一些政治人物，搞政治是從大使級、宰相級開始的，以這樣的經驗作背景，在一個農民造反的國度裡，幾乎就完全不適用了。

胡適由於對民主政治的信仰，篤信不移，在任何不同的場合和時代，他都絕不妥協，像三十年代初期，那時的熱血青年，不搞工農政治，就搞法西斯的高潮中，胡適卻始終堅持他那不冷不熱的德謨克拉斯，就被他底學生（像他最「嘉許」的北大學生千家駒那樣）罵成「臭烘烘」和「臭名昭彰」了，但是回也不改其樂，胡適這個老民主，卻江流石不轉，對他自己的政治信仰，絕未因其不合時宜而動搖絲毫，像這樣茅坑裡的石頭，又臭又硬的堅持了一輩子，胡適之就逐漸地變成當代中國的民主先生和自由男神了，最後在中國，簡直就弄成「胡適」和「民主」，幾乎變成了同義字，胡適就是民主，民主就是胡適了，在那臭的年頭，他雖是「臭名昭彰」，但是一到香的年頭（朋友，就像在蘇東波解體、黑貓白貓、改革開放大行其道的今天），胡適又香氣撲鼻了。

總之，在過去的一個世紀裡，胡適的政治思想雖然隨著時代，香臭不定，但是安定繁榮，民主法治，以農立國逐漸轉向以工商業立國，農村生活方式逐漸轉向都市化，總歸是我們的大方向嘛。人間無水不東流，這個方向是任何人和事，都不能逆轉的，但是在這千里江陵一漩渦底「歷史三峽」裡打轉的，船頭永遠向東，從不改變方向的，近百年來，歷史家所能記載的，也只有胡適一人。近百年來，批胡者千千萬，但是朋友，俱往矣，數啟蒙的老民主先生，堅持到底的，只此一人，不算錯吧，近年改革開放以來，兩岸三地「胡適熱」，又重行發作，是良有以也吧。朋友，這就叫做「效驗明時方論定」也哉。

在社會經濟史上的盲點

胡適雖然把他對「民主政治」的信仰，堅持了一輩子，可是他對歷史上社會經濟的變動，原是民主政治孕育的搖籃，卻所知無多，也毫無興趣，還不只是胡適本人如此，整個胡適派學人，從顧頡剛、傅斯年到毛子水、楊聯陞，都是如此；其原因便是，這派學人都自視甚高，自許是在中國學術上承繼了漢代的古文家馬融、鄭玄的道統，也是清代乾嘉學派，戴東原、章學誠等人（胡適簡直就把這一派的承傳，視為「徽學」，也就是胡適口頭禪中「我們安徽」的看家本領）的嫡傳，殊不知漢代的古文家，原是對專尚「通經致用」等空談，和把持利祿之途的官學底今文家的反動。熱中朝政的今文家，固然走火入魔；專搞注疏箋證和雞零狗碎底小考證的古文家，亦非全無瑕疵，其原因便是他們漢儒，不論是哪一派，都是接受了董仲舒「罷黜百家，獨崇儒術」底儒家專政的事實（正如近代的左翼學人之接受馬列專政一樣），他們的宇宙觀和歷史觀，都不能跳開儒家既有的大框框，因此考證起來，就只能在框框之內，鑽其牛角（高談「教育無目的」的杜威實驗主義，也是有其大框框的）而大搞其雞零狗碎的注疏之學了，搞得過分了，為考據而考據，就搞出所謂「寧信孔孟誤，諱言鄭服（虔）非」的怪現象了。

我國近百年來的歷史學，以胡適為首的考據派，每每對「以論帶史」的左翼史家，嗤之以鼻，其實康有為告訴他底學生梁啟超說，古文家、考據派所搞的只是一些「無用之學」，不也是千真萬確的事實？胡適晚年搞了二十年的《水經注》（用今日的電腦技術，大致六個月就可以解決），還不是一種「無用之學」？據梁啟超回憶說，他聽了康老師之言，簡直是石破天驚，冷水澆背，而夜不能眠，這不也是一位有絕頂天才的青年學人，對古文家考據派的反感？置天下饑饉，和帝國主義的橫行霸道於不顧，而藏身象牙之塔內，以「無用之學」來自炫清望，這就是現代古文家的不對了。

再者，乾嘉學人之所以沉迷於考據，實在也迫於當時文字獄的威脅，而不敢再發其經國濟世之論，但是早年民國時代的考據派，則絕不是文字獄的關係，而是他們學派的門風使然，司馬遷說他寫《史記》的目的是「究天人之際，通古今之變」。究天人之際，是研究人與自然界的關係；通古今之變，是研究社會發展和變遷的因果關係，因此司馬遷這句話，不也是我們今日研究歷史的目的嗎？可是近代中國早期的考據派，則考據除考據以外就無目的，因此他們難免的有其走火入魔，過猶不及宗派缺陷了。

記得筆者上大學時，聽顧頡剛老師的課，我們就問過顧老師：「大禹王是一個人，或是一條蟲，對古代的社會發展，究竟有什麼不同的作用呢？」顧老師說，這不正是你們應該努力解決的問題嗎？顧老師以問為答的意思，便是他自覺是務實派的考據家，是則是之，非則非之，不願在歷史事實之外，來妄發議論，亂加解釋，因此他們不但非議儒學中的今文家，通經致用的空談，他們對現代的社會經濟學派，也認為是邪魔外道，而不屑一顧。當然嘛，像早年治社會經濟史的郭沫若等左翼學人，的確也十分膚淺，每好以小證據，下大結論（像郭沫若之論「奴隸社會」）。胡適的「證據至上論」，事實上就是衝著他們說的，所以經院派學人，就矯枉過正，為考據而考據了。因此筆者在早些時的評胡之作中，說胡老師是「三分洋貨，七分傳統」，其實這並不是胡適一人如此，他整個的從顧頡剛、傅斯年以下的胡適學派，也都是如此，這是學術轉型早期的必然現象，無足怪也。這就是因為早期的「現代古文家」（包括已故的哈佛大學講座教授楊聯陞先生），都是漢學底子太深，他們一輩子的興趣和訓練，也都以漢學為主。因此他們在漢學與西方社會科學的訓練，還是頭重腳輕，是個不成比例的「三分開」，不過他們比傳統漢學家，對西學只略知皮毛的康有為、錢穆、梁漱溟的「轉型階段」要「現代」多了就是了。

其實這種根據歷史事實，然後再對歷史的變遷，作出抽象的解釋，在當今社會科學家就謂之「概念化」（conceptualization）。近代中國的左翼史家之失，大多失在證據不足，望文生義，亂事概念化，往往把歷史學，弄得教條如雲，最後就「以論帶史」，搞填表史學（主觀的把歷史分成不同階段，然後把歷史硬性的塞進去），甚至搞「以論代史」，那就禍國殃民了。

考據派之失，則是走向另一極端，為考據而考據，把司馬公的究天人之際，通古今之變，當作耳邊風，過了分，那也就變成考據學究了，過猶不及，事實上這也就是「胡適學」裡的重大盲點之一，尤其是二戰後，對社會經濟學的研究已十分成熟，治社會經濟史已成為一時學風，而胡適學派，在這方面就完全落後了。

就以筆者在美國留學的個人經驗來說吧！我們那時參加美國史考試，社會經濟史便是最嚴肅的一個科門，我個人為著應付考試，費了絕大的氣力，所讀的有關「內戰與重建」（Civil War & Reconstruction）方面的書，就是中國「胡適學」中，極大的盲點，當時胡老師為著要「跟進（make up）」對杜威的研究，曾不惜重資要我替他購買有關杜威的新著，我曾勸他也看看新起的有關 Reconstruction 的新書，我尤其特別介紹那位了不起的黑人史家，杜鮑耶斯（W.E.B. Du Bois）的名著《黑色的重建》（*Black Reconstruction*）。但是胡公把這種學術上極嚴謹的著作，幾乎是不屑一顧的置之腦後，當時我就覺得，胡老師這位思想家是落伍了，因此後來我在

《胡適雜憶》裡，似乎也提過，胡適非不可批也，只是海峽兩岸批胡者的水平不足，因而把個胡老師弄得愈批愈紅，終於把胡公批得飄飄然之可笑也。

白話詩文的老祖宗

再談談上列第四項，胡適的「文學思想」，胡適說他是「白話詩文」的老祖宗。這也是誰也不能否認的事實，在當年大陸上全國清算胡適之時，無人不說胡適冒功，胡適絕不是白話文運動的開創者或「啟蒙大師」，胡適對他們的證據確鑿的批評，卻報以得意的微笑，我們那時作為旁觀者的後學，對胡適的「拈花微笑」倒頗能體會，原因是：任何劃時代的文化運動，大師小師，都是成筐成簍的，但是在這一記「新文學運動」中，如果要選舉一位「開創者」或「啟蒙大師」，哪一位又會比胡適更夠資格呢？

記得這時，也正是筆者在哥大參加美國史博士學位，考綜合口試之時，一位存心拉我下馬的教授，就對我提出：「林肯是否是黑奴的解放者（Emancipator）？」我不敢回答，只好反考他一句：「黑奴有沒有個解放者？」他被我反考一考慌了，不經意地回答了個「有」字，我又考他一下，「誰比林肯更有資格呢？」我這一問把當場七位大主考，和後座若干位旁系觀察員，問得哄堂大笑，我就逃過一劫了。胡適在新文學運動中的地位，正是如此的，他不做「開創者」、「啟蒙大師」和「老祖宗」，試問，哪一位比胡林肯，更有資格呢？

＊原載於《傳記文學》二〇〇〇年第七十七卷第六期

民主先生與自由男神
——胡適在近代中國文化史上的位置（下）

抽象仍具體

雖然我們不能不承認胡適是「新文學運動的老祖宗」，我們卻不能承認天下無不是之祖宗。他雖然做了老祖宗，但是，是還是是，非還是非，這就是筆者所說的「抽象無有不對；具體很少不錯」了，這也就是「胡適學」裡，最重要的一條，所謂「半肯半不肯」也。因此我們可以說，為著推行白話詩文，胡適最早提出抽象的八不主義，可說是無一不對，但是經過數十年的實際考驗，我們也可以說他所提出的具體建議，就「很少不錯」了。

例如作文作詩，白話一定可以代替文言，這個抽象的定律，是完全正確的，甚至可以說是「轉型期」歷史的必然，無人可以逆轉的。但是他也指出文言是一種死文字，和古希臘文、拉丁文一樣的死文字，應該徹底廢除，這個具體建議，就不對了。胡適說這話，分明是以西方經驗，來解釋中國文化史，因為拉丁文確是西方的死文字，絕沒有復活的可能，何也，因為拉丁文是古羅馬人所用的文字，而現代西歐的語文（英、法、德、義、西、葡等等），雖然官名也叫拉丁語系，其實是早年各入侵蠻族自己的語言，各蠻族由於有語言，無文字，所以都剽竊了拉丁字母，承傳了拉丁的文明，因此他們除在高級文化用語，和醫藥用詞之外，各蠻族皆各有其土語，他們和古羅馬語（拉丁文）雖然有文化承傳、字母借用的關係，但是基本上是不同的語言。等到文藝復興之後，各族群方言逐漸成熟，可以用方言自著其文學作品時，所謂方言文學（vernacular literature）就逐漸興起了，它們也就逐漸的代替了古老的拉丁文學，拉丁文就逐漸被廢除，而壽終正寢了。（筆者附註：拉丁文在哥倫比亞大學之被正式廢除，還是二十世紀，六〇年代中期的事，在胡適求學的那個年代，拉丁文還是該大學的必修科。）

我們的文言，可不然也。我們的文言和白話，基本上是同一種語言的兩種形式。白話只是文言的口語，文言則是白話藝術性的濃縮，它們兩者之間，有其血肉難分的關係。我們今日三歲的幼童，牙牙學語時，就可以背誦八世紀大詩人李白名作「床前明月光，疑是地上霜」的原文，這是任何其他民族文學，所不可能有的事。老嫗能解的古詩，幼兒能背的古辭，你說是死？是活？是文言呢？是白話呢？寫白話文，就一定要用的了嗎呢？就絕對不能用之乎也者？吾不信也。作繭自縛，作枷自頂，下乘作家也。吾翻近年無數青年作家之佳作，看他們動不動就來個「相濡以沫」，這句老莊子，顯然現在已返老還童，變成了白話了。朋友，文字本來是活的嘛。文言白話，同是我們美麗的中華語文，運用之妙，存乎一心，哪能聽老胡適那一套，硬把它分成啥死，啥活呢？這也就叫「效驗明時方論定」。其實，這也是在其他任何民族語言中，都是常有的現象，沒啥稀奇也。

且舉英文為例，朋友，你去讀讀《紐約時報》的〈書評周刊〉，再去翻翻《紐約每日新聞報》的社區報導，您就會發現他們雖是同一種語言，卻是兩種迴然不同的形式，只是它二者的區別，不若我們文言白話之大罷了。（朋友，其實也未必也。不信，你可立刻去比比看嘛。）我國當年的文學革命家胡適、陳獨秀、錢玄同者流，搞文學革命，也和搞農民革命一樣，都要矯枉過正，言過其實的誇大一番。但是效用和時間卻是檢驗一切真理的標準，八十年後再回頭看去，我就不懂，他們當年為什麼要把文言判處死刑？為什麼文言和白話，不能同時在中小學教科書裡出現？為什麼北京大學招生考試，不許用文言文？當年為著文學「革命」，可能不無道理；今日如仍然繼續之，那就荒謬絕倫了。筆者於此，著墨已多，不再細說了。

中國文學教授沒有中學程度

其實胡適之先生本人，在這方面的建議和認知，也是自相矛盾的。遠在民國九年（一九二〇），當時的北京政府，在新文學家的影響之下，決定改變中小學的學制；小學改用白話國語教學，不許用文言；四年制的中學，則酌量教授文言。胡適應聘做他們的課程設計委員之一，乃替當時的教育部擬了個「中學國文的教授」計劃。他雖然一再強調文言文是死文字，或至少是半死文字，但是他還是主張在中學裡繼續教授古詩文的。且看他所擬的中學生應該「自修的古文書目」如下：

乙、自修的古文書……一個中學堂的畢業生應該看過下列幾部書：（筆者註：好大的口氣。）

a.史書：《資治通鑑》或「四史」（《史記》、《漢書》、《後漢書》、《三國志》）或《通鑑紀事本末》。

b.子書：《孟子》、《墨子》、《荀子》、《韓非子》、《淮南子》、《論衡》等等。

c.文學書：《詩經》是不可不看的。此外可隨學生性之所近，選習兩三部專集，如陶潛、杜甫、王安石、陳同甫……之類。（見胡適紀念館授權出版，遠流出版公司榮譽印行，胡適著《文學改良芻議》，台北，一九八六年，「胡適文存」第一集，第一卷，頁二四七～二四八）

一個中學生讀了這許多古典書籍，目的何在呢？胡老師說，目的有四個：

一、人人能用國語（白話）自由發表思想作文，演說，談話……。

二、人人能看平易的古文書籍，如「二十四史」、《資治通鑑》之類。

三、人人能作文法通順的古文。

四、人人有懂得一點古文文學的機會。（同上，頁二四一）

我當年看過胡老師這篇文章（是他老人家要我重讀的），那是四十年前的事了，我就告訴胡老師，按他的標準，我中學還未畢業呢。我不但連那些名著都未讀過，連陳同甫是老幾，也不知道（我只知道陳獨秀別號叫陳仲甫），真是慚愧之至。如今四十年又過去了，三讀斯文，我不但自己更是覺得「少小不努力，老大徒傷悲」，我也為當今兩岸三地和北美大陸幾千位教授中華文史的博士、院士、教授、作家、詩人們臉紅。按照胡適的標準，這些光彩輝煌的博士爺、院士爺之間有幾個人，讀過《詩經》、《資治通鑑》和陳同甫呢？連個「中學畢業程度」也沒有，卻趾高氣揚的在大學裡教書，豈不誤人子弟？對鏡自窺，豈不要自殺殉職？對PTA下跪？（PTA在美國教育制度中，就是家長教師聯合會。）

可是從另一個角度來看，這又是一個「效驗明時方論定」的大例子了。胡適在八十年前提出這項「矛盾論」，可能未始沒有道理。至少對他自己來說，算不得荒謬，他在中學時代，確是讀過這些書的。但是天老爺，我們五百年才出了個胡適呢！怎能把胡適這個天才兒童當成平均數來看呢？再者，你老爺口口聲聲說，文言文是死文字，為什麼又要中學生，傷這個腦筋，來學作「通順的古文」呢？以子之矛，攻子之盾，說不過去嘛。

朋友們，要知道，所有的革命，包括文學革命，都是破壞大於建設的。（搞自我矛盾，都是免不了的。寫《矛盾論》的毛澤東，就是個最大的自我矛盾者。）《詩經》和《通鑑》，在科舉時代，原是所有趕科場底老童生的必讀之書。但是在胡適領導的「文學革命」的浪潮裡，都被打成封建殘餘，在洋學堂念洋書的洋學生，如果手捧《詩經》、《通鑑》來咿唔一番，就會被同學們起個諢名叫「老夫子」。老夫子是洋學堂中最慘的動物，連個女朋友也找不到呢。

有志青年要手捧一本西文的屠格涅夫、托爾斯泰、海明威才夠時髦，異性同學才會同你寫情書呢。那時的有為青年都是以讀外文系為時髦呢。（我的朋友大作家於梨華原來就是讀外文系的，她被強迫轉入中文系，銜恨了一輩子呢。）讀外文系的學生，都糞土《詩經》、《通鑑》呢。哼，還要去學它？這風氣原是他們文學革命家，尤其是胡適，搞起來的。胡適說他「未教過中學」，不明此道，要叫中學裡那些時髦青年，「小魯迅」們，去讀啥鳥《詩經》、《通鑑》，豈不緣木求魚哉？

所以我們在「效驗明時」再來評論胡適「中學國文的教授」的「具體建議」，那他的總成績，只能是個大鴨蛋了。他徹底的破壞了文言文和舊詩詞的教學，回過頭來，又要那些「小魯迅」們作點通順的古文，或詩詞習作，那就太荒唐了。現在的文學講座教授、博士、院士，都作不出一丁點通順的古文，或合乎平仄的詩詞了，遑論「一個中學堂的畢業生」？我要到南港老師墓前鞠個躬，胡老師不能怪我對老師的遺教「半肯半不肯」吧。（胡老師生前曾向我嘲笑，毛澤東這個小學國文教員的詩詞「不通」。他怎能想到，這丁點不通之作，現在的大學教授、博士、院士也作不出來了，所以毛主席就算是「詩人」了。）

至於，真是由胡適一手推動的「白話詩」（現在叫「新詩」），也有其「效驗明時」的表現。胡適當年在「嘗試」新詩時，對用文言所作的舊體詩，可說是極盡嬉笑怒罵之能事。誰又知道「嘗試」了八十年，新詩之脫離群眾，新詩之陳腔濫調，新詩之晦澀不通，新詩之逐漸僵化，均不在舊詩詞之下呢。筆者曾試撰長文檢討之，不再贅了。總之，新詩也有個「效驗明時」的階段。凡此都不在「老祖宗」想當然耳的範疇之內也。

以上只是舉幾個小例子而已。其實胡適當年所強調的八不主義，幾乎無一而不可作如是觀也。（筆者為此曾寫過一篇幽默小品曰「芻議再議」戲論之，雖是說笑話，然亦未始無愚者之一得也。見拙著《書緣與人緣》。）筆者大膽的批評老師「抽象完全正確，具體很少不錯」。質諸方家，是耶？非耶？

但是話說回頭，天下沒有任何人的話，是真的句句發金光，一句頂一萬句的。這些都是人類渣滓和馬屁精所說的話。我們治胡學的，哪能向他們去看齊呢？因此時間雖然對胡學有其避免不了的修正，可是瑕不掩瑜，歷史家不能因為胡學亦有其可修正之處，就低貶了胡適在中國現代文學史上，史太君、老祖宗的崇高地位也。質諸方家，然耶？否耶？

實驗主義VS.辯證唯物主義

至於胡適的「哲學史觀點」，則一句話便可概其餘，那就是實驗主義VS.辯證唯物主義。這本是個黑白分明，陣線明朗，兩造對立的堅強壁壘。它不只是早年胡適和陳獨秀兩位好友，無法妥協的對立哲學，也是五〇年代大陸上舉國批胡的中心課題；它更是冷戰期間，美蘇二強平分世界的「柏林圍牆」，和極權、民主兩集團之間的「鐵幕」之所在，毋煩細說。事實上，也無法細說，說它個幾十萬字，也還是說不清的。但是為著一般中文讀者的粗淺認知，我們還得三言兩語，來描述個最原始的框框。

我們要知道，胡適先生說了一輩子的什麼「西洋文明」、「全盤西化」等等，都與「全盤」無關。他心目中的「西洋文明」、「全盤西化」，實在只限於十四世紀，文藝復興和宗教改革之後，在西歐一隅，所發展出來的「基督教文明」。這宗基督教文明的主要內涵，便是科學和民主。而最能代表和發揚科學和民主的哲學，便是起源於西歐，而成熟於北美的「實驗主義」。這項新的西方文明，是不包括「天主教文明」的；更不包括十九世紀中葉，才逐漸發展出來的「辯證唯物主義」和「科學的社會主義」的。前者他們認為是中世紀所遺留下來的「封建殘餘」，不值得學習；而後者則是西洋正統文明中，走火入魔的「異端」，不但不值得學習，甚至要毫不留情的加以剷除。所以胡適口中的什麼「輸入學理，整理國故，再造文明」，他所要輸入引進的，實在只限於上述這個正統的「西方文明」，和現代的「實驗主義」。

再者胡適的漢學根基是十分深厚的，而他的漢學，卻是不折不扣的正統的，從漢代「古文家」，一脈相延的「乾嘉學派」。他說那叫做「徽學」，是他們徽州佬的看家學問。用個俗語俗字，那胡老師便是「徽學」最後的「掌門人」。因此他不但對今文家、理學家不假「辭色」，他對中國文明的「印度化」（佛教的東傳），尤其是深惡痛絕。認為「個個和尚都說謊」，所以「胡適」這座中國近代文化史上最大的里程碑，所代表的實在是新興的西學東傳，和固有的漢學承傳的「兩個正統」。這兩個「正統」，對一些封建殘餘，和旁門左道的排斥是十分激烈的，是絕不容忍的，甚至是不講理的。雖然他和天主教還有些不出惡聲的默契，但是對辯證唯物論者，和佛教徒的和尚，他就疾言厲色了。

可嘆的是，在這一無情對立的衝突之下，胡適卻是個「中西之學俱粹」的「大師」，能說會講。而他的對手方，卻沒個能和他搞「來將通名」的主帥。不用說，近百年來，佛教界所出的一些土和尚，被胡適糟蹋得不成樣子。縱是那些自命不凡的唯物主義者，也找不出一兩個「來將通名」一番的對手。近百年來在中國唯物論壇裡，能稍微說點道理的，似乎還只是停滯在「大眾哲學」階層的艾思奇。可憐的是，艾氏的嫩苗，還沒有開花結果，他的大眾哲學，就被個不學有術的毛澤東冒名頂替了。而毛氏卻是個連唯心、唯物的名詞都搞不清楚的小學教員，連做胡適的學生的資格，都還差一大段，他如何能領導批胡呢？一個批胡的總司令都低能若此，在他老人家底下寫打差文章的，誰又敢冒其大不韙，來功高震主呢？所以從三十年代開始，左右兩派，寫了幾千萬字的批胡文章（任卓宣一人似乎就寫了五十萬字），都是白寫了。老胡適被他們批得飄飄然，實在是二十世紀中國文化界的一大笑話。

其實胡適之與實驗主義，實在只是述而不作也。我們翻翻《胡適全集》，胡適寫過幾篇有關實驗主義的著作呢？沒有嘛。所以批胡者之所批，非胡也，而是他們只能望文生義的實驗主義也。上節已言之，以科學民主為內涵的實驗主義，是近代西學的正統，而辯證唯物主義，在二戰前也是在歐洲足撐「一洲兩制」底半邊天的，撐天哲學。在二戰後，它又迅速升級為「一球兩制」的環球哲學，杜威胡適師徒想把這宗哲學夷為平地，談何容易？相反的，左翼大師們，想把杜威胡適師徒趕出地球，也是蚍蜉撼樹。這本是近代世界文化史上，兩宗哲學較勁的問題，他們之間的是非，哪是毛澤東底下那批蝦兵蟹將所能掌握的呢？「不悔自家無見識，卻將醜語詆他人」，這就是批胡運動笑話收場的關鍵所在了。

話說回頭，這又是「效驗明時方論定」底另一證明。他們兩造官司，原是打不完的，赫魯雪夫訪美時，曾誇下海口，說：「我們要埋葬你們。」但是在二十年後，蘇東波解體之時，誰又埋葬了誰呢？這個問題，只有上帝和時間，才能作出圓滿的回答。將來如何，那就上帝也未必知道了。但是「效驗明時方論定」，胡適和共產黨打了數十年的官司，現在他總算是打勝了一個回合。

文學工具論VS.文學工具論

再談談胡適底文學史的觀點。胡老師曾經斬釘截鐵地告訴我，一部「中國文學史」，便是一部「中國文學工具變遷史」。筆者前不久曾把胡老師這番文學理論「修正」（不是當今「台灣人」所說的「修理」）一下，撰了篇萬言書〈論五四後文學轉型中新詩的嘗試、流變、僵化和再出發〉（見本書第一四四頁），該篇原是應北京大學於一九九九年五月所舉行的「五四」

八十周年國際研討會的論文。在那一長篇的王娘裏腳裡，筆者所談已多，不敢再嚕囌了。

現在只想談談胡老師的另一個學生毛澤東也寫過一篇，和老師針鋒相對的文學工具論的異同。胡適所說的「工具」，是真正的文學所使用的工具，例如文言、白話、駢文、散文、四言、五言、七言、長短句、詩詞歌賦、元曲、崑曲、語體文、白話詩等等。胡適認為這些工具，基本上只有兩大類——語體和文言。而語體則是中國文學的正宗；文言文只是寄生於科舉制度，為少數士大夫和政府所使用的文學工具，是個旁門。一旦科舉被廢除了，依附於科舉制度的文言這項工具，就必然會被拋棄掉，而正統的語體文學，就必然會大昌明於中國。他這樁說法，雖然是從中西比較文學中，根據西方的經驗，以小抽象概括大具體，實在只是一項「大膽的假設」而已。「小心求證」的工作，是做不完的呢。然其言甚辯，其中真知灼見，正多著呢。只是「拿證據來」甚是不易罷了。但是「效驗明時方論定」，我國科舉既廢，白話乃隨之大興，也是絕對的事實嘛。

可是毛澤東從蘇聯搬來的文學工具論，就不然了。毛氏認為，文學，不論是使用那一種工具的文學，本身就是一種工具。它應該是為革命服務的工具；為人民服務的工具。（這是他於一九四二年在延安所搞的「整風運動」中，對文學整風，在所謂〈延安文藝座談會講話〉的主要內容。）根據共產黨這個邏輯，則一部中國文學史，就可以一分為二了，一部是統治階級的文學，它是為統治階級服務的工具；另一部則是被統治階級的文學，它是為人民服務的工具。

因此在共產黨的無產階級專政之下，所有的文學作家，就只許寫第二類文學，而絕不許寫第一類的文學了。

論毛派打差文學

他們胡毛師徒之間，這兩造相反的文學工具史觀，孰是，孰非呢？其實他們兩造都只是大膽的假設，以小抽象概括大具體。兩造都只談「文學」，而不談「文學家」。殊不知文學卻是文學家撰寫出來的，而「文學家」卻是個很複雜的動物。胡適所說，文言文是靠科舉制度來維持的。如果他所說的只是專指「八股文」，那就是百分之百的事實；至於那些為著簡潔方便，而濃縮的現代文言，就未必如此了。不信您且看，中共黨方的文件，那種臭臭長長的的了嗎呢，才是靠「入黨做官」的新科舉制度，才能維持呢。沒有這宗新科舉，中國共產黨那套白話文、黨八股，是任何中文讀者都不要看的。沒有「黨」做老板，「人民日報」都要關門。

胡適先生告我，「共產黨那邊，白話文寫得最好的，還是毛澤東。」好了，您去看看毛選，他那套文白夾雜、隨心所欲、嬉笑怒罵的白話文，才不是胡適所提倡的八不文學呢！毛澤東是個從不寫一句白話詩的複雜的作家。他這個作家所寫的白話文、舊詩詞，是替誰服務呢？那是他替他自己服務，他要享文名做詩人，又要保持自己的政治權力，去和天鬥、地鬥、人鬥。寫大字報去打倒劉少奇、彭德懷和林彪。他這個作家，是為他自己的興趣（如作舊詩）和目的（如鬥垮鬥臭劉少奇）而寫作的。他才不是聽從什麼「文藝座談會」的指示，去寫啥鳥「服務文學」和「打差文學」呢！所以毛澤東的白話文就是「共產黨那邊寫得最好的」了。毛如果和「共產黨那邊」其他官方作者一樣堅守了胡適「八不主義」的清規戒律，我想他的前北大老師，就不會那樣誇獎他了。

總之，文學史觀是個反映時代底、極複雜的東西。絕不是三言兩語的「抽象名詞」所能概括得了的。

記得三數年前，中國文聯正在北京開其幾全大會，那時我也正在北京，乃拜文藝界友人為我申請，不才想旁聽旁聽，長長見識，返美時也好向海外文壇炫耀炫耀呢！誰知吾友聞言，不禁伸舌搖頭，大說不可！我不禁也大好其奇的，大問其「何也（Why）？」友說：「他們裡頭會吵得一蹋糊塗，家醜不可外揚，絕不能讓你這個外人去『旁聽』。」余聞言，大為感服。認為中國另一次文藝復興，就近在眼前矣。試問一九四二年毛公搞文藝整風運動，所主持的「文藝座談會」裡，哪個雜種敢吵一句，王實味就因為不信邪，吵了一下，不就把腦袋吵掉了。後來丟掉腦袋的作家多著呢！還用細說嗎？

但是大獨裁者畢竟「萬歲」不了嘛。他遲早會死的。他死了，大家就要吵，不吵怎會有「百家爭鳴」呢？「爭鳴」不就是吵嗎？不爭鳴哪來民主呢？余所以為中國文壇賀也。總之，所謂作家、文學家，都是最有獨立人格的個體。風派作家、梁效學派，寫服務文學、打差文章，就不能叫文學。所以毛澤東所召開的什麼「延安文藝座談會」，是把文學的定義弄錯了，大可免談。

人文學科與社會科學是兩個階段

至於胡派文學史觀呢？不才便常向文藝界的友好諫言，文藝史是不能和社會轉型史、社會經濟史分開來讀的。我國自秦始皇統一中國之後，我們的社會政治結構（socio-political structure），兩千年來，在基本性質上未變也。所以我國傳統文學（也可說是士大夫的文學吧！）雖然工具大變，形式大變，而內容不變、性質不變，作者讀者，亦不變也。這便是胡老師所說的，文學的變遷史，便是文學工具的變遷史了，他老人家沒有說錯也。只是他這套理論，在今日就必須加以「修正」了，因為我們的國家和社會的結構，從鴉片戰前的千年不變，發展到鴉片戰後的十年一變，轉型期間，一變百變，國家和社會大變而特變，文學的內容、形式、讀者、作者都隨之大變特變，現代文學和傳統文學，就變得面目全非了。一部現代文學史，就不再是一部現代文學工具的變遷史了。

他山之石，可以攻錯。我們再看看西洋文學史，西洋文學在中古時期，被教會控制了，原也是個沒出息的文學。可是到十四、五世紀以後，西歐的城市中產階級逐漸興起，讀者作者都出於城市中產階級，各族群、各大城市中，如倫敦、巴黎、羅馬，以城市中產階級為背景的方言文學之崛起，尤其是小說和戲曲，就如野火之燎原了。

我們中國，現代文學之崛起，尤其是白話小說之普及，也有其大同小異之社會經濟背景，胡適說吳敬梓「一時高興」了，寫了一部《儒林外史》，曹雪芹也「一時高興」，寫了一部《紅樓夢》。這些話就不對了，須知《紅樓夢》和《儒林外史》，非曹吳二人「一時高興」之作也。他們是受社會經濟學上的「供需律」（Law of Supply & Demand）支配的。在十八世紀初中期，東南中國的商業城市，如蘇州、揚州、南京、杭州等等，逐漸興起，製造了一批城市中產階級，受過教育的城市中產階級，有其精神上的需要，讀小說蔚成一時風氣，有才氣的作家，像吳敬梓（一七〇一～一七五四）和曹雪芹（?～一七六四）兩個同時同地，卻未嘗謀面的天才作家，先後受到當地、當時小說熱的鼓勵，才開始執筆寫作的。這才是《紅樓夢》和《儒林外史》出現的社會背景呢！哪是無中生有，「一時高興」才寫出來這兩部不朽底名著的呢？英國文學裡的名作家，像查理·狄更斯（一八一二～一八七〇），這位維多利亞時代的名作家，也是受當年倫敦市民底小說熱的鼓勵，才大量生產的。他底名作也不是一時高興之作也。

總之，文學轉型原是社會轉型，一轉百轉的一部分，它也是社會科學研究中的重要科目之一。只是當胡適輩第一代啟蒙大師們，在二十世紀初年，向西方引進學理時，現代的社會科學還在萌芽階段，因此他們所「引進」的學理，主要的還限於十九世紀西方的「人文科學」，其內涵與二十世紀中期才蓬勃起來的「現代社會科學」，還有其一大段距離呢！這是時代設限，不可強求於胡適那一輩的啟蒙先賢也。

五四以後，繼這批第一代啟蒙大師之後，而向西方繼續引進學理的，馬列一派的社會主義者，不幸的他們又受了德國的「普魯士絕對主義者」（The Prussian Absolutists）的影響，把社會科學上許多概念，尤其是「階級」這一概念絕對化了。而更不幸的，這個絕對化又和後來社會革命運動纏在一起，就變成政治「教條」（dogmatism）了。而最不幸的，這些教條又被濫用了，而弄得（尤其在中蘇兩國）幾千萬人頭滾滾，中國的白面書生，像胡適派裡面的那些學人，就更是望而卻步了。因噎廢食，他們因此對啥鳥社會經濟學、啥鳥「概念化」等等「旁門左道」，也就碰也不敢碰了。這也是我國近代文化史上，政治和學術捲在一起，涇渭難分底可悲的後果啊！而這一悲劇的演出，像毛澤東這樣小學國文教員出身，強不知以為知的暴君和殺人犯，所作的孽，實在太大了。國運、族運如斯，也是轉型期避免不了的浩劫吧！夫復何言？

論「文言文」與「古漢語」

再談談上列第七項，胡適對古典文學與考據的是非。中共在五十年代清算胡適期間，他們就把文言文定名為「古漢語」。當我把這一學術消息提供給他時，胡公並無異辭，而我這個反對程門立雪的助理，卻深不以為然。中共黨裡的文教幹部（毛澤東除外），其實真是胡適白話派的孝子賢孫。他們都絕對忠實於胡適嫡傳的白話文的「八不主義」，認為文言文是死文字，所以定名為「古」漢語，以其有別於「今漢語」或「現代漢語」也。不才小可，當時就同胡老師辯論，我認為在中國文化裡，是「語」、「文」有別的。「語」是語言、白話、語體文，「文」是文，不能用作「語」。中國自古以來，也未嘗有任何人，曾用「文言」來說話的。

（筆者附註：只有近代少數西方漢學家，他們專攻古典和文言，不會說白話，偶然與中國人交談，才之乎也者一番，聽來十分可笑。那也是中國語文史上，唯一使用文言談話的人。他們是西方漢學家，而非孔子、孟子或歐陽修、蘇東坡也。中國古人並不用文言對談，所以把文言「文」，叫做古漢「語」，實在與事實不符，並有點欠通。）

但是中國的語與文之間，卻界限模糊，說起話來可以七扭八拉，文白夾雜，隨心所欲，像毛澤東「講話」就是如此的，聽來甚是過癮。這就是所謂「語」了。孫中山的「遺囑」和蔣介石的「訓辭」，就不然了。孫中山遺囑的作者汪精衛是個才子、文章家。您讀他那篇由「必須」、「務須」、「尤須」三須連串起來的「總理遺囑」，是多麼好的一篇散文，置諸《昭明文選》和《古文觀止》之中，都是一篇擲地有聲的一流傑作。這就是所謂「文」了。蔣介石訓辭的捉刀人陳布雷，也是個文章家，所以蔣公訓辭也有許多文言好文章，例如筆者幼年所讀，至今仍能背誦的什麼「可戰而不戰，以亡其國，政府之罪也；不可戰而戰，以亡其國，亦政府之罪也……」又如：「和平未到絕望時期，絕不放棄和平；犧牲未到最後關頭，絕不輕言犧牲……」都是極好的文言駢文。用「八不主義」翻成白話文，就沒那麼鏗鏘有力了。秦孝儀先生畢竟是晚輩，在古文方面的訓練，就沒有汪陳二位的火候了。所以他替蔣老總統所代撰的那篇遺囑，就沒「國父遺囑」那樣的情文並茂了。寫好古文要幾十年的功夫呢！朋友，您能小視我們的唐宋八大家、和現代的嚴復、章士釗、林琴南？再者，胡適做駐美大使期間，向重慶所發的數十通密電，一律都是用文言寫的。或問白話文老祖宗，為何不用白話？胡大使微笑說，電報費太貴，用文言可替國家省幾文。戰時能替國家「省幾文」的文字，老兄，您怎能咒罵它老人家是死文字呢？所幸的是，現在我們可以用 FAX 電傳了，文言白話電傳價錢差不多，否則人民共和國的大使們，不通古文，想替國家「省幾文」，也就省不掉。

「考據癖」又是啥回事？

至於考據這項學問，胡師告我，他之所以學習到西方現代科學的考據學，最後居然影響他一生治學的基本功，實是他在康乃爾大學讀大學本科時，翻讀《大英百科全書》偶爾翻到的。仔細揣摩之後，他開始覺得他底鄉前輩戴東原（一七二三～一七七七）等乾嘉學派所使用的訓詁學、考證學，也是很接近西學的「科學方法」，因而他對自己本土的「徽學」，也刮目相看。從此便養成了跟隨他一輩子的「考據癖」。這種考據癖，在胡適學裡也就是他大師自己所說的「拿繡花針的功夫」，在西方寫博士論文的術語，就叫做 exhaustive research 或纖芥不遺的搜根研究。胡適第一號大弟子傅斯年所謂「上窮碧落下黃泉，動手動腳找材料」是也。一個學人一旦掌握了這項功夫，那真是「天下把式打一半」，可怕之極。因為上自獨夫、皇帝、總統，下至立監國大代、和尚、尼姑、店東、警長、關長，都很少有人知道天下有這套功夫之存在。他們往往違背事實，隨便說話，自以為無從查考也。不幸碰著了胡適師徒，「上窮碧落下黃泉，動手動腳找材料」，來搜根一下，一切就真相畢露了。

佛教界極有名望的虛雲老和尚，就因隨便說了一句，他老人家的父親，原是清末潮州府的「二府」，多事的胡適就把清末的《潮州府志》，翻出來一查，卻並無老和尚所說的記載，因為二府是朝廷命官，地方志上都有詳細紀錄的，老和尚可能是幼年時聽家人之誤傳，而沒有加以核實也。

其實這種 exhaustive research 在西方警察學上也叫做 detective work（偵探術）。把偵探術用在學術上，就是考證學了。二戰後有一本很風行的小說叫做《金陵春夢》，其中有許多關於奉化蔣家的故事，都被許多讀者信以為真。解放後經過一番實際的 exhaustive research 已證明其非是。今日海內外書市中，仍有金陵春夢一類的稗官野史在四處流行，真偽之間在將來史家的 exhaustive research 之下，自會真相大白於天下也。胡適說歷史家要替人辯冤白謗，辯冤白謗最大的武器，莫過於他所終身服膺的考據學了。

考據學只是輔助科學

不過上節已約略言之，胡適那一輩的啟蒙學人，所引進的並自詡為科學方法的考據學，比和他早了一個世紀的乾嘉學派治學方法的原則，幾乎是完全相同的，那便是為考據而考據。考據是對一項可疑的歷史事實，搜其根，而識其真偽。但是考據的下一步，又是個什麼樣的學問呢？由於時代設限，他們就未遑多問了。這就較近數十年來，才飛躍發展的社會科學和行為科學要顯得落後了，因為考據學本身只是一種「輔助科學」（auxiliary science）。為考據而考據，在學術研究上，只是為人作嫁，這也就是康有為所說的「數百年來的無用之學」。

當時在哈佛大學擔任講座教授的胡適派學人楊聯陞博士，便是一位治輔助科學的巨擘。余曾親聞之於胡楊對話，楊說，他的治學的程序是：一年寫一篇「考據文章」，十年便可合編之為一本考據鉅著了。事聞於另一位嚴肅的史家，他竟直評楊氏之學為「雕蟲小技」。這就是為考據而考據的傳統史學，和當前的社會科學、行為科學分野之所在了。考據只是輔助科學，而社會科學和行為科學，則另有其更進一步的研究目標也。

胡適之先生那一派以「大膽假設，小心求證」為方法的傳統「考據學」，和現代社會科學就是一宗現代學術的前後兩段了。而胡楊師徒畢竟是向西方輸入引進學理的第一代師徒，後代學術史家，固不能苛求於先行者。只是後輩史家如不能衝出老師輩的框框，學術也就無法前進了。

科學實驗室裡的紅學與佛學

可是考據學畢竟是任何史家，都應該掌握的一項「基本功」。古人所謂「無徵不信」，也就是胡適常說的「科學實驗室的方法」。有三分證據就說五分話，總歸不能列為信史。因此胡適把這種「科學實驗室的方法」施之於他對「紅學」和「佛學」（特別是對禪宗史）的研究，也就使他高居該兩項學問的巔峰，蔚成一代的權威了。

胡適治紅學，遺下問題一籮筐。例如他說曹寅父子是康熙皇帝派到江南花錢的絲綢「採購官」，不才小子我的看法正相反。我認為曹寅父子是清皇族派到江南，控制絲綢工業，為皇室撈銀子，搞國營企業的「絲官」。胡適對《石頭記》這一書名的解釋，還是傳統的頑石成精的看法。洋紅學家史景遷則認為《石頭記》是暗示，「石頭城裡的故事」，也是個胡適所未嘗想到的新鮮的解釋。一籮筐問題是說不盡的。但是誰也不能動搖胡適在「新紅學」裡「祖師爺」的地位。

顯然的是受了他自己「輸入學理」的影響，胡適是中國文化史上第一位把舊小說當成一種正式學問來研究的學者。他把傳統的一攤稗官野史的胡說，放入「科學實驗室」裡，認真的研究起來，而帶動了「新紅學」的出現。因而他也就變成「新紅學」的祠堂裡的第一面祖宗牌位，這是當今和今後任何中國文化史家所無法否定的。「田舍翁得此已足」。「紅學」是今日中國的一門顯學，論者千萬人，筆者本人的謬論亦多，就不想再說了；也不必多說了。總之，胡適之與紅學，也是為考據而考據的。在治紅學和曹學方面，朋友，我倒覺得胡老師為考據而考據，是一種務實的研究。《紅樓夢》畢竟只是一部小說嘛，你硬說他有什麼「人民性」、「藝術性」、「階級性」、「三個世界」、「兩個世界」……你高興怎麼說就怎麼說嘛，帽子隨你戴，戴多了就難免於牽強附會。以牽強附會來整人、鬥人，就反不如胡老師底老實點好也。

至於佛學、禪學，這基本上是一種反科學、反理性的宗教，你硬要把這種反科學的東西，放到科學實驗室裡去實驗之，豈不是自討苦吃呢？筆者不學，便常說搞宗教有五字訣：信、修、悟、學、史，其重點則在前三者，信仰、修行和悟道。把一個宗教當成「學問」來研究；當成一門「學術史」來研究，本來就是「吠非其樹」（barking up the wrong tree）。胡文公和韓文公（愈）一樣，反佛反了一輩子，但是二人都反吃了大虧。韓文公在「夕貶潮陽路八千」之後，竟然跑到潮州去大「祭」其鱷魚。我倒要起老韓於地下而問之，我公既然反佛，那麼「祭鱷魚」，又算個啥名堂呢？

胡文公也反佛反了一輩子，想不到被和尚倒打一耙，他底中古哲學史也就寫不下去了。因為他把佛學史，尤其是禪宗史，也當成「中國思想史」的一部門來寫，那就寫不盡了。為著解決一個神會和尚，他就忙了一輩子，從中國忙到法國（去查敦煌經卷），還是解決不了，《中國哲學史大綱》因而也就只好半途而廢了。但是胡適是個絕頂聰明之人，失之東隅，收之桑榆，為此他卻歪打正著，而做起了一位禪學專家，和禪宗史專家了。可惜的是，胡適談佛，永遠就只能談其五分之二，他這個實用主義者，對那個不實用的五分之三，他也就不信、不修、不悟了……。小說書中有個故事，說蘇東坡和一個聰明的小歌妓朝雲「參禪」，這小姑娘十分聰明，對答如流，直至蘇學士問她：「收場如何呢？」朝雲答不出了，東坡乃代答之曰：「門前冷落車馬稀，老大嫁作商人婦。」朝雲大「悟」，乃削髮為尼。這顯然是為佛教宣傳的小故事，但是它也簡單的說出什麼叫做「悟」。這也就是胡學中所缺乏的了。

二〇〇〇年十一月五日於美國新澤西州

＊原載於《傳記文學》二〇〇一年第七十八卷第一期

淺釋科學民主，追悼適之先生

胡適之先生可說是中國近代思想史上——自王陽明甚至朱晦菴以後，影響力最大的一位大師了。他領導了中國思想四十餘年，如今他雖然死了，他底思想勢將繼續領導下去，其對今後中國的影響或將遠大於他在世之年！

截至目前為止，胡適思想傳播的方式，有一點為古人所不及的，便是胡氏生平講學與傳道沒有依賴過任何政權或槍桿。他風靡全國的言論是全憑他一枝筆一張嘴來傳播的，而這種平和方式的傳播，卻一直遭受著掌政權、握槍桿的強有力人們的鎮壓、防堵和「清算」。可是儘管他們反胡方式是如何地各走不同的極端，他們所得的反效果卻是大同小異的。近四十年來的中國社會中各階層的群眾，接受「胡適思想」可說是如泉流之就下，如春草之方生，是任何力量所不易阻遏的。

胡適思想為什麼有這種魔力呢!?

簡單明瞭地來說，胡適思想究竟是什麼回事呢？

為解答這個問題，筆者不學，殊不敢在哲學大辭典上找些名詞來把「胡適思想」加上些什麼「自由主義」或「實驗主義」一類的頭銜，因為這些名詞本身的定義便是閃爍不定的。把「胡適思想」併入「自由主義」或「實驗主義」是會引起誤解的，英語上叫做 misleading。

但是在「五四」以後才出生的我們這一輩的中國讀書人，實是受「胡適思想」影響最大的一群。胡適思想對將來中國有沒有更大的影響，便要看這一輩中國知識份子對「胡適思想」的了解和估價。這一輩的中年和青年人，不論他個人對胡氏識與不識，他們對「胡適思想」是各有其公平和善意的看法的。這一輩子的知識份子群眾如能各寫幾篇他們對「胡適思想」的庸俗看法，才可以真正看出胡氏影響的深度，也是紀念胡先生較有意義的方式之一，也就是筆者撰寫本文的動機所在。

胡適思想一言以蔽之，便是領導中國完成「現代化」的一種思想。這種思想，既非胡氏所獨有，更不是胡氏所獨創。他是或多或少地存在於當代每個人的心田深處，有的人已覺察出來，有的人或尚未自覺其有這種思想。用句宗教術語，那便是「每個人心裏，都有個上帝。」而胡適之的學問和聰明卻使他變成這個「上帝」的有條理的發言人。他一旦指出，足使每個人都有「夫子言之」的感覺。

胡氏的影響不是在他憑空創立出一種主義來向人說教。他只是有條理地說出這一段文化轉移時代急於要現代化的中國人，大家骨鯁在喉，想說而又沒有本事說出來的話而已。

試問什麼是「現代化」的涵義？而胡適之又如何把他有條理地說出呢？

就人類社會生活方式這一點來說，「現代化」便是「民主」，便是「德謨克拉西」。

就人類思想的法則來說，「現代化」便是「科學」，便是「賽因斯」。

民主不只是「共和政體」或「議會政治」。民主是一種生活方式。這種生活方式便是以享有神聖不可侵犯的基本人權的「個人」為社會基本單位。社會上各份子，儘管真有貧富之分，賢愚之別，但是他們各個人的「所以為人」的基本條件是誰也不能侵犯的。舉例以明之，在這個原則之下，一個有錢的「人」便決不許拿他的錢去侵犯另一個「人」的人權，而娶她作姨太太。天賦人權，是一個人應有而只應有一個配偶；你不能因為有錢而要強迫另一個「人」只能有半個配偶，或幾分之一的配偶。

再者在民主的生活方式中，一個份子的「人權」也是不許自動轉移或出賣的。若有人焉甘願賣身為奴，降志為妾，也是現代社會所不許的。一個社會，以享有基本人權的個人為本位，而不以家庭，階級，或基爾特（guild）為基本單位的社會，謂之個人主義的社會。

這種以各個人為基本單位，然後進而求個體間之共存共榮以謀最大多數的最大幸福，便叫做民主的生活方式。議會政治和共和政體只是這一種生活方式的副產品，而非其本質。正因為如此，議會政治雖然是少數服從多數的政治，但是「多數人」並不能為所欲為。因為「少數人」亦有其不可剝奪之權利（inalienable rights），「多數人」不能像共產黨那樣一陣舉手或投票，就可把少數人不當人。

這一點是搞「新民主」或「革命民主」的權力人士，和他們底理論家們所不能理解的。因而在現代化的民主社會中，國人服膺了二千餘年社會制度和道德規律的價值，都有重行估定的必要了。

試舉「三綱」——君為臣綱，父為子綱，夫為妻綱——來說。我們如反對「君為臣綱」，五十年前的康梁聞此言，一定要怒目相視。但是二十世紀六十年代的人，除最反動的沙地阿拉伯的「王上」之外，恐怕無人敢說不應該了。

再說「父為子綱」，「夫為妻綱」，當今縱使最保守的頑固派對這兩綱的解釋恐怕也和科舉時代的人不同了。父慈子孝，夫唱婦隨，原無可非議，而且是任何文化所共同提倡的道德規律。但在我國傳統的社會中，父子、夫婦的關係並不止於慈、孝、唱、隨而已。我們的綱常事實上是權威。一個家庭中，父親的權威大到可以強迫兒子離婚的程度。做丈夫的權威大到可以在外宿妓狎娼，等到他不幸短命而死，那個可憐的未亡人還要「守節撫孤」，過非人類的苦日子。在傳統的舊家庭中做女人做兒子是沒有獨立人格的。他們只是一個權威的附庸。

因而在這種綱常的權威之下，我們宋代大詩人陸游，清代大散文家沈復（「浮生六記」的作者）底伉儷情深的美滿婚姻，便被這種不可抵抗的權威所毀滅了。

可是陸老太太和沈老太爺如生在今日，試問他們底威權行得通，行不通呢？

再看我國在傳統社會中，一個父親如鼓勵他底死了丈夫的女兒守節，不特鄰里稱頌，認為是道德行為，大皇帝還要旌表呢。但是這樣一個父親在今日便要被批評為殘酷和不道德了。所以時代推移，在我國古代所稱頌的道德規律，在現代可能反成為不道德了。相反的，以前認為不道德的，有許多在現在反而被認為是道德的了。

道德規律如此，社會制度亦然。以前兩千年不變而且負有重大安定社會力量的各種制度。今後必然都要被淘汰了。

筆者作此推斷時，心中絕無低估祖國文化之意。相反的我在西洋朋友和美國學生之前卻誠心誠意地替「偉大的中國文化」作吹鼓手。因為我們舊社會裏的制度，不但不是壞制度，而且是中世紀農業社會中「較好」的制度。試看世界史上，那一類文化在古代或中古能做到中國帝王時代一來便是二三百年的繁榮和安定的局面呢？東西羅馬和印度阿拉伯，沒一個能和中國比的。

但是我們所說「較好」只能就古代和中古的農業社會來立論。這個農業社會中的「較好」的制度，到二十世紀科學和工業文明的社會便完全不能適用了。這不是胡適之和孫中山要變，而是時代要他變。同時也不是只有中國變而西洋不變。須知在科學方興和工業革命初期，西方文化和社會所受到的震撼，並不下於西風東漸後的我國。

舉例以明之：西方中古時期教會政權之不科學和反民主實有甚於我們的大皇帝和儒教。但是經長期的鬥爭，宗教政權才逐漸向科學和民主由讓步到合作。中世紀的教皇不惜屠殺堅持地球轉動說的天文學家。可是到十六世紀末紀，他們反而要利用天文知識，來向我們中國傳教了。他們的傳統社會和文化也是經過較和緩而更長期的鬥爭，始向科學和民主低頭以求合作，始由「中古」文明，走向「現代」文明的。

自西風東漸後，停滯在中古文明的中國，自張之洞以後，大家也都覺得舊的東西非徹底的「變」不可了，但是究竟如何變法，卻不能道其詳，因為一般主張「變」的新人——如教會裏面的人——他們不能了解什麼是傳統中國，只是盲目崇洋；一般舊人如康梁等則其西洋文明的了解，就更膚淺了。這時天與人歸，出了一位深通祖國文化的洋博士胡適之，他回國之時正是舉國思變，而不知如何變法之時，他能一語道破，所以便舉國和之了。他主張我們需要接受能夠與廿世紀科學和工業文明相配合的民主的生活方式。我們對我們自己的舊文明要重新估定一切價值，來「再造文明」。孔丘和朱熹一干人的言論和教條，我們要加以審查，可存者存，應去者去。不要讓「子曰」如何而影響了我們的進步。

適之先生的聰明才智，和恂恂的師範，原是不世出的。再配合上時代對他的需要，所以二十幾歲，就名滿天下了。單就「時代」這個條件來說，容閎，嚴復諸先生，就沒有適之先生幸運了。

胡先生所提倡另一個口號「科學」，也可說對現時代「治學」和「思想方法」的「一字破」。科學在人類文化史上出現，在中國可能早於西方，或僅次於埃及。在十六世紀以前，我們中國歷史家可以大膽地說，我們的成就遠大於西方。

可是把科學看成一種治學和思想的一種法則，使它成為一種有系統的學問，那便是近三百年來西方學者的事了。如公平地研究文化史，我們斷然不能掠人之美。我國清初的「樸學」也可說是深得「科學方法」之三昧，但是它應用的範圍太狹隘了，可說是尚在萌芽時期。

什麼是「科學方法」呢？最起碼的原則可說叫做「無徵不信」；引用胡氏術語就是凡下任何結論，必需要「拿證據來」。自從自然科學在我國生根以後，研究自然科學的學者，可以說是全部服服貼貼地接受了「拿證據」來的原則，但是在社會科學方面（尤其是歷史學），當今許多第一流的學者還不免擅下結論，而不談證據。

在科學上，任何結論都要有證據。由無數個小證據得出的小結論結合起來才能從事於大證據大結論的研究。正如放一支火箭上太空中去，首先要解決數萬，乃至數十萬個小問題。這些小問題解決之後，做綜合工作的人，才有把握把格林中校送上天空。據美國主持太空計劃當局所發表的數字，我們知道為送一支火箭上天，當局曾和九千個不同的工業機構和大學訂有研究合約，以解決某些小問題。其中如有一個問題不解決，「火箭可以升空」這一結論都是下不了的。

研究社會科學的程序亦復相同。研究大問題要從研究小專題入手。小專題解決的不夠，大結論就不能下。馬克思「資本論」中最大的缺陷而成為他底結論的致命傷的，便是他對「亞洲式的生產方式」（Asiatic mode of production）只提出「大膽的假設」，而沒有能「小心求證」，因為十九世紀西洋學者研究東方學的成果，還不足讓作綜合研究的大學者來下結論的。所以當今歐美名學府對社會科學博士候選人的訓練，便是側重小專題的研究。這與我國傳統的史論家，動輒「溯自三代以來」的治學態度是頗有出入的。而胡適之先生便是以「科學實驗室的方法」來「整理國故」的第一人。他入手的方式便是「小題大做」。治大國或可以如烹小鮮，但是作一個大題目的學術研究，卻不可以囫圇吞棗。

筆者嘗助理胡先生撰述其最後一部未完成的英文遺著。一日胡先生提及治學方法和「小題大做」的事。我便問他說：「胡先生為什麼要在《紅樓夢》和《水滸傳》上下那麼許多氣力？為什麼不在更有價值的古典著作中，做點科學的整理工作哩？」

胡先生說：「你不曉得那時的情形。那時返國的留學生如丁在君他們都在極力介紹西洋的科學的治學方法。但是他們寫的太專門了，大家不看，便發生不了影響。不像我寫的通俗的東西，很Popular，大家都看，所以影響就大了……你看，顧頡剛在他自傳裏不是說看了我的〈水滸傳考證〉而學會考證方法的嗎？」

頡剛先生也是影響筆者最大的幾位老師之一。後來我因工作關係由適之先生特許閱讀其數千頁未發表的日記和函札。我細讀胡先生和顧先生早年關於《水滸傳》和《紅樓夢》討論的原件，才看出顧先生所受胡先生治學方法影響的線索。

當今學者還有批評胡氏致力於《紅樓夢》和《水滸傳》考證為閒情逸致，殊不知這些文字在中國治學方法上卻發生了劃時代底影響。

適之先生是死了。但是他底領導中國從中古文明走向現代文明的思想——也就是團體生活走向民主化，知識發展走向科學化——是永垂不朽的！

＊原載於《海外論壇》一九六一年五月

實驗主義新詮

在「五四」時代，「實驗主義」在我國思想界實是影響最大的一項「主義」。當代實驗大師約翰．杜威便是在「五四運動」爆發前三日蒞臨中國。嗣後現身說法竟達兩年之久。一時風行草偃，實驗主義大有一舉征服中國之概。孰知四十年後的今天，實驗主義在中國已逐漸被遺忘得一乾二淨。今日在校的中學甚或大學生對其他任何「主義」，還都可說出一兩句概括的口號來；唯獨對實驗主義這一項，似乎已變成大學哲學系裏的期考題目，非一般人所能解答了。儘管今日國內反實驗主義的卻日益增多，不過稍一翻閱台灣和大陸所出版的這一類的作品便可看出，他們的論點都還是圍繞著「五四」時代幾篇介紹性的文章在打轉，因而所謂「清算」，和所謂「反毒素思想」的文章，就說不出其所以然來了。

以故實驗主義在今日中國之可悲，不在於有權力者之查禁，最重要的還是它缺乏捲土重來的活力。老實說，在今日煙囪林立，火箭橫飛的世界裏，如果所謂「哲學」這一項學問之中，還有一小部可以「經世致用」的話，很可能就只剩下「實驗主義」這一點兒。但是它在我們底祖國何以冷落若是呢？今日我們提出來檢討一下，也未始不可發人深省。

「實驗主義」與其他「主義」的基本區別

實驗主義是什麼呢？粗淺的說來，它便是一種著重「實際應驗」而根本沒有絕對性的「主義」的一種社會哲學。它和其他任何「主義」都有本質上的不同，和方法上的差異。試看「五四」以後在我國流行的各種「主義」（包括一九二三年以後的「三民主義」），它們之間雖因教條不同而互相水火，但是他們在本質上在方法上，亦有基本相同之點。其中最明顯便是他們都自認「發現」了「真理」；而且這「真理」是絕對的，「只此一家，別無分店」。同時他們對自然宇宙之形成，與夫人類歷史之演進，也都認為發現了奧秘，把握了「規律」。知其奧秘之所在，循此規律而解決之，則天下可運於掌。

這便是他們一致底基本態度。他們既要各以其道來掌握中國之命運而互不相讓，四十年來無辜的中國老百姓就遭殃了。

但是在實驗主義者看來，這種絕對性的「真理論」，和根據所謂「客觀實在」而假想的規律作抽象的推理，為人類社會算命的「方法論」，都是十九世紀末季以前，舊哲學的老原則。那只是一些沒有現代科學知識的「智者」們，對人情物理的玄秘，在斗室之內，俯首沉思，所幻想出來，極富智慧，而違反科學的答案。《三國演義》上，諸葛孔明「夜觀天象」之後，對宇宙的玄秘所提出的答案，可能是最高度智慧的產物；但是近日的小學生也知其非。這不是說今日的「小學生」比古代的「諸葛孔明」還要睿智，只是時代不同了。科學昌明之後，人類對自己，對宇宙都有了新的認識，以前縱是「諸葛亮」的天文理論，現在小學生知道沒有再討論的價值了。而實驗主義便是「哲學」式微，「科學」勃興兩個時代的中間產物。它雖然還承襲了「哲學」這個高貴而感人的名字，事實上它已完全向「科學」投降了。實驗主義者認為哲學理論如與科學抵觸，它就不配談宇宙的玄秘，和社會人生的各種問題。

本文限於篇幅，筆者不敢以管窺豹，對實驗主義作具體的檢討，只想就實驗主義反映在社會改革和政治改革上的幾項要義稍加詮釋；並略評它和其他「主義」異同是非之所在。

無絕對真理，真理是相對的；今日是真理明日未必還是真理；能發生實際效驗，能解決問題的才是真理；真理在不斷製造之中

在社會理論上，實驗主義者首先否定「絕對真理」這一概念。君不見，那千錘百鍊，被舉世科學家一致認為構成原子物理基本定律的「對等律」還不是被我國兩位年輕的科學家所推翻了？在「研究物的科學」（自然科學）之中，尚且不能說沒有推翻不了的真理，誰敢說在「研究人的科學」（社會科學）之中有什麼推翻不了的「絕對真理」？因此實驗主義者認為在科學，尤其是社會科學的領域之內無絕對真理，真理只是相對的；今日是真理，明日未必還是真理；能發生實際效驗，能解決問題的才是真理；真理在不斷製造之中。

茲舉我國「抗日」為例，在二十世紀三十年代，中華民族被日本軍閥逼得無路可走了。要

建設，要生存，中華民族只有奮起抗日。因而「抗日」便是這一時代的「真理」。汪精衛說，抗日是不應該的，因為抗日是為共產黨和一些投機份子造機會，妨礙「三民主義」之實現。有許多人可能信以為真而加入了偽組織。在實驗主義者看來，這批漢奸都是背叛真理的。縱使他們真的一心一意為著「三民主義」，但是在解決「暴日侵略」這一問題之下，三民主義這個口號值幾個銅板一斤？只有解決中華民族當前最嚴重的問題的「抗日」這一意念才是「真理」。但是「抗日」並不是永恆的，它只是為了解決二十世紀三十年代這一階段的中國問題。

引用我國今日唯一的實驗主義者胡適之先生一段話，那就是：「真理之所以公認為真理，正因為它替我們擺過渡，做過媒。擺渡船破了，再造一個；帆船太慢了，換上一隻汽船。這個媒婆不行，打他一頓媒拳，趕他出去，另外請一位靠得住的朋友做大媒。」

「抗日」便替我們「擺過渡」，「做過媒」，「解決過問題」。後來「日本侵略中國」這個「問題」解決了；我們的這個「抗日」媒婆就不要了。現在新的問題發生了，我們又要另外請一位有「實際效驗」能解決新問題的「靠得住的朋友做大媒」了。

「信仰是行動的趨勢」

由於他們對「真理」看法之不同，實驗主義者對「信仰」（Faith）一概念也有了新的定義。他們認為「信仰是行動的趨勢」。不能直接導致行動的意念，不能叫做「信仰」。以故實驗主義者認為一般黨人所談的「信仰××主義」，是和「信仰上帝」一樣的，荒誕而空洞，是自欺欺人。同時這種空洞的「信仰」也不會對人類社會之改造有太大的推動力。「八年抗戰」是中華民族歷史上最偉大的一種民族行動了。但是這一行動是由何種「信仰」來策動的呢？國民黨說是由於對「三民主義」的信仰；共產黨說是由於對「共產主義」的信仰。但是公正的歷史家會否定國共雙方的吹噓，而認定是由於全國人民對「抗日」這一概念本身的信仰。

再看中共席捲大陸這一史實，共產黨是不是利用中國人民對「共產主義」或「新民主主義」的信仰把國民黨打垮了呢？相反的，在國共砍殺期間，中共對「共產主義」甚至「新民主主義」都絕口不提。他所利用的卻是人民對許多能發生實際效驗的意念的信仰，如「分配土地」，「沒收官僚資本」，「政治民主化」，等等。而國民黨就是被這幾條口號喊垮了的。因為只這種「信仰」才能由「趨勢」立刻化為有力的「行動」。

如共產黨捨此「信仰」不談；而和國民黨大談其虛繻縹渺的對「絕對真理」的信仰，則你信仰「唯物主義」，我信仰「唯生主義」；你說「共產主義」好，我說「三民主義」更好。這正如長腳王說長腳王瓜甜；大頭李也說大頭李瓜甜。事實上長腳王，大頭李都在說鬼話；兩種瓜（絕對真理）都根本不存在，則甜不甜又從何判斷？

因而對一個不存的瓜的甜味的「信仰」，自欺則可，是不能欺人的，尤其是欺不了群眾，更不會導致「行動」。象牙之塔內的幻想家，如為此「信仰」而引起他個人的「行動」，他在塔內也要四處碰壁的。例如台灣的任卓宣先生，他以前就認為共產黨瓜甜，被國民黨抓起，幾乎殉了瓜；後來一再想，還是另外一隻瓜甜，於是任君又愛上另一隻瓜了。夢中的瓜，酸甜不定，可愛的幻想主義者，為追求「絕對真理」，自然也就朝秦暮楚了。

社會發展，歷史演進，因人類努力方式之不同而異轍；絕無一成不變的永恆法則。「實在」是人類智慧創造出來的

由於對真理認識之不同，實驗主義者對人類社會進化的理論與其他「主義」亦大異其趣。其他「主義」都指出人類社會發展有一定規律可循。革命家的職業便是循此規律，促使社會進化。「革命成功」便是人類社會「止於至善」。這一「止於至善」的社會形態，便是各該「主義」的「澈底實現」。

且看絕對性最強的共產主義：共產黨說人類社會之演進，必然是自原始社會，奴隸社會，封建社會，資本主義社會，社會主義社會，進化到十全十美的共產主義社會。而促進這一演變的原動力便是為搶奪生產工具和生產成果的階級鬥爭。但是這一由鬥爭而進化的程序又是固定的。這在他們「唯物論」的術語上叫做「客觀實在的絕對性」；他們「辯證法」上「對立——統一」的公式，便是這「絕對的客觀實在」的摹本。而社會發展便是這樣「對立——統一」前進的。這是社會發展的絕對規律。共產黨人的思想便是遵循這條「規律」發展的，這叫做「觀

念與實在相符合」，「主觀與客觀合一」，「由物及心」。

在實驗主義者看來，共產黨這一套簡直是迷信。這和基督教所說的「上天堂」和佛教所說的「輪迴」，有什麼區別呢？如果大家全憑詭辯而丟開科學家所要求的「證據」不談，則「輪迴」之說就遠比「對立，統一」更近情理。正因為他能言之成理，兩千年來國人多深信不疑。但是近百年來的科學已把這條「輪迴」的「規律」列入「迷信」。事實上馬、恩、列、斯、毛對「對立，統一」這一「規律」的求證，並沒有超過和尚道士的成就。

近百年來由於各部門科學的突飛猛進，科學家已發現人類社會進化的因素幾乎是無限的。不可用一種單純的公式加以概括。歷史上的成就是先民創造的，社會將來之發展還有待於人類努力創造。有幾分熱發幾分光。人類如是理性的動物，他可憑理性來改善今後生活條件；人類如發瘋了，把原子彈丟來丟去，他也可以毀滅自己。人類對將來社會發展努力之不同，歷史亦將因之而易轍。社會發展，絕無一成不變的公式；「實在」這位寶貝不是上帝造，是人類智慧創造的。歷史的演進，是和宇宙同其永恆，沒有什麼「最後形態」。因而社會改革也只有根據現況隨時不斷的解決問題，不斷的作一點一滴之改革。歷史進化便是這一點一滴改革之總和。社會改革家如不抓住目前的「問題」加以解決而侈談「主義」，懸的以赴，只顯目的，不擇手段，沒有不失敗的。

若有人焉，把歷史看成汽車，自己看成汽車夫，要把這汽車按照指定的路線開到指定的目標，他便必然要翻車。遠而言之，馬克斯指定那條路，被他的徒子徒孫一「修」再「修」已面目全非，而仍無通車之望。近而言之，中山先生所畫的通過「軍政」，「訓政」，「憲政」三大站的汽車路，也沒有修成。這並不全怪國民黨裏的「不肖子孫」，背叛祖師祖爺！事實上是推動歷史前進的因素太多了，按照「一定計劃」前進實事上是不可能的。一個哲學家在斗室之內，低首沈思，忽有所悟，便想對人類歷史發號施令，叫「稍息，立正，開步走」是太不可靠了。其睿智如國父中山先生者亦不能免俗！所以實驗主義的社會改革觀，是因勢利導，解決問題。不是空想出一個天堂來，然後不擇手段，全力以赴的，如庸俗所謂的「革命」。

根據經驗，逐步改革；先擇手段，後問目的；有原則的解決問題；要兌現，不要空頭支票

實驗主義者既主張「不斷的改革」反對所謂「最後解決」或「畢其功於一役」，因而他的「方法」也不是幻想出來的。他用的就是該派哲學開山宗師之一的皮耳士所說的「科學實驗室的方法」。他的結論要經過「假設」與「求證」的手續。不過在社會科學與自然科學之間，原則雖同，方式則異。胡適的〈嘗試歌〉中說：「請看藥聖嘗百草，嘗了一味又一味；又如名醫試靈藥，何嫌六百零六次。」這在自然科學上是無可非議的。但在社會科學上，就有討論的必要了。中共今日把人當物，來試驗「公社制度」，我們如讓他試驗六百零六次，則老百姓無噍類矣。

人類既不能拿自己社會生活來作反覆試驗，他唯一改革社會之道便是提出改革的「假定」，在過去的「經驗」中「求證」。然後再「驗」之於現社會，觀其成效。這便是實驗主義者看來「經驗」的原因，同時「經驗主義」也成了「實驗主義」的別名。

社會改革如何能運用經驗來「假設」「求證」呢？舉實例以名之：近時台灣國府當局公開宣稱「反共救國之道」端在發揚「孔孟之道」和吸收西方科學技術，並下令成立「孔孟學會」。這個「孔孟學會」能否「反共救國」呢？實驗主義者曰，不能！因為近數十年來仁人哲士謀反共救國之道的「經驗」已把這一「假設」否定了。不要說孫中山了，就是被國民黨看成「反動派」的康梁，也反對這一「中學為體，西學為用」的胡說。所以今日「孔孟學會」的理論家，其言行比五十年前的康梁還要反動，過去的「經驗」告訴吾人，「反對」是不能「反共救國」的。

有方向的生長；有範疇的改革

實驗主義既是著重因勢利導的現實改革，它又沒有為人類社會的遠景畫出藍圖，所以有些評論家說它「不是一種哲學，而是一項沒有哲學的哲學法則。」膚淺的批評家，更會說根據這種「哲學法則」所從事的改革是沒有目標的。杜威不是說過：「教育除教育本身以外無目的」的話嗎？所以最有力的實驗主義批評者，便說實驗主義的改革論是「無方向的生長」。因為根據經驗固了「改良」，但亦何嘗不可「改劣」呢？君不見，大而言之，俄國布爾什維克的「新經濟政策」，「五年計劃」，乃至中國共產黨的各種「清算」、「鬥爭」、「土改」、「三反五反」等等；小而言之，一個高明扒手本領之養成，那一項不是根據「經驗」逐漸改進出來的。吾人如不指出遠景，畫出藍圖，則大可成史達林，小可成扒手，那不是無方向的生長是什麼呢？

更有一派的批評家（在這一派內天主教和共產黨是一致的）反擊實驗主義說，社會改革既訴諸人類的理智，則人類的集體行為是否受「理智」所束呢？宗教家認為是不能的，只有「神」才能支配人類的集體行為。唯物主義者也認定「理智」不可靠，但是「神」更不可靠。所以他們主張「鬥」，只有「鬥」才能規範人類的集體行為。

事實上這幾家雖是批評實驗主義最有力的學派，但其論點亦似是而非，他們底駁難仍是邏輯上的詭辯，而不是科學。實驗主義的「進化論」是不是無方向的生長呢？實驗主義的「經驗論」，是不是和共產黨的「經驗主義」一樣的「扒手哲學」呢？

解答這些問題，首先要了解實驗主義成長的歷史。實驗主義是一項美國哲學，是所謂「美國文化」中獨一無二富有「原始性」的東西。試看美國由一個微不足道的殖民地，於兩百年之內發展成今日世界上唯一和平安定，富強康樂的領袖國家，這是人類歷史上的奇蹟。但是歷史家如試一迴溯美國發展之經過：它如何由十三州，變成平高平大的五十州；如何由無黨而形成兩黨；如何由鼓勵獨佔企業到反托拉斯；他最強有力的工會組織如何由於信仰社會主義，信仰共產主義之無路可走而進化到什麼主義也不信仰的經過……無一而非一部活生生的實驗主義的歷史。十九世紀末年皮耳士，詹姆士，和杜威，才把這兩百年的經驗寫成一部實驗主義的哲學。因而在杜威之書大行之後，好多美國思想家才豁然大悟。有人竟說：「在未讀杜威之前我們就很杜威了；讀了杜威之後就更杜威。」抄一句古書來說就是：「夫我乃行之，反而求之，不得吾心，夫子言之，於我心有戚戚焉」！正是他們的心境。

杜威說「教育無目的」，就是教育只是把人教成「人」，而不是教成什麼特殊目的的人。有持殊教育目的的「政治大學」，「革命大學」乃至「青年團」「救國團」，在杜威看來，不是「教育」機關，那是「病梅館」。

但是什麼才是真正的「人」，才不是「病梅」呢？杜威對這個「人」是有定義的。須知實驗主義最出色的三位大師皆是美國人，這批美國佬是有他們一套迷信的。（讀者如認為這迷信不好，那是另一回事。）這迷信是什麼呢？簡言之，就個人立身處世來說就是享有基本人權的「個人主義」，亦即是我國古人所說的「特立獨行」，「君子慎其獨也」那一套。（庸俗所說的「只顧自己，不顧別人」的個人主義，不是真「個人主義」。）就團體生活來說，是遵循「民主政治」的原則，在政治形式上，「民主政治」包括「憲政和法治」；在社會生活上，「德謨克拉斯」是一種「生活方式」。（有暇當詳論之）

實驗主義——民主政治「哲學基礎」

所以實驗主義的生長是有方向的；他的改革也是有輪廓和範疇的。我國儒家動輒說「以禮節之」。實驗主義者亦自有其一套「禮」的。

吾人談實驗主義如不明此道，那所談的便不是實驗主義，而是野狐參禪，是共產黨的「經驗主義」，是「扒手哲學」。

我國早期「實驗主義」者以倡導「一點一滴的改革」而引起爭辯，便是他們沒有慎重指明生長的方向性，和改革的輪廓（frame）；改革必須要在某個輪廓之內作一點一滴的改革。如捨棄輪廓不談，則吾人與狗肉將軍張宗昌，又何從一點一滴改革起呢？杜威對於「方向」和「輪廓」沒有特別指明，因為他們美國佬，生於斯長於斯，視為當然，正如我們中國人對於凡是「人」就應該「奉養父母」不需要特別解釋是一樣的。但是我們中國人談實驗主義就要強調這一點，因為「三民主義獎金」的獲得人還說中山先生反對「人權」，則他人之不糞土「人權」更無論矣。

早期胡適之先生和李大釗先生的「問題與主義」之爭的焦點也在此。今日吾人試一回顧，四十年來的「主義者」無一而非以「主義」惑世，以「問題」起家的。北伐和抗日皆是打「主義」之名作解決「問題」之實。因此所謂「點滴」之爭，只是這「點滴」體積大小之爭而已。「一點一滴的改革」的原則還是正確的。

所以四十年來，「實驗主義者」在我國日益絕跡，而這個為民主政治的「哲學基礎」的「實驗主義」在我國卻依然存在。只是我國一直在「破壞」的過程之中，我們尚沒有建立一個「輪廓」，更具體的說就是沒有一部神聖不得侵犯的憲法，和舉國一致的對「人權」的尊重和對「民主政治」的「信仰」，所以這一位以和平建設為目標的「實驗主義」先生也就英雄無用武之地了。

近十年來「民主政治」，「憲政」，「法治」，「人權」等一類的概念，在中國思想界已漸有匯成主流之勢。久已蒙塵的「實驗主義」是否將因此豁然復蘇，則有待諸歷史的考驗了。

＊原載於《海外論壇》一九六一年二月

對拙作實驗主義新詮的幾點解釋

老前輩謝扶雅教授，曾經外柔內剛地，對拙作「實驗主義新詮」駁斥一番。細讀謝文，發現他對拙作有誤解之處，謹略作解釋如后。

第一，謝先生說「筆者希望大家不要誤會美國最好的哲學思想，就是這個實驗主義」。這是謝先生和我因觀察事物的尺度不同而起的誤解。「自鄶以下無譏焉」。這並不是說自鄶以下便無可譏之事；只是自鄶以下，便不屑再談了。在近代世界思想史上，所謂「美國思想」，恐怕除卻杜威，便無足觀了。這一點我深信謝先生是同意的。

第二，關於「新詮超出了實驗主義的軌道」。謝先生所謂軌道，毋寧說是「傳統」。有了「公羊」便不許有「左氏」！謝先生如果說我「超出」了，他似應在數百萬言的杜威著述中，引經據典，來衝破我的「輪廓」。相反的，他丟開杜威不談，而拉出畢塔哥拉斯來了。我如果也翻起大英百科全書來如法泡製，那樣「字紙簍」就倒不盡了。天下事物無不可附會者。說一句愛國的話，馬克斯何嘗不是祖述王充呢？謝先生的辦法，便是搬出王充，來大罵鐵托為「修正主義」。

第三，關於「人權」的觀念。拙作開宗明義就說「只想就實驗主義反映在社會改革和政治改革上的幾項要義稍加詮釋」，因而提到實驗主義者的政治和社會改革是以「人權」和「民主政治」為依歸的。須知「人權」「民主」這些概念，在三百年前皆不是公認的真理；三百年後是否還是公認的真理也大有問題。而這個時代的實驗主義，萬變不離其宗是承認這項真理的，他在政治和社會改革上所運用的逐漸改良法亦以此為規範。謝先生如不能在實驗主義的學說內找出反證，所有他標揭的高深的理論都成為無的放矢了。

第四，關於宗教問題。筆者不學，亦斷然不敢否定對神的信仰在歷史上所發生的影響。神道設教，在古代所發生的安定社會的力量是中外一致的。六十年年前的義和團的愛國行為，也是由信神作出發點的。不過在科學之下，神的力量是一天天的退讓了。以前玉皇大帝的財產包括日月星辰。現在美國的地產公司，也開始和玉皇競爭月球上的地皮了。科學代替神學和哲學，這趨勢之演進護道之士恐怕也無法挽回。

第五，關於對祖國文明的「新詮」，正是實驗主義者的態度。我國早期的實驗主義，早已有此主張，他們在整理國故工作中主張「重新估定一切價值」、「再造文明」。所謂「打倒孔家店」並不是把孔子學說全部廢棄；而是打倒孔家特拉斯，推陳出新。而今日的一些「聖人之徒」，往往是盲目的復古，是恨不得養起辮子來反共的。明達如謝先生者，倒應該勸勸孔孟學會中領導份子，「無條件」「非功利」地對固有傳統「新詮」一番才好。

*原載於《海外論壇》一九六一年八月

文學轉型

親歷文學革命

五四這場推行白話文運動——尤其是以白話文為中小學「教育工具」這一點——其建設性和破壞性究竟孰輕孰重，最好還是讓在這個運動影響最重的時期受中小學教育的過來人，來現身說法。因為他們是這場「教育實驗」中的「實驗豚鼠」（guinea pig）。人為刀俎，我為魚肉；是禍是福，親身感受，最為真切。

筆者不敏，便生在「禍福身受」這一輩之中。所以近年來個人論胡之作雖然已寫了數十萬字，久思擱筆，然在劉紹唐先生和一些嚴肅批評指教的前輩、平輩和晚輩讀者們的鼓勵之下，稍有管見，仍不敢藏拙，也是這個道理。

請先從個人親身的感受說起：

筆者本人便是當年在「新學制」之下受教育的「小學生」之一。不幸我是個鄉下孩子。那時最近的「國民小學」距我家也在十里之外。上不了公立小學，就只好留在家裏，在祖父延師設立的「改良私塾」上學。由塾師分授英、漢、算三門功課。

先祖原是位「革命黨」，後來又是陳獨秀的好友和崇拜者。因而他在家中一旦當政，便把祖宗遺留的封建稱呼、磕頭儀式，全部豁免。可是他對我們這個「改良私塾」裏的「漢文」一課的教學卻十分「反動」：他規定我們要背誦短篇的古文選讀，作文也以文言為主，不許用白話。

啟蒙之後，筆者便在這個改良私塾之內，被「改良」了有七八年之久。我們的「漢文」也就從「床前明月光」，一直背誦到「若稽古帝堯」。最後連《左傳選粹》到《史記菁華錄》也能整本的背。那些故事都有趣而易解。我底同班「同學」，除了兩三位「實在唸不進去」的表姊表弟之外，大多數的孩子，均不以為苦。最後在家中長輩的「物質刺激」之下，竟然也主動地讀起《通鑑》、《文選》等「大部頭」書來。

在我們十二歲的那一年春天，家人為要送我們投考初中，乃把我和兩位同年的表兄送入附近一所小學。插班入六年級下學期，以便取得一張「小學文憑」。

這所小學是兩位留美鄉紳籌款設立的。全校一半是新建的西式樓房，操場上「足籃排網」一應俱全，校舍內「圖書館」、「實驗室」也應有盡有。筆者等三個土孩子初入此「洋學堂」，真是眼花繚亂，自慚土氣薰人。

我記得我們小學之中國語班所用的教材。便是適之先生稱許的「新學制國語教科書」。我清楚地記得，我所上的第一堂國語課，便是一位黃慰先老師教的，有關「早晨和雄雞」的「白話詩」。那首詩的開頭幾句，似乎是這樣的：

喔喔喔，白月照黑屋……

喔喔喔，只聽富人笑，哪聞窮人哭……

喔喔喔……

喔喔喔……

那時表兄和我雖然都已經能背誦全篇〈項羽本紀〉。但是上國語班時，我們三人還是和其他「六年級」同學一起大喔而特喔。

在我們這個「畢業班」樓下那一間便是「初小一年級班」。他們的國語課，我也還記得幾句：

叮噹叮，上午八點鐘——了！

我們上學去。

叮噹叮，下午三點鐘——了！

我們放學回。

那時的小學生們唸國語還有朗誦的習慣。所以早晨上「晨課」，晚間上「自習」，只聽全樓上下幾十個孩子們，一邊「喔喔喔……」，一邊「叮噹叮……」好不熱鬧！

小學畢業後，表兄和我又考進當地的初中。我記得初一國文班上也有一篇，大概是胡適之先生北大裏「成熟的學生」所翻譯的，俄國盲詩人「艾羅先珂」所寫的〈時光老人〉。我也記得其中幾句像是：

時光老人，滴答、滴答：

滴答、滴答：

無必要，莫奔跑……

表兄和我，又在這國文班上，「滴答、滴答」了一學年。

學齡兒童在十二三歲的時候，實是他們本能上記憶力最強的時期，真是所謂出口成誦。要一個受教育的青年能接受一點中、西文學和文化遺產，這個時候實在是他們的黃金時代——尤其對中國古典文學的學習與研讀。這時如果能熟讀一點古典文學名著，實在是很容易的事——至少一大部分兒童是可以接受的，這也是他們一生將來受用不盡的訓練。這個黃金時代一過去，便再也學不好了。

如果我們把一些智力上能夠接受這些寶貴文化遺產的學齡兒童們的黃金時代，給「喔喔喔」或「叮噹叮」，叮噹去了，豈不是太可惜了嗎？

胡適之先生他們當年搞「革命」，非過正，不能矯枉，原是可以理解的。加以他們又都是一批高高在上的「決策人」，原不知「民間疾苦」。在他們大旗之下受教育的孩子們將來是「禍」是「福」，不是他們可以想像出來的。本來一個政策——尤其是教育政策——的成效如何，也不是應該可以從想像中得出的，它只有在長期實踐之中，才能找出真正的答案。

另外胡適之先生還有一條他沒有完全「證實」的「假設」，那就是文言文已經「全死」，它絕對不可與白話文在同一本教科書中「並存」。這句話是當時歐美留學生以夷比夏、想當然耳的老說法，因為在歐洲古「希臘文」、「拉丁文」確已「全死」。那些古文字原是當年希臘、羅馬「公民」和「士大夫」所通用的語言。可是後來希臘、羅馬不但亡了國，甚至亡了社稷。代之而起的卻是千百萬入侵的「蠻夷」（現代西歐白人的老祖宗）。原先那小撮希臘、羅馬的「公民」，早已自歷史上煙消雲散。入侵的蠻夷自有他們的蠻夷舌之音。他們最後偷用一點希臘、拉丁字母就夠了（現在越南、菲律賓還不是如此？）。可是日子久了，方言進步了，夠用了，他們也就不再用希臘、拉丁這些死文字的「外國話」（foreign language）了。

我國的文言文是一種一脈相承、本國本土產生的應用文字。它和語體是有血肉難分的關係，它不是像希臘文、拉丁文那種「全死」的「外國文字」。孔老夫子在兩千五百年前發了脾氣，罵人「老而不死是為賊！」現在人民罵那些該死不死、禍國殃民的老頭子，用的還不是這一句嗎？你說它是文言呢？還是白話呢？

一千多年來，全國人民雅俗共賞的唐詩宋詞，什麼「床前明月光」、「清明時節雨紛紛」、「車如流水馬如龍」——是死文字呢？還是活文字呢？

寫長篇小說，當然以白話文最為適宜。但是那些以淺顯文言所寫的《三國演義》、《東周列國志》和《聊齋誌異》也有幾十年乃至幾百年的暢銷的歷史。蘇曼殊的小說也多半是以淺近的文言寫的。那時的中學生幾乎是人手一冊，絕對是一部「暢銷書」（best seller）。以文言而寫暢銷書，這至少證明文言並未「全死」。

至於敘事文、紀錄文、政論文等等的寫作，則淺近的文言反往往比「純白話」更為生動有力！筆者幼年即時常聽到祖父的「清客」朋友們說要指導我們孩子們寫「報紙文」。及長讀各大報社論，才逐漸領悟什麼叫做「報紙文」。抗戰期間最具影響力的《大公報》，我們一日不讀就若有所失。如不敏記憶無訛，則抗戰八年中的「大公報社論」，就沒有一篇是用「純白話」寫的。能寫出那樣撼搖四億同胞心靈的「文體」，你能說它是「死文字」，不能做公共關係的媒介（public medium）？

總之每個國家都有其特有的文化傳統，和語言文字的特徵。他山之石，可以攻錯。吸收他人之精華，剔除自己之糟粕，原是義無反顧的；但是我們斷然不可，因為洋人怎樣，我們一定也要怎樣。

洋人語文一致的道理，便是他們底傳統上沒有產生過像我們那樣簡捷的文言。為什麼因為他們沒有，我們也就一定要搞掉我們自己的極有效率的大眾傳播工具呢？在海外久居的中國知識分子都知道，我們如要舉行個英語（或其他歐美語）講演，我們可先把講稿寫好，由女祕書打得整整齊齊，然後上台照本宣讀，宣讀之後的「講稿」便立刻可付印出版。

中文講演可就不行了。講中文實在不能把每個字都在講稿上寫出來。寫出來了的講稿，也不應該不加刪減，便全部付印出版。這實在不是因為我們「口語」（spoken language）嚕囌，而是我們的「紀錄文」（language for record; written language）太簡潔。捨簡潔而就嚕囌，那算得是「進步」或「現代化」嗎？

近三十年來老實說，真正在執行胡老師嚕嚕囌囌底「純白話」的教導的，不是旁人，正是清算胡適最積極的中國共產黨。不信且拜讀拜讀他們底什麼「人大」、「黨大」的文件。蒼天！一位報告員上台，一報告便是四五個小時。然後「的、了、嗎、呀」地一個字一個字記錄下來。這篇王大娘裹腳布然後又一字不易的，發下去要全國人民學習。我們真要發個狠，把它讀掉，天乎！這哪裏是篇中文。它唸起來彆彆扭扭，簡直是一篇蹩腳的俄文翻譯。

中共的作家們，太相信毛澤東的老師胡適之了，結果迷胡不化，把我們中國美好的語言傳統，弄成個那樣不堪一讀的、不三不四的東西！

胡先生告訴我：「共產黨裏白話文寫得最好的還是毛澤東！」毛澤東「寫得最好」的原因便是「我的學生毛澤東」沒有完全遵從他「老師」指導的緣故。

＊摘自《胡適口述自傳》第八章注1及注2，標題為編者所增

沈老師與小胡適

教了一輩子書。從小學教到大學研究院；從中國教到美國，我覺得最有挑戰性的課題還是「中學國文」。因為其他的科目都有若干客觀的標準。縱使是研究院的課程，那也是你的老本行，教來困難不大，甚至是隨心所欲，得心應手。只有中學國文（尤其是當年大陸的中學國文）是放野馬。四書五經、文言白話、詩詞歌賦、起承轉合、平上去入……樣樣都得掌握。

你「魯」，一般學生當然比你更「魯」。格老子誤人子弟，就誤他一下算了，有哈了不起呢？可是一百個學生之中，總有一兩個不魯的——甚或是個「小魯迅」、「小胡適」，那你這個誤人子弟的老師，就不大容易誤了。以前大陸上一位沈老師就碰上一個小胡適，幾乎弄得下不了台。

故事是這樣的：以前上海有個私立「梅溪學堂」，專教英漢算三門主科。每科五班。沈老師教的是最低一級（第五班）的「國文」。有一次他底教科書中有段引語：

傳曰：二人同心，其利斷金。

同心之言，其臭如蘭。

沈老師講課時隨口就說，這是《左傳》上的話。誰知等他講完課之後，却有一個土裏土氣的，才十二歲多一點的小學生，捧著書，去到他的講台邊，低聲對他說：「這個『傳曰』，是《易經》的〈繫辭傳〉，不是《左傳》。」

沈老師臉紅了，反問道：「儂讀過《易經》？」小學生點點頭。

沈老師又問，「阿曾讀過別樣經書？」小學生說他讀過《詩經》、《書經》和《禮記》。沈老師這一下慌了。他忙把這個才十二歲，土裏土氣的小學生，送到第二班上去——這小學生因而一天之內就跳了四班。（見《四十自述》）

也是「傳曰」出了問題

沈老師總算觸霉頭，碰上這個小魔鬼。這小魔鬼不是我班上那些冒牌的「小胡適」、「小魯迅」。他是個貨真價實的正牌「小胡適」。那時他還未讀過達爾文，因此他的名字還叫胡洪騂。

六十年過去了。當年的胡洪騂已變成東亞第一號大學者胡適了。這時他底小門生，我這個文史教員卻被另一個「傳曰」難倒了。我的「傳曰」全文是：

傳曰：執荒於田，孰治於門，
四海既均，越裳是臣。

這個「傳曰」是出現在魏源著的〈海國圖誌序〉裏面。我是替人家當翻譯，要把它譯成英文。我要找出這個「傳曰」的出處。否則不但翻譯不出，連標點符號也打不了。所以我從「左傳」和「易經．繫辭傳」開始，把所有可能的出處都翻遍了，就是找不到他老人家仙鄉何處。——翻不出，老闆就不發稿費。不得已我只好去找我那無所不知的老師胡適之了。

胡老師把我的「傳曰」，唸經似的唧咕唧咕的默唸一陣說「四書五經」上全沒有，因為四書五經和小註子，他都可背誦的，但是全沒有。

「究竟出在哪裏呢？」老師抱著頭，想出一大堆他不能背誦的書名。「在《易林》裏！」他肯定了一下。《易林》裏也找不到。最後把他所提的書名一概找過，全無蹤影。老師還要找，我卻洩氣了——只是告訴主持翻譯的老闆說，「胡適也不知道」。老闆藉機請胡老師吃了一頓飯，由我作陪。席上胡老師證實了我的話。老闆發了薪，我們的「傳曰」，也就隨我去譯了。

胡適的老師不知「傳曰」來自何處。胡適自己也不知道「傳曰」來自何處。國文老師工作之難可知也。

那個不知出處的「四而居」

就在這頓飯的餐桌上，胡老師也告訴了我們，另一個「胡適也不知道」的故事。那是某次在上海，一批朋友請他到一個生意甚好，招牌叫「四而居」的小飯館吃飯。餐中閒談，大家順便問問「胡適」，「四而居」是什麼意思？胡適照例嘴裡唧咕唧咕，唧咕了半天，結果「四書五經」裡都找不到。大家猜想一定是江南某名士，像魏源那樣從「四庫全書」裡搞出個僻典來。眾人窮索枯腸，還是找不到出處。最後總算邊有個聰明人提議去問問餐館老闆。老闆說它這飯館的名字是從《三字經》上面取的。三字經上有什麼「四而居」呢？啊！原來是：

一而十，十而百。
百而千，千而萬。

這不是四個「而」字的《四而居》嗎？真是「當而而不而，不當而而而……」這樣多的「而」字，誰知道你究竟「而」的是哪四個呢？但是這個老闆四個「而」字畢竟用得好，所以才生意興隆一本「而」萬利。

但是在文學創作上，胡老師卻堅決反對「用典」。這許多「而」字，誰知道你在「而」些什麼呢？

「每況愈下」和「每下愈況」

其實縱使寫一塵不染的白話文，用典也是避免不了的。胡適寫文章不用一個「典」。可是他那反對用典底文章──「胡適著〈逼上梁山〉」，文題和作者姓名就是兩個大典故。不知典故的意思，我們怎能知道胡老師一度相信，達爾文的「進化論」──適者生存，優勝劣敗呢？

用典的好處是「簡潔有力」、「辭簡意賅」……有時嚕嚕嗦嗦了一大陣，還是說不清楚，用個「典」三四個字便能講得清清楚楚入木三分。有時如把典故用錯了，那就將錯就錯。錯久了，它本身也就自成典故了。典故本是人造的嘛，為什麼那樣拘泥呢？

記得年輕時在中學替一個學生改作文卷。我把他的「每況愈下」，酸溜溜的改成「每下愈況」。這位「小魯迅」不懂，其他的「小魯迅」「小胡適」也不懂。他們乃結隊來找我這個青年老師，要求平反並「發還扣分」。

「小魯迅呀！」我說，「每況愈下不通呢！它是每下愈況用錯了的呢！」接著我又解釋說，「每下愈況」出諸莊子。意思是愈向下看，則情況愈明。

可是眾小魯迅、小胡適不服。他們認為「每況愈下」，是「愈來愈糟」的意思。莊子的「每下愈況」，有誰看得懂？莊子才是不通呢！

我說既然如此，諸君為什麼不乾脆用白話文「愈來愈糟」，而要用什麼莊子的典故呢？

「這就是寫文學創作的『美感』嘛。」最後這些小魯迅居然搬出老魯迅來反擊，說魯迅就是這樣用的。

想想我唐老師怎能說「魯迅不通呢」？再想想典故和成語都是人造的嘛。莊子能造成語，魯迅為何不能造呢？算了、算了。全部改回頭。各加「五分」了事。——乖乖，中學國文老師是好當的呀？

最近無意中在大陸出版的《辭海》中，竟然看到「每況越下」也變成了一條成語。我想這條現代成語之成立，老魯迅之後，我原先班上那些「小魯迅」「小胡適」亦與有功焉。

有了這個小經驗，我以後當教師當校對時，對類似的成語，再也不敢酸溜溜的去評其正誤了。就以「每況愈下」的姐妹篇「人言言殊」來說吧，這也是個典故的錯用。其正確的使用，應該是「言人人殊」。因「言人人殊」沒有「人言言殊」清楚，因此小魯迅小胡適們都把它改成「人言言殊」了。或問為什麼不乾脆用白話來表達，用「各說各話」呢？朋友，這就是我那位小魯迅學生所說的「這就是寫文學創作的『美感』嘛。」

「文學革命」過去七十年了。風水輪流轉。現在的文學作家，要用點古典成語，才算是時髦呢。

＊原載於《中國時報》一九九二年二月二十三日〈人間副刊〉

論五四後文學轉型中新詩的嘗試、流變、僵化和再出發

作為一個職業性的史學工作者，數十年來，我個人在大學課室裡，和個人的著作裡，總堅持一項信念：我認為一部中國近代史便是一部近代中國的政治社會文化（也就是整個中華民族的生活方式）的「轉型史」。所謂轉型者，便是由一個既有的固定型態，「轉」向另外一個新的型態。這項民族生活方式的轉型，在我國三千年來的歷史上，一共只轉過兩次。第一次是從西周時代的高級封建制，通過東周的春秋戰國時期，直至秦國的商鞅變法，和秦始皇統一中國之後，所實行的「廢封建，立郡縣；廢井田，開阡陌」。秦亡之後，再經漢朝的武帝、昭帝、宣帝三朝加以落實，終於轉出另一定型：由帝王專政的郡縣文官制。這是個國家強於社會，以國家為重心，社會則隨之一轉百轉的新制度，和新的民族生活方式。這一民族生活方式的定型，事實上是從秦始皇於公元前二二一年統一中國之後開始的。其後一行兩千年，直至中華人民共和國的建立，沒有本質上的變動。所以毛澤東主席說：「千載猶行秦法政。」這句話基本上是

正確無訛的[1]。

可是這個由秦始皇所落實的制度，到前清道光年代的「鴉片戰爭」（一八三九～一八四二）之後，就逐漸的維持不下去了。這樣，在我國三千年來的歷史上，就出現了政治社會文化的「第二次大轉型」；但是這個我們及身而見的第二次大轉型，和第一次大轉型有個基本上的區別。第一次轉型是自發的；是我們民族內部諸種複雜的情況發生變化，所激發起來的變動；第二次則是由於一個強勢外來文明的挑戰，而被迫發動的。我們這個「千年不變」的生活方式，自鴉片戰爭之後，在西方文明的壓迫之下，就弄成「十年一變」了。而這種轉型方式的變動，是一轉百轉的，驚濤駭浪的，甚至是死人如麻的。從鴉片戰爭之後，我們已變了一百五十多年了。一個兩千年未變的古老的文明，近百年來，被迫變得面目全非。如今變動轉緩，曙光初現，看宏觀歷史的趨勢，再有半個世紀的時光，我們就可以摸索出來一個政治、社會、文化底新的「定型」了。到那時變動結束，歷史循常規前進，也就是我民族恢復安定之時了。

所以我們這個第二次大轉型，今後如不發生意外，大致需時二百年（一八四〇～二〇四〇），就可恢復正常。我們何不幸，而又何幸，竟然生在這段千年不遇的、驚濤駭浪的「第二次大轉型時代」，而身歷其境，目睹其面目全非的變化。對這一不尋常的歷史階段，筆者無以名之，乃名之曰「歷史三峽」。稍安毋躁，再過四十年，看樣子我們就可以駛出南津關，通過葛洲壩，揚帆直下，「晴川歷歷漢陽樹，芳草萋萋鸚鵡洲」，海闊天空，我們就可以悠然駛向太平之洋了[2]。

文學轉型中的偏差

根據以上所說的我國近現代史上，宏觀歷史必走的大潮流來看，我國政治制度之從帝王專制，向民主政治轉型是最清楚不過的了。任何集體或個體，再也不能扭轉這一必然的趨勢。再過半個世紀，我們不但也會出一些因私德不修而被國會彈劾得灰溜溜的柯林頓；我們也可能會出一兩位簽訂大西洋憲章，主持聯合國，九合諸侯，一匡天下的羅斯福大總統呢。

這種歷史轉型原是一轉百轉的。政治如此，文學亦然。政治轉型是從君主到民主；文學轉型就是從文言到白話了。這也是個歷史的必然，不是任何集體或個體，所能逆轉的。不過宏觀的大方向雖不會變動；而微觀的單項轉型，往往就因人因物，因時因地，而各有其不同的階段性了。有的會順流而下，一轉到底；有的則也會就地打轉，原地踏步，逡巡不前；有的甚至走入死胡同，而長期停滯。像五四以後，白話文和白話詩的發展，其軌跡就截然不同。白話文既經胡適提倡以後，一帆風順，很快的就完全替代文言文，成為新時代的文學定型，文言文就從此一去不復返了。白話詩可就沒有這樣幸運了。

毛澤東的白話文寫得好

記得遠在五十年代的中期，中國大陸上批判「二胡」（胡適和胡風）的運動正在如火如荼地進行的時候，胡適之先生那時引退異邦，幽居陋巷，生活本已十分平淡。大陸的清算一來，他又變成媒體上的風雲人物了，並不時微笑地向我說：「胡適的幽靈又在大陸上飄蕩了。」他頗為自信「胡適」是批判不倒的，雖然他不願意「回嘴」。在遍讀無數篇批胡之文以後，他有時還顯露點喜悅之色。因為這些文章都是用白話文寫的，而他認為白話文實在是他一手推動起來的。如今眼見白話文是完全成功了。連批胡的文章居然全是用白話文寫的，那為什麼還要群起「批胡」呢？他並且一再的告訴我說：「共產黨那邊白話文寫得最好的還算是毛澤東。」

胡適這句話，共有十九個字，說得很含混。「共產黨那邊」究竟包括哪些人呢？毛澤東的白話文，又好在何處呢？他都未說明。我也未急於追問，自覺來日方長嘛。但他說此話時，卻不無得意之色。因為毛澤東主席在北大時期曾寫信給他，並且自稱「你的學生毛澤東」。抗戰末期，毛亦曾託人問候過他。胡適對這點師生友情，也頗為珍惜和高興。

總而言之，胡適對白話文，在最初四十年（一九一七～一九五七）發展的成功，甚感滿意。他認為以往三千年是以文言文為主的舊文學的天下。今後中國的新文學，就是他所一手推動的白話文的天下了。

胡適對新詩的評估

可是胡適雖然也自稱他是「新詩的老祖宗」，但他對新詩發展的成就，就沒那麼樂觀了。他甚至曾親口向我說過「四十年新詩的發展，還抵不上徐志摩（一八九六～一九三一）一個人的成就。」胡先生是一位極其看重私人友情的人。他底北大學生吳相湘先生，就時常當面取笑他有「安徽、北大、哥倫比亞的情結」[3]。所以胡氏當年向我所說的這句話，我也覺得那是他老人家念舊情結使然，而不以為然，也就耳邊風的過去了。可是另外一個四十年（一九五七～一九九七）如今又過去了。今日回想四十年前胡適對新詩發展的評語，不免更有一番滋味在心頭的體驗。胡適那句話，是否只是出於他對一位親密亡友悼念情結，還是有若干成分的真理存乎其間呢？關於這點，我個人今日反而有點茫然了。我們今日如試一回溯新文學發展的歷史，那些「學衡派」的守舊學人，可以丟開不談，縱是新文學陣營之內的激進派，也不時對新詩失望[4]，胡適並不是第一位唱衰的老輩。

目前新詩的問題究在何處呢？我們不妨長話短說。第一，它自始至終，就未能真正的替代過舊詩詞。舊詩詞直至今日，仍擁有廣大的老中青三代的群眾愛好者和習作者。這一點，新詩界反而沒有。而舊詩詞老而彌健，現在還在不斷地向它反攻，且愈攻愈勇，為當年老輩所不及。第二，新詩在它八十年成長的過程中，也未能穩定地發展。終於自己也走入舊文學的老套路，建立起自己的象牙之塔，新詩人們把自己鎖在塔裡，逐漸與外界群眾隔絕，如此就只好去彼此「相濡以沫」了[5]。新詩本來就是一樁大眾文學嘛，為何到頭來卻變成一樁高高在上的廟堂文學呢？欲知其所以然，我們還得從它底出生的時間和空間來尋根一番。

對傳統的全盤否定

為新詩尋根，我們不能從寫詩史的角度出發，因為那樣寫來，就成一部鉅著了，為篇幅所不許。我們只能提出幾項關鍵事物（key issues）來加以檢討，舉一反三，以見其餘。第一便是新詩在結胎時代的思想背景。新詩原是近代中國思想轉型過程之中，反傳統最厲害的「五四時代」出生的。讀者朋友們可能不同意此說。若說五四是「反傳統最厲害」的時期，那麼紅衛兵和文革豈不是更厲害嗎？讀者如這樣想，就輕重倒置了。須知五四時代搞反傳統和「打倒孔家店」的，是當時中國一群拔尖的「高知」思想家、哲學家、文學家，和歷史家。他們底「反傳統」和「批孔」，才是實質上的反傳統和批孔呢？搞打砸搶的紅衛兵只是一些娃娃，「低知」、「不知」和「無知」。作為他們後台的政客是另有其毒辣的政治目的。他們為紅衛兵所設計的行動和口號，卻是真正「捍衛傳統」的「尊王攘夷」；真正的「尊孔揚秦」，不是什麼「反傳統」呢；真正反傳統的人，反而都被他們關到「牛棚」裡去了呢[6]。明乎此，我們就知道五四和文革的分別了。

再者「五四運動」是發生在我們搞「科技救國」（路礦船砲、夷務洋務）、「政改救國」

（變法維新）、「立憲救國」（清末民初的自治和立憲運動）和「革命救國」（辛亥革命和二次革命）統統都徹底的失敗了之後，志士仁人，咬牙切齒，恨祖恨宗，恨孔孟，恨老莊底憤激心情之下發生的。一部分人（如胡適、錢玄同等）是要徹底「打倒孔家店」、「全盤西化」，徹底崇洋，甚至「廢除漢字」，「把線裝書全部丟到茅坑裡去」[7]；另一部分左翼高知（像陳獨秀和青年郭沫若），也是「反封」，而不「反帝」的。他們把中國所有的舊東西、舊制度（包括後來紅衛兵所打的「四舊」），都可以「辮子」和「小腳」為代表而概括之；都是舊時代、舊社會的「封建殘餘」，被他們恨得牙癢癢的。陳獨秀和吳虞等一夥，甚至主張「反貞操」和「仇孝」（與孝為仇）[8]。總之，「反傳統」則是當時新派人士的共同信念和次文化。甚至連最溫和的胡適也不得不說，他底「整理國故」的主張，為的是「找鬼打鬼」[9]。

新詩人只接受橫的移植

在這一極端偏激的反傳統思想之下誕生的「新詩」（原名白話詩），因而也就是個極度反傳統的產品，它的生命之源，和原始的胎教，就只有取自外來文化，言必稱雪萊、雨果的「橫的移植」；而沒有什麼平上去入、李杜鄭黃，遺傳自母文化的「縱的承繼」了。在這種對傳統「全盤否定」的先天和後天的條件的限制之下，新詩的發育和成長，難免就要走入畸形了。新詩人中的格律派，就命中注定非失敗不可了。

須知，我們最早一代的啟蒙詩人，像胡適、魯迅、周作人、朱自清、朱光潛、劉大白、劉半農、宗白華、徐志摩和聞一多，就沒有一人反對新詩是可以押韻的[10]。但是寫「押韻詩」，就得有或多或少的「格律」。因此在新舊兩體，和中西兩源中，都有極深厚的訓練，和極卓越表現的聞一多、徐志摩、宗白華等青年詩人就主張，新詩必須有它自己的新格律，他們也就認真的尋找起格律來，並親自加以實驗。徐、聞二人的態度尤其堅決，因此也就無形地組成了新詩發展史上以他二人為首的第一個「格律派」。不幸的由於上述先天和後天的限制，這個格律派，除搞出些為他人作笑柄的「麻將牌」和「豆腐乾」之外，可說是徹底的失敗了。連聞一多自己後來也大作其無韻詩，並鼓勵他的學生們去大作其「看不懂，念不出」的朦朧詩來。我那位最可愛可敬的亡友、朦朧詩人艾山（林振述），就是聞一多的得意門生[11]。

格律派徹底失敗的原因

格律派為何徹底失敗呢？世紀末再回頭一看，正如歷史家回看康梁變法一樣，其失敗實在是命中注定的。試看古今世界的比較文學中，若論詩歌的「格律」，哪一家西方的蟹行詩學，能和三千年綿延不斷，依次成長，清空一氣，最有原始性的中國詩學相比呢？（不管是論數量，或是論質量）我們從最早的四言詩（詩經），發展到五言詩（古樂府），為增加一個字，就商量了八百年。再看古詩從曹氏父子進化到沈、宋、李、杜的七言律詩，又是密鼓緊鑼的議論了四百年。其後再從整齊劃一的「豆腐乾」、「麻將牌」（律詩），發展出從「一字句」到「十五字句」的「長短句」（五代詞、宋詞），一來又是三百年，總計自隋唐五代以來，（舊）詩詞變成了中國詩學裡的「定型」，又是千兒八百年了。其中參加討論、設計，和辯難的詩人、學士、天才，和苦力，真何止數千人（下節再作較詳細的補充討論）。這個唐宋模式格律定型（「格」是詩詞文字上的排列組合；「律」則在文字的排列組合的「規律」之外，還包括「聲律」和「韻律」），本是一種全民族的智慧結晶，也為全民族所喜愛，包括今日能讀通中國文字的所有的新詩人在內，可說是沒一個例外。眼看世紀末的現象，我們今日更可斷定，這種詩詞回潮，在下一世紀之初，可能還會有個更大的回光返照呢。

但是在本世紀的初年，大家都會寫幾句「清明時節雨紛紛」的時候，「詩詞」卻是個最反動的「封建殘餘」，變成了過街老鼠，人人喊打。因此由一個留學歸來，中西之學俱粹，而意氣風發的胡適，在首都的北京大學，登高一呼，全國響應，舊詩詞就變成爛遺老的破鞋了。鞋上細菌亂爬，新人物誰也不想、也不敢去碰它一下了。

記得五十年代之初，一位垂頭喪氣的國民黨高幹，向我嘆息說，我們四百萬大軍，就是被共產黨幾句口號叫垮的啊。事實上，五四時代的舊文學、舊詩詞，也就是被胡適等幾個搞文學革命的「革命青年」和若干革命中年，「幾句口號叫垮了的」。

因此，以徐志摩、聞一多為首的，第一代新詩人中的「格律派」，他們雖然都是深植於傳統詩學中的優秀的詩人和功力深厚的學者，格於當時文學革命風潮中底反傳統的偏激風氣，他們要為新詩尋找格律就絕不敢，也決不願從傳統詩學的垃圾中，去搞廢物利用了。但是聞一多對創造新詩格律的信心是萬般堅決的，當時就有反傳統的詩人認為「格律」是一種妨害創作自由的鐐銬，聞一多便反駁之說：「越是有魄力的作家，越是要帶著腳鐐跳舞，才跳得痛快，跳得好[12]。」朋友，這是聞一多說的瘋話嗎？非也。我們搞歷史的喜歡翻舊賬，先從我國詩的傳統來回看，我們第一流的詩人從屈原（約公元前三四〇～二七八）開始，經過曹氏父子（一五五～二三二）到唐朝的李、杜，五代的李後主，宋朝的蘇、黃，清初的納蘭性德（一六五五～一六八五）以至清末民初的黃遵憲、鄭孝胥，名家數百人，哪一位不是「帶著腳鐐跳舞」跳得痛快，跳得好，跳得天下第一？再看看文藝復興以後的西方各民族國家（national-state），哪位大詩人不是帶腳鐐跳舞？莎士比亞（一五六四～一六一六，我國的明朝末年）就是跳得好，跳得多，跳得痛快，跳得天下第一。做無格、無律、無韻的「自由詩」，在整個世界的文學史裡，至今不到兩百年呢！哪能就自此，罷黜百家，稱霸到底呢[13]？

不幸的是，我國早期的格律派，不敢碰自己如此豐富的傳統，卻偏要向比我們差得太多的，從古拉丁文學分裂出來的歐美民族文學中，去找我們需要的鬼谷子，哪裡能找得到呢？這就像把我們經營了三千多年的輝煌底「天上宮闕」全部拆掉，然後再在它底廢墟裡，蓋上幾座水電皆無的小洋樓；這幾座小洋樓，怎能和原先的九千九百九十九間、金碧輝煌的大皇宮相比呢？

這就是我們聞一多詩人的「豆腐乾」和「麻將牌」啊[14]！豈不可嘆？但是這就是「歷史」；這就是「文學革命」底氣功中，躲避不了的走火入魔的現象，怪得誰呢？

漢語詩絕不能用印歐語格律

再者，自希臘、羅馬以降，西方詩歌的格律，我們又豈可小視？豈可亂搬？瑞典的高本漢，和我們自己的語言學家趙元任、王力諸先生，都曾把我們「單音綴」的漢語，和印歐語系的拼音文字作過科學性的比較研究。這兩個原是絕對的風馬牛不相及的語言系統，其間格律聲韻，是絕對不能通用的[15]，而我們的詩人偏把優美的唐詩宋詞，不屑一顧，卻去亂搬人家的「桑籟」、「十四行」；其志可嘉也，因為我們需要新的視野；其情亦可憫也，因為我們也需要新的靈感；而其事則終不可行也。請舉一個有個人經驗的小例子。因為筆者有幸與新詩同年（胡適底《嘗試集》出版之日，也正是不才呱呱墜地之時），也和新詩一道長大，並且還做了「新詩老祖宗」的關門弟子。說句帶洋腔的話，我對新詩不只是學習之，簡直是生活之也（Not only learnt it，but also lived it），青少年期參加詩社時，曾認真地試作桑籟，並且是個多產的「作家」呢！幸而不幸，由於時亂家難，殘稿幾乎全部遺失；不遺失，老來也會全部毀棄之，所謂五十方知四九非也。在另一個完全不同的文明之內待了半輩子，才逐漸領悟出，以漢語寫 Dee Dee Dum Dum 的洋詩，把自己的平上去入甩個乾淨，而去亂學人家的音步、音尺，簡直是天大的笑話也[16]。

回顧過去八十年新詩的發展，我們向洋人東施效顰，可說是一項也未學會；最後終於學會了一項，這一項便是「一項未學」。也就是那個風行了八十年的無格、無律、無聲、無韻、無長、無短，也可長、可短，既可分節（stanza），也毋須分節，既無音步，更無音尺，而享有「絕端自由」（郭沫若語）[17]的，所謂「自由體」（英語叫 free verse；法語叫 vers libre，有時也叫 blank verse，二者略有不同）的散文詩。這一體裁的好處，就是作者享有絕對的「自由」，您只要有詩才，有靈感，我手寫我口，不管你怎樣寫來，總歸都是詩就是了[18]。讀者賢達，您讀拙著至此，不管你是不是詩人，不妨就「我手寫我口」，寫他幾行看看嘛。否則你就辜負這個空前絕後，詩學大解放底偉大的時代了。

惠特曼和「絕端自由主義」

這一享有「絕端自由」的 vers libre，原發軔於法國，至美國內戰（一八六〇～六四）後，逐漸傳入美國之時，經惠特曼等加以普及，便如火之燎原了[19]。美國的牧童哥，原來就是一窩寄生在文明世界邊緣，最不守規矩繩墨的半野人。四年血戰解放了黑奴，就無一而不要解放了。他們那時正跟著歐洲的文明人在學步作詩，正學得如火如荼之時，vers libre 就來了。自由體先生一來，美國詩人便再也不願下苦功去學什麼 dee dee dum dum 的縉紳傳統（genteel tradition）

和廟堂文學了[20]。大家一窩蜂作起牧童之詩，和懶人之詩來，自由體在美洲的發展，較之在歐洲母邦，就青出於藍了。在十九世紀之末，集自由體之大成而一枝獨秀的美國詩人，便是隨紐約的自由經濟一道脫穎而出，走向世界自由市場的惠特曼（Walt Whitman，1819—1892）大師了[21]。

當惠特曼之詩正橫掃紐約街頭之時，聰明俊秀的白面書生胡適就正從康乃爾轉學到哥大來，而且情竇初開，正在大談其中國式戀愛[22]。胡適本質上是個絕不走極端的調和主義者，是反對革命的。他早期最欣賞的英詩，原是白朗寧的桑籟體，可是當時的紐約和哥大，卻是個搞哲學和文學底反傳統的溫床，加以他的女友韋蓮司又是個髮長二三寸、畫現代畫的革命女青年，胡適和她「黃蝴蝶」一番之後，也就從他原先的「文學改良」，逐漸走向「文學革命」了。胡適後來也主張寫無格、無律、無韻的惠特曼體的自由詩[23]，這是受當時紐約大環境的影響，雖聖賢不能免也。但是胡適對新詩的創作，後來被詩評家叫做「胡適之體」的新詩，卻永遠擺脫不了清新婉約、欲說還休底舊詩詞的老套路[24]。

比他晚出，卻終於搶走了他新詩桂冠的郭沫若，就不是這樣了。

「我要爆了」的郭沫若

當詩學革命在中國的都市裡，已形成燎原之勢的時候，郭沫若（一八九二～一九七八）原在日本學醫，但是他詩才大於醫才，他那浪漫的天性，也使他對護士的興趣，遠大於對病人的興趣。根據弗洛伊德派的心理分析，以及郭老其後一生在私生活上的表現，他對性和情的火熱追求，雖耄耋而不衰。因此詩才洋溢，而又情性火熱的青年郭沫若，在這一新的、解放的大時代裡，就時時有「我要爆了」的火熱情懷[25]。在詩的領域裡，他堅持「詩是強烈情感的自然流露」。作詩就要「打破一切詩的形式」；拋掉所有音韻，揚棄任何格律，我手寫我口，來他個「絕端自由」。郭沫若並大聲疾呼：「詩是寫出來的，不是作出來的[26]。」

這些都是他底真性情而見之於詩篇，是頗有煽動性的。尤其是對他那一代的新青年，和後來的中學生，以及一二三年級的大學生，更是一把野火，一發難收；讓他和大家一道燒成灰燼，撒在狂風裡，漫天飄揚，那種刺激，才過癮（feel thrilled）呢。因此在道德的範疇裡，青年郭沫若就「反對不以個性為根基的」，一切的「既成道德」和「既成宗教」。換言之，如把「個性」放在第一位。若說起社會解放，和性解放，甚至來個共產公妻，又有何不好呢？因此，當郭沫若於一九二一年與他底一夥留日學生郁達夫、成仿吾等組織了「創造社」，拋出其「女神」詩集時，郭沫若也就暴得大名，全國知青，也都跟他去，也都跟他去「爆了」[27]。

青年宗白華發現了他的詩人

首先在一九二〇年發現了郭沫若，而加以賞識的是後來成為美學大師的宗白華（一八九七～一九八六）。宗比郭小五歲，那時才二十三歲，郭已是二十八歲的老大哥了。但宗卻是那時在新文壇上頗有地位的上海《時事新報》〈學燈〉副刊的編輯[28]。他之賞識郭氏，亦如陳獨秀、蔡元培之賞識胡適。世有伯樂然後有千里馬。胡、郭二人都是由文藝刊物編輯的提拔，而暴得大名，登上文壇寶座的。在新詩的發展上，想不到張冠李戴，為時不過三兩年，胡的桂冠，竟為一個醫生兼業餘詩人的郭沫若，攔路搶了去。後來的象徵派詩人穆木天就為郭氏肯定這一桂冠和寶座的轉移，說[29]：

> 如果說「五四時代」是新中國黎明的新生期；如果說「五四時代」是新中國的文藝復興期，那麼奏著這個時代的黎明前奏曲的，就是詩人郭沫若了。[30]

穆木天這話不是過譽，它是有其歷史真實性的。青年郭沫若的法寶，便是這個絕端自由的「自由體」和支持這個自由體的大眾哲學的「泛神論」。所謂泛神論，就是我們這個宇宙之中，沒啥鳥大菩薩，但是遍地都是些顢頇的土地公、土地婆，它們都是聽命於我的。

在他那個時代，中國的青年詩人，都得有個金髮碧眼的洋大師來做鬼谷子，他就卯上了首創無格無律無韻，絕端自由的惠特曼了。自此，郭沫若就變成了惠特曼在中國的第一位大弟子，雖然他底語文程度，還不足以讀惠詩的原文——他顯然是從日文翻譯中間接學來的[31]。不幸的是惠特曼可以在美國自由到底；郭老在中國可就不行了，因為在中國文壇裡畢竟還是有大菩薩的，這就是老年郭沫若在中國新文學史上的崇高地位，不能一竿到底的關鍵所在了[32]。可是青年期的郭沫若卻不可小視，他那時在新詩的詩壇上，是具有橫掃千軍底氣勢的。

異曲同工的美國嬉皮

在美國的嬉皮時代，集美國嬉皮之大成的紐約市立大學本科裡，就有數不清的小郭沫若，他們曾在大學的課堂裡，和在我個人的辦公室裡，激烈而昂揚地向我作共產共妻的說教，但我也向他們反說教。我說我要年輕三十歲，一定是他們；他們要再過三十年，可能也是我們，其實我還是多估了，在一個完全開放的，五光十色的，資本主義的社會裡，不到十一年之中，「他們」就開始「下海」（且用個今日的時髦名詞）了，有的甚至衣著鮮明地，以「雅痞」（yup意思是 Young Urban Professionals，都市裡的青年專業人才，如律師、醫師、工程師等等）姿態，又來向老師炫耀一番了。錢和權對所謂「革命青年」的腐蝕，古今中外都是一樣的[33]。

因此青年郭沫若這種「革命浪漫主義」，在那革命浪潮遮天蓋地的時代，就不是那白面書生，畏首畏尾的「文學改良主義者」的胡適，所可望其項背了。所以在五四後，新詩的領導階層裡，胡適那個「新詩老祖宗」很快的就被郭沫若這個新詩暴徒篡了位。

文化傳播中惠特曼杜威和中國

讀者賢達，您如是五十以上的老公老婆，你就會笑「泛神論」的狂妄；但你如是紅衛兵頭頭，或黃花岡七十二烈士，您就會覺得「大丈夫當如是也」。這也就是二十三歲的宗白華，所以看中了郭沫若的道理；也就是那位白面書生，少年老成的胡適，在三十年代被他底學生（例如千家駒先生），說成「臭烘烘」和「臭名昭彰」的道理[34]。朋友，你我所生的這個時代，原是個「轉型期」嘛，在這個轉型期的社會裡，沒一項價值標準是固定的呢。我國古代的楊朱先生，就是個專治個人主義的思想家；他就講明「人不為己，天誅地滅」，他自己就「拔一毛而利天下，不為也」。這話可說是混賬絕頂吧。我們儒家的亞聖孟老夫子就為此，氣得鬍鬚亂飄，而嘆息「楊朱墨翟之言盈天下」的可怕。但是楊子生在他那個價值觀念不定的「轉型時代」，卻不失為一代以個人主義相號召的思想大師也[35]。

在那個轉型初期的崇洋時代，任何土權威，若無洋神附體，都是行之不遠的。青年郭沫若身上的洋神，雖是美國的惠特曼，其實真實的惠特曼，和郭沫若所標榜的惠特曼之間是大有出入的；亦如胡適之與杜威[36]。但是在中國所發生影響的惠特曼和杜威，卻是中國的惠特曼和杜威呢。（當時在思想真空的中國裡發生影響的外國思想家，都可作如是觀[37]。）這個中國的惠特曼，不但吃定了中國的國語和英語詩人，他也吃定了在中國的法語詩人和粵語詩人。後來被新文學史家朱自清（一八九八～一九四八）列為中國新詩三大開山宗派之一的象徵派，也是擺脫不了惠特曼底絕端自由主義的。

從粵語法語開始的象徵派和朦朧詩

歐洲的象徵派在中國的第一代傳人是李金髮（一九〇〇～一九七六）和梁宗岱（一九〇三～一九八三）。巧的是他二人都是廣東人，二人又都是法國留學生。李是廣東梅縣人，十九歲在北京參加「勤工儉學」班，入巴黎美術大學學雕刻，因而迷上了法國的象徵派大詩人波特萊爾（Charles Baudelaire，1821-1867）底詩作[38]。梁宗岱，新會人。十七歲便在廣州加入沈雁冰（茅盾）、鄭振鐸等在北京所組織的「文學研究會」，旋入嶺南大學，未卒業即於一九二四年去法國入巴黎大學，曾私淑象徵派詩人梵樂希（Paul Valery，1871-1945）和羅曼羅蘭（Romain Rolland，1866-1944）[39]。因此這兩位粵語大師，對現代中國的象徵派新詩，和後來的朦朧詩，可說是歪打正著，而揚名國際，但是吾人如細讀前輩之詩，如李金髮先生的成名之作「棄婦」，就不免大驚失色。蓋波特萊爾原是桑籟體的大師，而李氏所採用的詩的形式，卻「是不折不扣的郭沫若加惠特曼；再讀讀梁宗岱之詩，似乎也沒有例外，這就發人深省了[40]。

不論新詩舊詩，桑派惠派，譯文皆同

記得早年某次與胡適老師論新舊詩，我曾提醒老師說：「不論新詩舊詩，譯成英文都是一樣的啊。」想不到這句不經意之言，對胡老師竟構成一小小的震撼。他驚奇地回答我說：「你這話很正確，很正確，新詩舊詩翻成英文都是一樣的。」顯然的，胡公還沒有體會到這一點呢。

多少年後吾讀柏楊伉儷同獲國際桂冠詩獎的原作[41]，若論詩風和格律，他夫婦的距離，何止十萬八千里？可是我再讀他二人詩的英譯，那就近在咫尺了[42]。他二人以絕對不同之詩，而能雙獲絕對相同的國際大獎，其原因就在這裡了。

前些年，從大陸訪美，享譽國際的老詩人袁可嘉先生，送我一本他所主編的漢譯《歐美現代十大流派詩選》，書長八八〇頁，十大流派，選自全球五大洲，十五國，詩人一百二十位，名作四百首，時跨一百五十年，名家譯者，從戴望舒、梁宗岱、卡之琳到綠原、飛白，凡十餘人，真是洋洋大觀[43]。人家既然花了偌大的工夫，編譯成若是鉅著，難道我們讀者就不能花幾個週末來詳細拜讀它一下？我就下定決心，三更燈火五更雞的，認真的從頭讀到尾，確是受益不淺。但是個人的讀後感，還是覺得「十大流派」的詩風之互異，何止於十萬八千里？但是把它們都譯成漢文詩，那所有的譯辭和形式，就仍然圍繞在郭沫若、惠特曼的咫尺之間了。

記得胡適老師曾以「騷體」譯白朗寧；我的白馬社老友、物理學家黃克蓀（成長於菲律賓），也曾以「七絕體」譯波斯大詩人奧瑪珈音的「四行詩」（Quatrains）[44]，而我手邊這一本鉅著的譯筆，卻是從頭到尾，清空一氣的青菜豆腐，豈不辜負了這樣好的原料？當然我們不必再用哈騷體賦體，七絕七律，來譯不同風格的洋詩，但是我們也大可不必從一而終，寫了八十年的新詩，還是青菜豆腐，郭沫若、惠特曼一味到底，我們總應該打破這個「一花獨放」底單調場面嘛。

從重形式輕內容到重內容輕形式

筆者以前不揣淺薄，曾批評過胡適老師的「文學工具論」是「只注意到『形式』而忽略了『內容』」[45]，以致引起了若干迷胡派的熱烈圍剿；可是今日新詩的毛病則適得其反；它是「只注意『內容』，而忽略了『形式』」。近年不才曾細讀張默、蕭蕭兩先生所主編的《新詩三百首，一九一七～一九九五》，包括名詩人二百二十四家，名作三百三十六首，全書兩厚一冊，總一三四八頁，噫嘻乎，洋洋鉅著，與上引袁君之編，恰成雙璧，但是在燈青人靜之時，一卷在手，細細哦吟，吾終嫌其內容豐富，而形式單調得不成比例，為可惜也[46]。

我個人幼年去古未遠，是讀《唐詩三百首》起家的。《唐詩三百首》和《白香詞譜》，當時幾乎是兩本中小學教科書。胡適那一輩的「第一代新詩人」（像胡適、郭沫若、魯迅、周作人、徐志摩、聞一多等等），認為這兩本只是淺顯的「入門之作」，但是對他們的學生，和學生的學生，像毛澤東、胡喬木、周佛海、周棄子等等，下及周策縱、邵燕祥、彭邦楨、羊令野（黃仲琮）諸先生，甚至包括筆者自己在內，上列兩本詩詞教科書，加上個《紅樓夢》，便是他們捧了一輩子的聖經了。他們全身的解數也都從此而出。（上舉周、邵、彭、黃四位，都是筆者個人忝在交末，舊詩作得極好的新詩人，不幸黃君已故；他們彼此之間是有其共同底「次文化」的，所以筆者才敢斗膽謬作論斷。）

我記得當年在童子軍的帳篷之內，作背誦詩詞比賽，小把戲們對上述三書之內的詩詞，就很少不能背誦全首或半首的。有的至今還可脫口而出，詩詞背誦多了，平仄四聲自然也就會脫口而出。這也就是古人所說的「熟讀《唐詩三百首》，不會吟詩也會吟」的真理所在了，可是今日苦讀袁公送我的「十大流派」的譯詩，和張、蕭兩君所編的《新詩三百首》（這部書是詩人瘂弦兄航寄給我的，以免我用哥大本之不便，順便在此致謝），就難免覺得這兩本新書，遠沒有《唐詩三百首》那本已登數百年「暢銷書榜」的老書多采多姿了。至少，那老書內的名作，我幾乎每首都可背誦，或背誦若干句。而在這兩本新書內的名作，卻一首也背誦不了。老書，連童子軍都大為欣賞；新書把個愛好新詩的老教授，都讀得好苦。這對一般讀者，尤其是童子軍帳篷內的讀者，也是個沉重的負擔和不公平啊。我們能說新詩沒有問題？這問題可能就出在這個「絕端自由主義」的上面了。

我們縱使不承認聞一多的「帶腳鐐跳舞論」，但我們卻可以看出：「絕端的自由」，就「是絕端的不自由。」因為「自由」也會專政。我們八十年來新詩的發展，就是被這個惠特曼體的「自由詩」專了政，熱愛自由的幼苗（中學裡面的小魯迅）都長不大，因為他們都被「自由」腐蝕了，做了懶詩人，再也不想去自投羅網，探討啥鳥格律了。胡適說：「情願不自由，也是自由了。」這句阿Q式的道家哲學[47]，豈是中小學裡面的「小魯迅們」所能體會的？可是小魯迅卻是老魯迅的青年期啊。青年期只讀新詩三百首、譯詩三百首，而不讀唐詩三百首，老魯迅再想回頭重練點「平上去入」的童子功，就很難了。這個「平上去入」對第一代新詩人，是厭惡舊形式而「不願」去走回頭路；但是它對第二代新詩人，就成為天大的難題，而不自知其可悲的「不會」了[48]。

好詩應該有「音」和「義」的雙重內容嘛。在中國詩歌的傳統裡，「音」可能還略重於「義」（下節再稍作補充說明）；有義無音，我們的「新詩」也就變成「啞巴詩」了。「啞巴詩」自有其啞巴美，原無傷也。但是搞出個啞巴專政，那就不好了。它不但辜負了我們數千年燦爛光輝的詩學傳統；它對童子軍帳一篷裡的小魯迅們，也是有欠公平的。再者，「啞巴美」和「無聲之美」原是美之一種嘛，但是啞巴專政，則啞巴美人本身也就很難長保福澤，甚至要僵化而死了；因為新詩如果被僵化了，那麼，在童子軍帳篷之內還在「老兵不死」狀態下的古典詩歌，就要復辟了，這已是今日文藝界裡，很顯明的跡象[49]。因此我們在世紀末談新詩，就應該有若干新的視野（some new perspectives）才好。這些新的視野為以前的詩論家所不可及見。這不是過去的論者之不如今也，那只是因為詩歌轉型，是有其顯明底階段性，前者是因為時間未到，階段未到，就難得見到新詩在後期的發展而已。

為第一代新詩人畫臉譜做心電圖

我們試一了解上列幾項重要課題（key issues）底內涵，就可試把我們新詩界的第一代的啟蒙大師們，畫畫臉譜、把把脈，做做心電圖了。對第一代新詩人，我們的授業老師們，有個通盤的了解，此後我們再去發掘二三四五代詩人，就可順流而下了。因為在這個詩歌轉型的「歷史三峽」裡，每一代詩人都具有他們共同的次文化。對他們作個通盤的了解，並不是不可能的。那麼我們第一代新詩人老師，究竟有些什麼樣的共同次文化（subculture）呢？且讓筆者斗膽試列之：

一、反傳統。對傳統「全盤否定」之後，他們就熱中於「橫的移植」，把「縱的承繼」一筆勾銷；

二、對「絕端自由主義」的落實。堅定地走向無格、無律、無韻的新形式，中西格律全盤廢棄；

三、對西洋詩學理論的無限制引進。舉凡西方的現實主義、象徵主義、浪漫主義、唯美主義、意象主義、表現主義、超現實主義、現代主義、後現代主義、具體主義、虛無主義、神秘主義、朦朧主義、諷刺主義、人道主義、愛國主義、鄉土主義、悲哀主義、頹廢主義、先拉飛主義、易卜生主義……應有盡有，並加以正確的，和不正確的本土化；

四、泛神論個人主義的濫觴。上述引進的文學內容之前，都得加一個「個人主義」的前置詞才能貫徹當時的時代精神；抒情詩也只是「抒個人之情」；一切以詩人個體的認知為主；

五、個體間絕對自由的結合。當時主要的文學社團：「文學研究會」（一九二一），「創造社」（一九二一）、「新月社」（一九二三），全係個體間絕對自由的組合，各社雖各自有其獨特的「宗旨」，但不影響個體間的思想和信仰的絕對自由。

在這一共同次文化的籠罩之下，第一代新詩人的第一個十年（一九一七～一九二七），實在是我國新詩發展史上最多采多姿的一個十年（decade）。主要的是這個傑出的第一代，在主觀的條件上（對中西傳統文學的基本訓練），使他們能夠負擔起這項文學轉型的啟蒙的使命；再則是他們的「原始性」（originality），他們不是尾巴黨，跟著人家去喊口號、貼標語；第三則是他們所倡導的那一套，還沒有變成教條和框框，一直沒有失去它應有的新鮮的氣質（substance of freshness）。在形式上，十年之間雖然始終是「一花獨放」，但是這棵獨放的玫瑰花卻十分鮮艷，看來還是人見人愛的，這就是無價之寶了。

第二三代新詩人的失落

新詩發展到第二三代就發生了本質上的變化了。這變化當然有好有壞，在拙作本篇裡，我們無法詳談第二代的出現、成長，和特質，那是一本大書，我們只能選幾個抽象的問題來談談：

首先，第二代詩人也是反傳統的。但是與老一輩卻有本質上的不同，老一輩的反傳統是矯枉過正，他們反傳統，是因為對傳統所知太多。最可悲的，正是由於他們反傳統反得失去了理性（例如北京大學連入學考試都禁用文言文），古典文學教育就被憑空的「腰斬」了。我們必需要知道，在中小學裡設古典文學課程，必需要有「師授」，尤其在音韻方面，為習作舊體詩詞所必需「切韻」的訓練，所謂平上去入平仄和四聲的區別，尤其需要耳提面命的「口授」[50]，這是一種「童子功」，是過時不候的。我記得胡適之先生曾一再的告訴我說：「我們（意指他那時在康乃爾和哥大的同學梅光迪、任叔永等人）那時都能寫很acceptable（過得去）的舊詩詞。」[51]胡適所說的是第一代。他老人家就不知道，第二代的新詩人，有百分之九十九，不但不能再寫「acceptable的舊詩詞」，連什麼是舊詩詞的概念也沒有了。因為他們在青少年期，應該可以受點起碼的古典文學教育的機會，都給第一代無理性的反傳統的反掉了……凡是對舊詩詞，有點習作經驗的作家都知道，不通平仄的學人，對詩詞是無法了解的。其原因就是在舊體詩歌裡，往往是「音」重於「義」；不知其音，就難知其義矣[52]，更可悲的還不在「不知」；而在「不知其不知」，和「強不知以為知」的「矯揉造作」了。最可嘆的，到了第三代，連找個合適的古典詩文的教師，都很困難了。余所知有大學中文系畢業的學生，亦不知平仄聲為何物。再追問之始知她系中竟不知有能掌握平反的教授，豈不可驚？

所以第一代和第二代的反傳統，其反一也。而第一代之反是對舊形式，不屑為也；第二代之反，則是對舊形式，不能為也，訓練不足，所知太少故也。寫文學史的人，如未看到第二代所受的後遺症，焉知第一代文學革命家玉石不分的破壞工作，是如何的可怕？

從抒個人之情到抒人民之情階級之情

可是天下事實難有絕對之是非。早期在第一代新詩人中氾濫的個人主義，到第二代卻逐漸的有了嚴重的約束。上節已略言之，早期那個「絕端自由的自由體」，和強調「抒個人之情的抒情詩」，原只是一種中間體制（interim institution）。我們這個半殖民地和次殖民地的「落後國家，外有諸帝交侵，內有豺狼虎豹。我們底民族心理上，哪能長期允許一小撮詩人，去享受什麼「絕端自由」？抒什麼個人之情？搞什麼象徵之愛呢？果然在國共兩黨的兩次合作，兩次分裂的談談打打的夾縫之中；和日本帝國主義長期侵略的狂風暴雨之下：接著在人民共和國建國之後，批胡、反右、四清、文革、批林、批孔底牛棚之內；和台灣的警總、綠島等等，一重重、一滾滾的時代巨輪的碾壓之下，哪還有太多的，讓個體詩人存活底空間呢？有火熱感情的詩人們，不是集體的參加革命，參加抗戰，就是集體的逃避反革命、逃避極權，所謂個人主義，就杭巴狼徹底的毀滅了。是好是壞，何從說起？這是中國文學轉型期中，通過「歷史三峽」的一段必然的程序吧。故事長著呢，恐怕縱是寫他一兩部大書，也不容易說得清楚呢[53]。

所幸，不盡長江滾滾來，三峽之水是不會斷流的，在浪淘盡千古風流人物之後，看樣子在五四八十周年的今天，知識分子的早春天氣，再度光臨兩岸。一時青草池塘，蛙聲四起。直線原是弧線的一部分，愈前進愈轉環，終點就是起點[54]。時代似乎又轉回到新詩「嘗試」的第一個十年。在八十年的一次大循環之後，再度出發，新詩姑娘，您還要走二十年代的老路呢？還是另闢蹊徑？

建一條新的高速公路

在我們搞歷史的行道之中，中國文學史原是不可分割的一部分。君不見我們的二十五史中，多的是「藝文志」和「經籍志」[55]的。我們的古聖先哲，曾在這裡紀錄了一部人類文明史中最大、最長、最光彩輝煌，也最有原始性的一部文學史、詩學史，我不相信當今世界上有任何文學史權威，敢於否定中國文學史上這項「金氏紀錄」。

我們既然有如此輝煌的過去紀錄，讓我們回頭看看我們新詩發展史上的「第一個十年」（一九一七～一九二七）。在那個十年裡，我們新詩人的第一項信條便是「反傳統」；對自己的文學傳統作「全盤否定」。這在那年頭是有其絕對必要的，因為我們舊文學積習太深，垃圾堆太大了。不破不立；不過正，不能矯枉，所以我們要大力借重洋人的推土機，來清除垃圾。非此不可也。一清八十年，玉石俱焚，結果我們在廢墟之上蓋了些不三不四的小洋房，住進了許多兩頭不通氣的「半唐番」小青年、小魯迅……這原是歷史嘛。此現象亦未可厚非也。可是現在拍去身上的塵土，考慮考慮「再出發」時，我們是否應該再走「反傳統」的老路呢？這就不待智者而後明也。相反的，我看我們根據三千年詩歌發展的經驗，可能還要走一段對傳統「再發現」回頭路，然後才能大踏步的繼續前進呢[56]。進三步退兩步，這一程序，本來就叫做辯證發展嘛。新詩人不如此做，全國千百萬大軍的舊詩詞愛好者，顯然是早已出發了。把兩個泥菩薩打碎了，混為一體，再捏出個新菩薩，似乎是避免不掉的呢[57]。

總之，在新世紀開始時，我們應該把八十一年前的老路，來改建成一條新的超級公路才好。

從最新最洋詩論看最古最老詩論

筆者近年來，由於個人的興趣關係，曾對兩岸新出版的新詩史論一類的書籍，尤其是什麼四十家、五十家詩論一類的綜合鉅著[58]，不斷的跟進拜讀，並發現新詩人像阿壠（陳亦門）先生一人便寫了一百四十餘萬字的《詩論》。真是洋洋大觀，雖白首窮經不能卒讀也[59]。然在拜讀各家詩論之餘，也有些個人的讀後感。因為這些詩論大半都是些「才子之作」，是根據作者個人靈感和少許舶來的理論執筆的。根據類似的靈感，說相同的話，就難免彼此重複；根據既不完備，亦不切貼的進口學說，來議論漢語詩，往往也鑿柄不盡相投，我就奇怪，我們傳統的詩論中，這類理論，往往俯拾即是，為何廢物古物不加利用，而偏要漂洋過海去打擾繆斯、雨果呢？再者，也有些作家寫了些長篇大論，殊不知在我國傳統詩論裡，往往幾個字就解決了，又何待乎千言萬語之嚕蘇呢？

舉例以明之，余遍讀上引八十餘家詩論之精華，幾乎每一家都堅持，作詩需有真實的情感。把他們的讜論集中起來，正不知有幾百千言也！其實說這一相同的話，孔子只用了三個字。子曰：「詩三百，一言以蔽之，曰：『思無邪』。」這「思無邪」三個字原是孔子在《詩經》裡面的一首詩〈魯頌〉上面摘下來借用的，意思是《詩經》裡面的作者寫詩，都是有「真實的情感的」；不是虛情假意的，或無病呻吟的。如此而已，沒啥深文大意。因為〈魯頌〉裡，除掉「思無邪」之外，還有「思無疆」、「思無期」和「思無斁」，相比之下可知也[60]。不幸這三個字是出於孔聖人之口，後世儒家的教條主義者，就文王后妃的畫蛇添足，寫了滿屋子的書，胡說一泡。後來反傳統的郭沫若，竟然也把這些胡說當真，而大反其孔子，實在是錯怪好人。其實古代注疏家也有作正確解釋的。朱注四書，除了引了些謬論之外，也還另有補充說：「孔子讀詩至此，而有合於其心焉，是以取之，蓋斷章云爾。」這就說對了嘛。（見《詩經》〈魯頌〉朱熹注引「蘇氏曰」）

《詩經》顯然是孔子生前讀得最熟、論得最精，也是期許最大的一部書，而這部書的本身，也是我華族文明裡最早的、最好的、最全面的，也是影響最大的一部詩集。孔子就對他的學生說：「小子何莫學夫詩。詩可以興，可以觀，可以羣，可以怨。」[61]他也對他的兒子說：「不學詩，無以言。」[62]所謂「興」便是啟發靈感和心志。「觀」就是藉以觀察政情民俗。「羣」是面向大眾，「怨」則是可以向政府和社會控訴不平。至於「言」，便是提高讀詩者的語文能力。因此詩之為用大矣哉。「邇之」可以「事父」，幫助修身齊家；「遠之」可以「事君」，也適用於搞黨搞政治，治國平天下。作為消閒讀物，也可以「多識於鳥獸草木之名」[63]。

三百零五首詩，每一首都是可以用音樂伴奏的歌詞，傳統儒家且說這些歌譜都是孔子作的，那顯然是胡說，孔子沒這大音樂天才也。但是孔子卻把「弦歌之聲」的多寡，看成一個國家、一個社區文明高低的標竿，則是事實[64]。所以《詩經》既經孔子肯定（可能更早）之後，它就登上我國詩學的「暢銷書榜」，一登三千年沒有下榜。一直等到民國六年，胡適從美國回來了，要打倒「孔家店」，它才變成孔家店裡的垃圾，變成「反傳統運動」中的最大的受害者。今日我們如果想把被扭轉的詩學，再扭轉過來，我們首先應該平反的便是《詩經》。事實上，作為一個在大中小學當了一輩子的文史教員，所讀近百家的現代詩論上所發現的理論，和要解決的問題[65]，至今都還沒跳出「詩經學」（更正確的說，應該叫做「詩學」，因為在我國古代所謂「詩」，便是專指《詩經》而言；正如說「河」便專指「黃河」，「江」便專指「長江」）的範疇。因此在本篇裡，為著替《詩經》平反的願望，也想替那坐了八十多年牛棚的《詩經》，多說幾句話。希望讀者原諒。

先從七雄分立說起。

最近曾拜讀老友、資深報人、台灣聯合報社社長張作錦先生，有關一本新書《和平七雄論》的報導[66]。此書一九九六年在台灣出版。著者王文山主張為著維護世界和平，應該把「東方邪惡帝國」的中國，分割成七個小國。這樣一來，大陸上有七雄互制，不能向外擴張，亞洲就有和平了。據說李總統深然此說，乃向日本出版商介紹增出日文版云云。

這個把大陸分割成七個小國，來他個「五霸強，七雄出」的構想，在王君和李總統看來可能認為是嶄新的幻想了，但是對我們教歷史的，尤其是教文學史的來說，那原是個千真萬確的歷史事實嘛，王君和李總統的構想，只是把中國歷史推回兩千五百年就是了。若有人為，真能把中國歷史推回兩三千年，到春秋戰國時代，自然人死病斷根，今日所謂的「兩岸問題」就不存在了。

從分裂的方言文學到統一的民族文學

胡適之先生說春秋戰國時期是「中國哲學的結胎時代」[67]，那自然也是中國文學和詩學的結胎時代；事實上在西周時代（公元前一一二二～前七七一）[68]便已編纂成書的中國第一部詩集的《詩經》，就包含了十五國的詩歌。近代中國的國學大師王國維曾肯定地說，春秋戰國時代是七國不同文[69]。戰國時代的教授孟子也說，齊（山東）楚（安徽）不同語[70]。晏子也說「橘生淮南則為橘，生於淮北則為枳」[71]，可見當時各國差異之大。所以這十五國詩歌的原文，不是用同一種文字寫成的，蓋可說是不爭之論。宋代的大學者朱熹（一一三〇～一二〇〇）就認為，這些從十五個不同國家採集來的詩歌，所謂國風者，「多出於里巷歌謠之作，所謂男女相與詠歌，各言其情者也」[72]。有的現代詩評家，如台灣的羅鏑樓先生就不同意此說，羅說文筆高雅的《詩經》是我國「最早的韻文，是文藝創作，不是里巷之人所能為」73。筆者讀《詩經》也是從幼年開始的，倒要替他二人折衷一下，並想談談《詩經》對我國歷朝詩學發展的影響，和它在當前新詩「再出發」的前途上，有沒有實際意義。因限於篇幅，在本篇中，只能濃縮成十條抽象的概念，以就教於方家，並請不惜珠玉，痛下針砭。十條如下：

（一）《詩經》〈國風〉基本上是「多出於里巷歌謠之作」，朱子並沒有說錯。

（二）但是，它底清空一氣的高雅的詩風（事實上是我們東方詩歌中的最上品之作），確非「里巷之人所能為」（里巷之人只能唱唱卡拉ＯＫ）；

（三）它一定是經過採集、編選、潤色，甚或改寫的一些複雜的程序，始有後來底形式的；

（四）這一套採集、編選、潤色（傳統所謂刪詩書，訂五經）底複雜的工序，究係何人，何機關、何單位之所為？

（五）傳統的儒家把這些工作，都派給了他們的黨魁孔丘，說是孔子（公元前五五一—前四七九）做的，我們不能相信此說，因為比孔子更早的名人，早已讀爛《詩經》，並時加徵引，哪能輪到孔子來刪訂呢？那麼

（六）這些採詩和刪詩的工作，究竟是誰做的呢？我們大膽假設：那是西周盛時，中央政府裡專管文化部門做的，它不但做了些折實的文化工作，還做了些無聊的工作，像鑄造那笨重的九個大銅鼎，來表示周天子的權威呢；相形之下，採詩刪詩，只是一件較小的希望工程罷

了；

（七）我們甚至可以進一步肯定，他們刪詩書所用的語言，是周天子所聽得懂的成周方言（洛陽話），也就是寫「周南」的方言，把它列為「標準國語」，來統一其他十四國的方言；

（八）用一句現代名詞來說明，那就是以國語來統一方言，並把由中央刪訂的三百零五首「詩」定為全國通用的詩學教科書。

（九）這本中央政府所頒的詩學教科書，一用用了三千年，一直等到民國六年（一九一七），胡適從美國留學回來，才把它當成孔家店裡的爛商品，給砸掉了。這一砸，中國詩學教育就失去了一本共同的教科書，傳統的詩學教育就被攔腰一刀給「腰斬」了。

（十）詩學傳統，也就是「縱的承繼」，被一刀斬斷；新興的「白話詩」，就全靠「橫的移植」來發育成長，而橫的移植，直至今日也只移植了無格、無律、無韻底惠特曼一家。八十年來我們的詩壇，一直是罷黜百家，獨崇老惠的，置三千年固有詩學傳統於不顧，而一味來習作洋詩，最初雖然頗能刺激於一時，搞了八十年，就「至今已覺不新鮮」，舊詩詞就要搞「復辟」了。有心的新詩人對新詩目前的僵化趨勢，憂心忡忡，對新詩就要作更進一步的「嘗試」了。

縱已中斷，橫也不足

在目前我們敢斷定的說，我們要把詩學轉型繼續向前推動，從以文言寫詩，轉成以白話寫詩，而能達到舊詩詞的水平，達到全民的認可，則「崇洋」的時代早成過去，「橫的移植」和「縱的承繼」之間的比重，顯然要調整一下了。前引青中年詩論家中，反傳統最激烈的，要算著述也最豐的新詩人阿壠了。阿壠就堅持舊詩詞「是一具現成的棺材」。寫舊詩「是對於新詩的反動」；是「發掘詩的古墓賞鑑土紋斑然的一磚一石」[74]。換言之，寫舊詩詞的人都是詩壇的反動派。新詩人如果繼續寫舊詩，則必然是革命陣營裡的叛徒。總之，阿壠對舊詩詞之痛恨，可說是到了咬牙切齒的程度。他這些火辣的話，是出之於口，見諸筆墨，出版成書於五十年代的中國大陸。那時毛主席已詩名大噪，薄海同欽。毛澤東的舊詩詞在海外幾乎也無文不譯，而阿壠的大嘴巴，竟敢如此亂說，足見他信道之篤、衛道之勇，狂熱到不要命的程度，真令我們治史者，執簡三嘆，脫帽致敬。但是驕傲與成見往往是成正比例的，新詩的使命，原是代替舊詩詞嘛。現在它不但代替不了，反而弄成一國兩詩的對立，那就有些不正常了。

在八十年的新詩發展史上，舊詩人並沒有堅決的反對新詩。他們底最堅強的堡壘「南社」，卻因新詩之出現而改組成「新南社」[75]。新南社的目的便是實驗把舊詩轉換成新詩，而新詩今日之無法替代舊詩，卻顯然是出於它本身「縱橫失調」的毛病。縱的承繼被攔腰斬斷，耦斷絲也不連；而橫的移植也只移植了一些皮毛。我們被惠特曼專政快一個世紀了，而我們卻沒有見過一位說華語的惠特曼專家呢，豈非怪事？一九九九年春節，我們在惠特曼的故鄉開朗誦會[76]，我本人不揣淺薄，就曾慨乎言之。所以我們新詩今天的問題實在是縱橫兩難，而縱的問題之緊急，卻遠甚於橫的問題罷了。

事實上事到如今，橫的移植已非燃眉之急，可以暫時不管，雖然還多的是默默的耕耘者和文化苦力在不求聞達，白首窮經，不顧生死（像筆者的亡友盧飛白教授，就把他最有天才的一生，奉獻給艾略特，而死個最凄涼之死，便是一例）[77]。中國現在正處於另一個文藝復興的前夕[78]。將來真正的中西之學俱粹的文化苦力之潮湧而出，不待蓍龜也。只是時間問題罷了。而我們新詩上，被耽誤了八十年的「縱的承繼」的問題，則有其燃眉之急，因為文化的萎縮，往往是以等加速度前進的。它不但是個永恆的文化問題，它也是一樁嚴重的政治問題，有其立竿見影正反面的效果。如上述採詩刪詩，就是以洛陽方言，助成了古黃河流域上層文化的統一，亦如中古的拉丁文和天主教，無形的把當時的西歐，約束成一個西方文明的整體。到戰國年代（前四六八～前二二一），詩已變成「六藝」之首，為七國所共同接受。先有了這個文化統一的基礎，最後才能有秦漢的政治大一統的出現呢[79]。

從舊詩的過去看新詩的未來

「詩」的功能，既然能把黃河下游各國的王室和貴族搞出個文化一統的局面，在長江流域逐漸滋長的荊楚文化、吳越文化、巴蜀文化，漸漸的也就北向歸隊（joining the mainstream）了[80]。屈原（約前三四〇～前二七八），這位中國歷史上第一個出私人詩集的大詩人，他口說的雖是北方人聽不懂的「楚語」，但他卻是熟讀三百篇的楚國貴族，所以他下筆作情詩，就融和南北，獨創了他那美麗的「騷體」[81]。搞中國文學史的權威們，不會否定吧？其後我國三千年的詩詞歌賦，那一項不是出自這兩位不平凡祖宗呢？拙篇前節所引的十多種「進口理論」，什麼現實主義、表現主義、人道主義、鄉土主義、自由主義等等，我擔保，在我們六義（賦比興、風雅頌）三百篇中，都可舉出實例來。至於什麼象徵派、朦朧派、唯美派、頹廢派、神秘派、虛無派等等，試問哪一派，在我們楚辭裡找不到呢？至於什麼三美（音樂美、繪畫美、建築美）、三順（順眼、順耳、順心）、二韻（有韻、無韻）、二情（抒個人之情、抒人民之情），詩騷二體，可說應有盡有，實在無待細說[82]。

這還限於我國在封建時代所發展出來的原始詩歌。《詩經》基本上還是從殷商甲骨文裡就已見其端倪的「四言詩」[83]。根據單音綴文字，兩音一組的自然音的結合，也就是所謂「天籟」，它的節奏只限於「三一」、「一三」和「二二」的簡單組合[84]，例如〈蓼莪〉之詩：「蓼蓼者莪」（三一），「匪莪伊蒿」（二二），「哀哀父母」（三一），「生我劬勞」（二二）。這種四言詩歌雖然無限古老，直至今日，其腔調仍頗為悠揚。筆者在國民黨政權之下做中小學生時，就唱過幾千遍「三民主義，吾黨所宗……」，那可說是四言詩經的現代版。筆者幼年時，也曾聽過叔叔姑姑們唱，「卿雲爛兮，糺縵縵兮，日月光華，旦復旦兮。」那是軍閥時代的國歌。據說那首〈卿雲歌〉，也是堯舜時代的國歌呢。比《詩經》還要早一千年[85]。

我們這個古老的國家，老得很可怕，也老得很可愛吧。這個地球上，沒第二個國歌能和我們的糺縵縵兮相比呢？《楚辭》比《詩經》晚出數百年，加上個南方風格的「兮」字[86]，真是三美兼具，二情皆抒呢。當今世界文學史上，有幾首這樣盪氣迴腸的詩歌？稍加指點，十五六歲的中學生，便可讀其原文[87]，而迴腸盪氣之。朋友，其他的文明中，沒有這回事呢！我們讀爛了惠特曼、艾略特，也可回頭讀讀更優美的離騷嘛。古漢語哪就比今洋文更遙遠呢？

七律是格律詩的最高境界

緊接著《詩經》、《楚辭》之後，西漢帝國的詩壇，就是「賦」的天下了[88]。賦是從「騷體」直接演變出來的，經過兩漢名家推動，至西晉左思（約二五〇～三〇五）構思十年之後才完成的〈三都賦〉，竟被傳抄至「洛陽紙貴」[89]的程度。賦體雖至唐宋而不衰，與五七言詩歌，和長短句的詞曲相比，它還是少數民族。直接承繼四言詩經的五七言詩，才是漢魏以降詩歌的主流。羅鏑樓教授說，「西漢無五『言』；五言詩是班固（三二～九二）和他底兄妹一家人推動起來的。他們合著的《漢書》，就是班固的《嘗試集》」云云[90]。此說雖稍嫌武斷，然足備一說。迨曹氏父子曹操、曹丕、曹植相繼在詩壇出現，五言詩從此定型，蓋亦為諸家的不爭之論。所以我國古代詩的形式，從西周《詩經》的四言詩，發展到漢魏的五言詩，實在是經過無數有名或無名大詩人的不斷實驗，前後醞釀總在八百年上下，才增加一個一字，豈不可驚？

不特此也，其後在南北朝對立之時，在南朝獨重美文學的風氣之下，詩學大盛，音韻學家沈約（四四一～五一三）等人，也「發現」了我們漢語裡的音韻的規律，斯即所謂平仄四聲是也[91]。我們之所以說發現者，因為這一規律，本與語言同在[92]，早期詩人（如詩三百篇的無名作者，和撰寫《楚辭》的屈原、宋玉等等；以及古樂府中的有名和無名的詩人）也早已遵行此一規律，只是知其然，而不知其所以然罷了[93]。沈約等人並根據這一新發現，來把古體五言詩改良，創出「四聲八病」的新理論[94]，主張詩的創作要區別「四聲」，避免「八病」。自此我國的格律詩，在無數天才詩人（可能也是四十家、五十家吧），繼續精益求精的合力探索之下，中古時期的格律詩，終於走上了康莊大道。

殊不知在南朝齊、梁之間的格律派，正風靡江南之時，他們之間也有像郭沫若、陳亦門那樣的反對派呢。那位以《詩品》一書而名滿古今的鍾嶸（？～約五一八），就認為格律太嚴了，音韻太細了，將「使文多拘忌，傷其真美」[95]。可惜的是他們反對派屬於少數，不能阻止一個時代的風氣，結果還是在駢儷文風橫掃之下，音韻愈分愈細，對仗愈來愈工。到隋唐大一統之後，天下太平，萬邦來朝，詩學也隨之大為興盛。經過南朝數百年，無數名家的精心擘畫，反覆試驗，終於由杜審言（約六四五～七〇八；杜甫的祖父）、沈佺期（約六五六～七一三）和宋之問（約六五六～七一二）等初唐大師，加以最後審定試作，始落實為五、七言律詩，至盛唐之際，「李杜文章在，光芒萬丈高」，律詩的創作水平，就進入一個前無古人、後無來者的黃金時代了。所以我國古人作詩文有「文必西漢，詩必盛唐」的最高標準。而盛唐之詩，最完備的形式，實在是七言律詩了[96]。

上節已略言之，這個七言律詩形式之完成，是經過數百年和數十位卓越的詩人，不斷琢磨才逐漸落實的。它的確是個最完備的詩型；也是全國人民所最喜愛的一種形式[97]。歷千年而不衰；直到下一世紀，可能還有好一段時間的回光反照呢[98]。不信等著瞧吧。筆者青少年期曾是個「胡迷」，相信胡適所說的每一句話。我記得胡老師曾說過，七言律詩是中國詩詞中最要不得的形式，那是一種「文字遊戲」[99]，連杜甫也作不好。我雖然有點懷疑，還是全信了。不意我後來在做胡氏助理時，一天晚間和他聊天涉及七言律詩，他竟向我嚴肅地說：「律詩是好作的啊？作好律詩要幾十年的功夫。」他並且認真的舉出鄭孝胥的「海藏樓詩稿」為例。胡老師這句話，對我簡直是晴空霹靂。後來我把胡氏此言電告周策縱，策縱竟然寄給我一部線裝的海藏樓詩稿，讓我去好好的讀一下[100]。

七律好在何處呢？短話長說一下：

（一）凡是所謂「詩」的一切好處，三美、三順、二情、思無邪、好色而不淫、怨誹而不亂、抗日救國、階級鬥爭、治國平天下、你死我做和尚、現實主義、浪漫主義、朦朧派、虛無派、下海、上床……管得你人間一切現象，任何心理狀態，杭巴狼，都可以裝到那個模型裡去，恰到好處，不長不短。你說框框限制了你的詩才，不自我設限，去放野馬，才糟糕呢。

我自己青少年期精力旺盛，不知自我約束，也最歡喜放野馬，這實在是一種不自覺的壞習慣。

（二）作律詩不比作絕句。絕句只要作一句，拿三句狗屎來配一配就好了。七律兩副對聯之外，還要一頭一尾；一字馬虎不得。所謂「兩句三年得」，所謂「吟安一個字，撚斷數莖鬚」，所謂推敲，所謂詠吟，餘音繞梁，餘味深長回[101]。

（三）七律是詩詞之母。最難作。真如胡適所說，連杜甫也作不好。杜甫的七律也時有敗筆。正因為如此，它才有「挑戰性」（challenge）也。所以作好律詩，一定要有學問，杜甫所謂「讀破萬卷書，下筆如有神」，斯之謂也[102]。另外作好七律要有詩人氣質，要有人品，才能出手不俗。子曰：「詩可以觀。」觀的另一重意義，就是讀其詩，就可以「觀」其人也。噫嘻乎，掌握律詩難矣哉。正因為如此，它才能千年不衰啊。但是它怎樣能夠慢慢地從文言轉入白話，根據上述的歷史經驗，恐怕也非一兩百年不為功也。阿壠兄亂罵祖宗，不足為訓也。

從詩詞到民歌民謠卡拉OK

在律詩極盛的盛唐，那照耀古今的長短句，也就在大唐的宮廷之內誕生了。唐詩本來是可以唱的（像李白的〈清平樂〉），只是那些麻將牌、豆腐乾，顯得單調一點就是了[103]。如今大唐風流天子，宮廷之內多的是樂工歌伎，朝廷內外更多的是學士翰林。樂工度曲，學士填詞，歌伎歌唱，真是仙樂飄飄處處聞。不過他們最先制的本是一些宮詞，到五代兩宋，就變成全國性的卡拉ＯＫ了[104]。迨樂譜失傳，而學士填詞如故，詞就變成純文學的形式了。再有些高才之士，如蘇子瞻學士，秉性不羈，隨意揮灑，詞就被帶入文學的更高層次了[105]。它從「一字句」（如：眠，月影穿窗白玉錢……）到「十五字句」（如李白的〈鳴皋歌送岑徵君〉：「吾誠不能學二子沽名矯節以耀世兮」），據後人統計，唐宋詞調多至三百七十七種[106]。詞調、曲牌的確是對詩人的一種鐐銬。但是選擇性太大了，它們就變成舞台上的道具。戴著道具的腳鐐來跳舞，那就真如聞一多所說的，越是有魄力的作家，就會跳得愈痛快，跳得愈好了。

從宋詞再變化到南北曲和散曲，那就選擇愈多，愈接近口語了[107]。再等而下之到皮黃和各種地方戲，乃至北方的大鼓、評劇，南方的評彈、小調（如黃梅調），以及近年才從日本引進的卡拉ＯＫ，都是和中國的傳統詩歌一脈相承的[108]。也都是今後新詩的遠景和溫床。記得青少年期，筆者曾聽過一次劉寶全的大鼓書，唱〈黛玉悲秋〉。他那蒼涼、悠遠，而抽之不盡的餘音，真是在秋風中飄蕩，三日不絕，……聽得我如醉如夢，不知所適。也使我再沒想到，《紅樓夢》裡竟有這樣美好的境界？今日面對螢光屏，撰編此篇時，劉寶全那一脈蒼涼的餘音，仍然在我的腦後盤旋，若隱若現。朋友，這兒有發掘不盡的金礦，發展不完的自由市場。更有觀賞不盡的名山勝水，古佛幽燈。靈感無窮。年輕的新詩人們啊，盍興乎來，回頭是岸啊……。

【附註】

1. 採自毛澤東詩〈七律讀「封建論」——呈郭老〉；但此句毛詩各版多有異辭，然主旨如一也。例如劉濟昆編《毛澤東詩詞全集詳注》，香港昆侖公司出版，一九九六年第七版，頁二九六，即作「百代都行秦政制」，字句稍異，意義全同。

2. 為向讀者解釋此一轉型現象，筆者在不同拙著內，曾不厭其詳反覆說明之，較系統的近著，則為《晚清七十年》，卷一，台北遠流出版社出版，一九九八年初版，請讀者指教。

3. 吳相湘教授退休後，定居於美國芝加哥郊區，現仍著述不停，對「胡學」尤其關心。

4. 例如新詩第三代的領袖，強調「本體論」、熱中介紹「新批評」的「九葉派」詩人，現任北京大學教授的袁可嘉先生的諸多詩論中，對新詩發展中的流弊，就時時慨乎言之。前些年袁公訪美，我們接觸頗多，我就想請他，對我們海外的男女新詩人們作場專題講演，讓大家開開茅塞，迄未如願，至今憾之。關於袁的本體論，下列的概述，頗可一讀。見潘頌德著《中國現代詩論四十家》，第四十章，〈袁可嘉的詩論〉，頁四一五～四二四。再者，遠在抗戰前，新詩人對新詩的發展便不無隱憂。新詩人王任叔就說：「中國新文學革命是以新詩開始的，而新文學發展到現在其收穫最少、最小、最微的，似乎也是新詩。朋友中一談到新詩，總是常常搖頭，覺得它沒有出路；出版者對於它的冷淡，更不必說起……」，見屈軼（王任叔）著，〈新詩的蹤跡與其出路〉，原載《文學》，一九三七年一月一日出版第八卷第一號，復印於《中國新文學大系 一九二七～一九三七》，第一集：文學理論集，一九八七年，上海文藝出版社出版，頁三一六。

5. 就以筆者老朽個人經驗來說，自從與中國第一本新詩集《嘗試集》，同時呱呱墜地之後，從小學開始，就未嘗脫離過「新詩社」。四十年代流落美國，在海外這個大沙漠裡，仍然不斷地到處尋覓新文學的綠洲。從林語堂先生父女所開闢的「天風社」，到胡適之、李金髮諸先生所指導的「白馬社」，到後來的「紐約文藝中心」、「紐約文協」（避免叫「文聯」），到今天的「海外華文筆會」（它是世界「筆會」唯一認可的非華文地區的正式分會），我都一直是極為熱心的過河卒子，未脫離過一天的關係。半個世紀以來，個人直接間接接觸過的第一、二、三、四代的新詩人，是數不盡的了。個人的經驗和觀察所得，新詩人雖用白話作詩，而他們「大眾化」的程度，實遠在舊詩詞之下；而新詩人在象牙之塔內，彼此欣賞，相濡以沫，和自我孤立的程度也遠在舊詩人之上啊。

6. 大陸上從反右到文革，一連串的反智運動，可以說把當年五四時代大師級反傳統的高知，一網打盡，反右和文革的全部歷史之撰寫，雖尚有待，既有的史料已足汗牛充棟，無待細述。例如北京大學的季羨林教授最近才發表的，文革期間他在北大坐「牛棚」的經過，便是一篇足傳千古之作。見季著〈牛棚雜憶〉，由台北《傳記文學》第七十三卷第四期（一九九八年十月）起連載。

7. 這是當代一般知識分子都耳熟能詳的故事。最普通的新文化運動史一類的書，都有較詳細的記載。二十年前，「五四」六十周年時，吾鄉友汪榮祖教授就編過一本《五四研究論文集》，一九七九年台北聯經出版事業公司出版，總四〇二頁。裡面收了些嚴肅的論文，頗供參考之外，還收了我的一篇遊戲小文叫〈『芻議』再議〉，對胡適的〈文學改良芻議〉，提出點小質疑。當時頗惹起許多胡迷的辯難。

8. 從個性和家庭生活的背景來說，陳獨秀、吳虞等人可能都說過這些話。總之，陳獨秀在民國九、十年間（一九二〇～一九二一）由陳炯明聘往廣東擔任教育委員會委員長，終以此一傳言，被排擠離粵。這是李宗仁告訴我的，似未寫入他的回憶錄。李是早年在廣州聽廣東人說的。可能也有若干真實性。

9. 胡適說這原是一時戲言。古代周公說：「天子無戲言。」其實有一言九鼎之力的大思想家，也不能有「戲言」，戲言便往往被耳食者當真。孔子就不小心說過幾次戲言，幾乎修正了儒家的道統。筆者在《胡適口述自傳》的序言裡，就說過這些小故事，但這也可看出他們戲言時的社會風氣。

10. 且看魯迅早期寫「夢」的詩：「很多的夢，趁黃昏起鬨，前夢才擠卻大前夢時，後夢又趕起了前夢。」這簡直是有韻的白話詞。

11. 詳見拙著《胡適雜憶》第五章。

12. 為一般參考，見上引《中國現代詩論四十家》，第十一章，有關聞一多的詩論。聞氏發表此議論時才二十八歲。詳見聞黎明、侯菊坤編《聞一多年譜長編》，一九九四年，湖北人民出版社出版，頁三二六～三三九。更深入，可細查《聞一多全集》。

13. 「自由體」之濫觴，實在是惠特曼於十九世末，在美國推行的結果。縱反溯至其遠在法國的始祖雨果（Victor Marie Hugo, 1802-1885），亦不超過兩百年。

14. 同註12。

15. 現在台北的舊體律詩史家羅鎬樓教授，對此即有一些辭簡意賅的敘述，值得參考。見羅著《律詩源導論》，一九九一年，台北廣文書局經銷，頁一～一二，論〈我國文字特質與文體發展〉。更深入，則需循作者所引高本漢、趙元任等所編撰的專著了。

16. 筆者自作，最可笑的，最後一首有韻的〈桑籟詩〉，竟是替一個「兄弟會」所寫的，向胡適老師慰問的探病詩，在那三首「十四行」中的最後的「四行一句」，我們向胡老師祝福說：

胡老師：好好休湊，快快出院，
沒有你走在前面，
我們真要變成
三十來歲的「老先生」。

據説胡老師讀之大樂云。見拙著《胡適雜憶》第二章第十四節。

17. 郭沫若出道甚早，壽命很長，一生牽涉黨、政、文藝、史學、考古等各方面至廣且深，是個很複雜的人物，論定殊為不易。關於他在新詩方面的成就和理論，上引《中國現代詩論四十家》即有較廣泛的概説，頗可參考。其外，哥倫比亞大學所編的《民國名人錄》（*Biographical Dictionary of Republican China*）；和龔濟民、方仁念所編的《郭沫若年譜》，一九八二年，天津人民出版社出版，對郭沫若在一九二〇年以後的詩歌創作和理論體系的形成，都有扼要的，甚至按日的記載，頗值一讀。

18. 發源於法國的 vers libre，原亦有其若干內在的不成文規律的，迨越洋一傳至惠特曼，便開始放野馬了。再傳至中國，郭沫若搞「絕端自由」，就野馬無韁了。續傳至二、三、四、五代的詩人，就錯誤地認為它就是「新詩」，新詩就是他；把無格無律的「自由詩」當成新詩唯一的形式了。台灣文壇老頑童李敖，五十歲時曾一度「閉關自守」，與人世隔絕。門旁僅留一狗洞取食。所作閉關詩曰：「五十以後，決心閉關。不見朋友，只逛書攤。專心寫作，大鬧人間。來生再見，老死台灣。」古陶淵明也有他的四十自述詩，說：「四十無聞，斯不足畏。脂我名車，策我明驥，千里雖遥，孰敢不至？」與淵明年代相去不遠的有位牧羊老處女，也作詩說：「驅羊入谷，白羊在前，老女不嫁，踏地喚天。」以前以狗肉將軍出名的軍閥張宗昌，也想學作詩，並且重金禮聘了一位遺老翰林做老師。老師替他出了個詩題叫「泰山」，張宗昌就依題作了一首「泰山詩」，曰：「遠看泰山黑糊糊，上面細來下面粗；若把泰山倒過來，下面細來上面粗。」老翰林閱後，認真地嘆息說：「效坤（張宗昌的別號）頗有詩才。」我們安徽桐城縣，也有個作詩的故事說，乾隆年間，那位辭官還鄉的張老宰相，某次聽到他的幼子，在書房裡被老師體罰，正在啼哭，老宰相乃走去一問，原來是老師出了個題目「宰予晝寢」，要小學生作八股文的破題。這小學生不好好的作，卻胡亂地引了兩句「千家詩」來塞責，所以被老師打哭了。小學生寫的些什麼呢？他寫道：「雙雙瓦（麻）雀行書案，而宰予不知也；點點楊花入硯池，而宰予亦不知也。」這兩樁事情都不知道，那麼宰予在教室幹麼呢？他在教室裡睡著了，「晝寢」了。張老宰相看過兒子的作業，不免嘆了口氣說：「又是一個翰林。」作詩要有感情，要有想像力，要有imagination。然後賦、比、興；風、雅、頌；抒小我之情（包括七情六欲）；或抒人民之情、階級之情、國族之情；抒得有詩情畫意，有濃情蜜意，不論有韻、無韻，都是好詩。哪能讓「自由詩」罷黜百家，一花獨放呢？新詩應該再出發，再解放，像李敖，像那牧羊老處女、張宗昌，和上述那個「小翰林」，都應該在鼓勵之列。目前的「新詩三百家」，悶死人也。

19. 欲知惠翁傳記及其文學影響，試翻《大英百科全書》等文學辭典，便可粗知大略也。我們當然更希望中國文學家、歷史家能寫一兩本有關惠氏的博士論文就好了。

20. 近版《大英百科全書》內有關美國文學諸章，便頗堪一讀。胡適和筆者曾在《胡適口述自傳》第七、八兩章，以及《胡適雜憶》有關新文學諸章，雖未作深入的探索，也不時討論之。

21. 有關惠氏的經歷與影響，上引《大英百科全書》還是最簡單、扼要的一種，足夠一般大中學生參考。

22. 胡適與韋女士的友誼，也是一種傳統中國才子佳人的海外版。男主角要不是胡適，那些故事也就與草木同朽了。沾上胡適，故事就說不盡了。吾友周質平教授今日可算是研究這一題目最權威的專家了。見周質平著《胡適與韋蓮司：深情五十年》，一九九八年，台北聯經出版事業公司出版，共二三一頁；周教授另編有《胡適早年文存》、《胡適英文文存》等多種。

23. 見《胡適口述自傳》有關諸章。

24. 在上引《中國現代詩論四十家》裡，作者的摘要也頗有可取，值得參考，見該書第三章。

25. 且讀郭沫若〈天狗〉一詩的最後一節：

我飛奔，我狂叫，我燃燒，
我如烈火一樣地燃燒，
我如大海一樣的狂叫，

我如電氣一樣的飛跑。
我飛跑，我飛跑，我飛跑，
我剝我的皮，我食我的肉，
我吸我的血，我嚼我的心肝，
我在我神經上飛跑，
我在我脊髓上飛跑，
我在我腦筋上飛跑。
我便是我呀！
我的我要爆了。

這是二十世紀的初年啊。中國青年被兩千多年的禮教，和宗法社會裡的父權、君權、八股文和宗法婚姻，綁得氣喘不出，屁不能放。好了，這一下徹底解放了。不但青年的郭沫若「要爆了」，千千萬萬和他同時的中國青年都「要爆了」。大家一齊爆，大家集體跳大海，大家一道跳火山，我的我呀，我的我要爆了。這正是大家的心境。郭沫若帶頭一呼，大家就一道「爆了」嘛。記得我們在重慶的時代，曾找了個四川同學，用四川腔，大聲朗誦〈天狗〉。朗誦到「我的我呀。我的我要爆了。」全場都跟他一道「爆了」，好不過癮！新詩是「白話詩」嘛。我手寫我口，所以，「鄉土性」萬般濃厚，「我的我呀。我的我要爆了。」如不用四川話來念，才不知其中的真味道呢。後來我們在紐約也曾要艾山用他底廈門話朗誦他底朦朧詩〈魚兒草〉，也是美的不得了。我們也曾嘗試請李金髮大師用國語來朗誦他的「妒婦」，聽到李公「廣東人說官話」，我們才知道中國朦朧詩，柏楊戲說它是「打翻鉛字架」，是怎麼回事？後來我們在紐約市大，也曾找了些中國詩人，開過一次「中國新詩鄉土性」的研討會，大家的經驗談，就網羅更廣了。總之，新詩的學問大矣哉。「新詩老祖宗」當年發明新詩時，哪知道其中還有這麼多經緯？

26. 上引《中國現代詩論四十家》中，論郭氏早年一章，頗能概括之，值得推薦。

27. 「創造社」與早它數月在北京成立的「文學研究會」，基本上是同一類的組織。只是前者是留法學生的結合；後者則是留日學生的玩意兒，稍後的「新月社」（一九二三），則是留英美學生的俱樂部。「新月社」原非單純的文學團體，它是雜糅學商政各界新人物一個真正的俱樂部。那時正值印度的諾貝爾詩人泰戈爾訪華，中國發生了泰戈爾熱。泰氏名著中有《新月集》，熱心人士乃以「新月」名其社交俱樂部。直至一九二八年徐志摩、梁實秋等發行《新月月刊》，「新月社」才被認同為詩社。此是胡適或梁實秋告訴我的？已不復記憶矣。那時的軍閥政府還沒有學會控制青年；國共兩黨也還在學步，所以文藝青年可以物以類聚，自由結合，留法、留（英）美、留日和後來的留俄學生，那時都是不同種類的動物，有其不同的思想方式和生活習慣。因此郭沫若不願加入留歐學生的集團，而與郁達夫、成仿吾等於一九二一年夏季在日本自組其「創造社」。他們由動議到組織，上引《郭沫若年譜》，都有按日發展的詳細紀錄，足補早年出版品大而化之的不足。這時代的「留日學生」都精通日語，不像辛亥前留日革命黨日語之二百五也。再者，這時新文學剛剛誕生，出版業市場興旺，文藝青年多為出版商羅致的對象。他們一旦能掌握到一個時髦的期刊，編者、作者都是名利雙收的（有時甚至可以暴得大名，以致一夕成名），所以那時有才華的青年人，搞文藝也是一種變相的「下海」。

28. 在新文學運動初起時，因為這是個新興的青年行道，為之乎也者的老輩之所不能，以致所有重要據點往往都掌握在一些小毛頭之手（尤其是有此傳統而又得風氣之先的江浙青年）。例如宗白華（常熟人）就以一個二十二歲的毛頭年齡，主編那地位崇高的上海《時事新報》的〈學燈〉副刊，才看中了郭沫若。這個副刊抗戰期間繼續在重慶發行，還是由宗白華主編。那時宗氏已是國立中央大學的哲學系主任，教授美學。筆者本人就從頭到尾旁聽之，而深受其影響，且曾寫過一篇美學論文〈子路的人格美〉。此文本想在「學燈」發表，但是「學燈」這時已是清一色資深教授的陣地，毛頭作家就望而卻步了。

29. 見上引「新文學大系，一九二七～一九三七」，穆木天論《郭沫若的詩歌》，頁七二七。

30. 見哥大編印《民國名人錄》，〈郭沫若傳〉，並見《中國現代詩論四十家》，〈郭沫若詩論〉。

31. 很多學者，包括郭氏年譜作者，憑其譯作和傳聞而臆斷之，每都認為郭氏能讀通德語和英語，其實所謂「通順」的層次很大，從郭老的著述和言談，他精通日語，蓋無疑問。至於他能在日本苦讀醫科之外，尚能兼修英德語文，而兼通至隨意翻譯名家詩作的程度，蓋為事實所不許。吾之亡友顧獻樑，清華大學外文系畢業，曾是我們白馬社的社長，生前就時常戲言曰：「留學最大的好處，便是能拆穿老留學生的西洋鏡。」其語雖謔，卻是事實。筆者幼年曾以為旅美華僑個個人都能說流暢英語，既抵此邦，始知僑社華裔有百分之九十不通英語，事實與想像之間，非親身體驗，不知其距離之大也。我們如能把西文詩歌譯漢，譯到信雅達的程度，對原文非精通不能為也。根據五十餘年觀察的經驗而斗膽言之也。

32. 胡適先生生前也常常說：「郭沫若早期的新詩很不錯。」見拙編《胡適雜憶》第三十一節。但是郭老早年那種「我的我要爆了」的詩風，和他老人家晚年的作品，就有霄壤之別了。故云。

33. 我在美國所教的嬉皮學生們的變動，也是令人感嘆的。個人隨筆中，也曾不時提到，不多贅矣。

34. 見千教授給筆者的私函，選載拙著《書緣與人緣》，一九九一年，台北傳記文學出版社出版。《千家駒論胡適》，頁三一～四一。

35. 楊子原書已佚；輯佚散見胡適、馮友蘭、侯外廬諸家哲學史。

36. 關於胡適與杜威，見《胡適口述自傳》第五章；不才評註已多，不再贅。

37. 羅素、盧梭、康德、黑格爾、馬克斯、列寧、史達林、傑弗遜、林肯……無不皆然。對他們的社會和歷史背景，全然無知，只把他們的哲學鉅著，倒背如流，未有不誤人誤己的。因為這些社會哲學都是具體事實的抽象化。只知其抽象教條，而不知其具體史實，就必成為害人害己的教條主義者。教條主義者是中國近代政治社會文化大轉型期中，最可怕的惡魔。

38. 近人評象徵派的李金髮和現代派的戴望舒的詩，說：「李的句子太拗了，我們沒法念下去，反覺有詩，戴望舒的句子太順口了，讀來不詩不詞，反覺其俗……。」見「新文學大系，一九二七～一九三七」，頁二三二。真能得新詩之三昧。新詩就是這樣古怪的東西，我們當年想向李老師拜山門，也是出於這一心理。妙極。

39. 梁宗岱也是一位極富傳奇性的象徵派詩人。晚年曾在文革中受盡屈辱。死後其第三位夫人甘少蘇曾出版一部簡短哀艷而情真意切的傳記性回憶錄《宗岱與我》（原重慶出版社出版），經《傳記文學》分六期連積轉載（六十九卷第四期，一九九六年十月號起分六期刊畢），在海外亦傳誦一時。此為對梁詩人生平報導最詳盡的一本書。作者甘少蘇為一僅受初小教育的粵劇演員，她在舊社會內，由於社會地位低下，受盡折磨，曾兩度自殺未遂，最後竟變成梁教授的紅顏知己，他二人的生死之戀，讀來令人盪氣迴腸，允為現代中國文學上的不朽佳作。孔子所謂「思無邪」（真實的感情）這就是個現代文學中具體的例子。梁氏是我國第一代的新詩人，真正精通英法文：能以法文在法語高級詩刊中發表創作和譯作：德文、義文亦能閱讀。難得的是她對本國傳統的舊詩詞，亦有超過水平（胡適所謂 acceptable）的成就。他對新詩的格律亦有其獨到的看法與實踐，不失為我國文學轉型中，極其難得的人才，我們需要更多像梁氏這樣的人。可惜在梁氏有生之年，仍是「自由體」的天下。宗岱雖改革有心，不幸他與他底同宗前輩梁啓超一樣，未能盡展所長，便被折磨而死，亦中國詩界之不幸。上引《中國現代詩論四十家》，對梁的敘述亦頗中肯，值得推薦。不可解的是張默、蕭蕭主編的《新詩三百首一九一七～一九九五》（一九九五，台灣九歌出版社出版）竟將梁宗岱、宗白華等重要詩人剔除，這就不止是「遺珠之憾」了。不知何故？

40. 這是「自由體」專政的結果。「格律派」失敗之後，詩的形式，別無選擇也。

41. 柏楊著「柏楊詩抄」，一九八二年，台北四季出版社，一六五頁；張香華著「千般是情・張香華詩集」，一九八七年，台北漢藝，六十九頁；張香華著，王渝選，唐德剛序，「只緣身在此山中」，一九八七年，香港文藝風，一五一頁。

42. Bo Yang, *Poems of a Period,* Translated by Stephen L. Smith & Robert Reynolds. Hong Kong, Joint Publishing Co., 1986, 155pp; Shiang-hua Chang（Mrs. Bo Yang）, *Sleepless Green Grass and 68 Other Poems*（不眠的青青草）. Translated by Stephen L. Smith, Hong Kong: Joint Publishing Co., 1986, 151pp.

43. 袁可嘉主編《歐美現代十大流派詩選》，一九九一年，上海文藝出版社出版，八七九頁。

44. 「白馬社的舊詩詞……重讀黃克蓀譯『魯拜集』」，載《書緣與人緣》，一九九一年，台北傳記文學出版社出版，頁二七九。

45. 見《胡適口述自傳》，第七章，註九。

46. 見註39。

47. 見《嘗試集》，一九一七年一月十六日，〈病中得冬秀書〉，原文是：「豈不愛自由，此意無人曉，情願不自由，也是自由了。」

48. 第一代的新詩人，可以說每人都受過舊詩詞習作的訓練，而精通四聲平仄的。胡適之先生就一再自負的說他在青年期論詩的朋友，個個都會作「acceptable 的舊詩詞」。我當時就提醒他，第二代新詩人顯然是百分之九十九都不通平仄了。第二代所以不通的道理，實在是他們學習平仄四聲的機會，被第一代新詩人給腰斬了。因為平仄四聲的練習，正和學習外國語一樣，是要老師親自動口，來耳提面命的。書本上是學不到的。那時又沒有錄音機，老師不動口教授，就一輩子也學不會了。最可悲的是第二代新詩人，不知其無知，有時還要來亮幾句舊詩詞，讓內行讀起來，起雞皮疙瘩。蘇格拉底說，一個人最可悲的是不知其不知。當今有許多大師級的新詩人，和講座級的文學教授，亦不知其不知。這都是當年第一代的文學革命家，搞「破壞」、搞「打倒」底，貽誤後學，無法補救的後遺症。使無數的第二三代大師級權威，終身不知其不知，可悲孰甚？可慘孰甚？吾之故友施子渝教授，西南聯大國學研究所畢業，留學哥大。回國後曾在武大執教，他就作過一番調查，發現大學文科學生十九皆不通平仄四聲，不通平仄就不可能完全了解舊詩詞（胡適亦如是説，所有能習作舊詩詞者，蓋亦同意此説），因此他作詩，曾有「三千學子盡詩盲」之嘆。據施子言，其更可悲者，為「文盲」尚有自知之明；「詩盲」則不自知也。

49. 在今日海內外説華語的社區裡，除掉自命為「新詩人」，或中學裡的一些「小魯迅」們之外，感時、頌善、傷懷的多情人士，他們偶要「口占一絕」，多採取舊詩詞的形式。幾乎壞到沒有一個人願意採用新詩形式來表達的程度。首先看看身為職業工程師，貴為國家元首，頗有詩興和文藝天才的江澤民主席。他就作了不少四聲協調、八病無多的舊詩。江公最近的作品，見《中華詩詞》，一九九八年十月十七日北京出版，封底原件影印。其原詩並序言如下：

一九九一年，第三次到吉林。舊地重遊，借感親切。恰逢霧松奇景，滿樹冰掛，欣然秉筆，寫下「寒江雪柳，玉樹瓊花，吉林樹掛，名不虛傳」。一九九八年三月「兩會」期間，吉林同志索句京華，憶及舊景，思往事，吟成七絕二首：

寒江雪柳日新晴，玉樹瓊花滿目春；
歷盡天華成此景，人間萬事出艱辛。

又是神州草木春，同商國事聚京城；
滿堂共活中興事，萬語千言赤子情。

再看看胡耀邦的遺詩（似是寫贈林希翎女士的），絕句三首：

霜月皎皎到中庭，弱女濃妝理素琴；
窗前咽然一聲響，料是孤鴻落寒汀。
世事匆匆各浮沉，風雲叱咤多女英；
死神面前猶奮筆，君是巾幗罕見人。
滄桑變化尋常事，人間悲歡最牽魂；
誰個偷得蟠桃果，憐取卿卿錦繡文。

再看，華裔得諾貝爾首獎，新詩發源地北大（戰時的西南聯大）出身的物理學家楊振寧，偶發詩興時所採用的也是舊形式，雖然他的平仄略有拗訛，見《楊振寧文集》，上海華東師範大學出版社出版，上冊，頁四六一～四六二。不像上面胡耀邦詩的俗氣，楊氏對詩倒頗有「慧根」。且看他在一九七八年夏飛西藏途中，即興之作的兩首絕句：

玲瓏晶瑩態萬千，雪鑄峻嶺冰刻川；
皚皚逼目無邊際，深邃凝靜億萬年。
塵寰動盪二百代，雲水風雷變幻急；

若問那山未來事，物競天存爭朝夕。

此兩詩頗存哲理，楊兄如競新詩「朦朧體」來寫，一定更美。他之所以用絕句形式來寫，顯然是他喜愛舊詩詞，而對新形式沒胃口也。是耶，非耶？再看台灣許倬雲院士的即興之作，載於一九九七年十一月十四日台北《中國時報》的兩首絕句：

舒卷白雲自慵懶，酡罷青山更嫵媚；
留取霜紅當照眼，吩咐鴻雁不南飛。
雲淡風輕曉月殘，楓丹露白黃花寒；
紅葉封緘付燕子，街回春色遍青山。

這兩首絕句拗救不易。其實許兄如用「胡適之體」的新詩形式來寫，就方便多了。許院士之捨新取舊，顯然也是出於喜舊厭新之情結也。這一類的例子，是舉不完的了。新詩之為何不討象牙塔外之人的喜愛，就值得新詩人們三思了。

50. 《律詩源導論》的作者羅錡樓氏，為補救此一缺陷，乃於書末附一錄音帶，以便讀者聽音自學，倒不失為一項教詩的科學方法。見羅錡樓傳授「詩聲」錄音帶，作為上引〈律詩源導論外一章〉，由台北市統一語言中心發行。有心的詩學師生倒不妨一試羅氏的新辦法。

51. 胡老師當年向我說過無數遍，我亦錄之於他的自傳和我的雜憶。

52. 例如傳誦千年、和者不絕的杜甫的那個〈秋興八首〉，就是個標準的「音重於義的創作。念起來（應像上引羅鏑樓教授那樣搖頭擺尾的去「詠吟」一番），實在是意思毫無，而聲調鏗鏘也。讀者不妨試看、試吟、試聽，以下的杜甫名句：

西望瑤池降王母，東來紫氣滿函關；（李鴻章訪英倫時，曾借用此兩句，題維多利亞女王紀念冊，真是天衣無縫，然此兩句本身實意思毫無，而聲調鏗鏘。）

香稻啄餘鸚鵡粒，碧梧棲老鳳凰枝。（倒裝句法，漂亮之極，注者習者千人，意思毫無。）

53. 見註2。

54. 一九九八年秋季，紐約曾舉行過一次國際研討會，在中國新詩組裡面，我曾榮幸地和在海外，乃至港台都享有盛名的新詩界老友鄭愁予和卓以玉兩教授，共同地「朗誦」自己寫的「新詩」。他二人都朗誦了數百言惠特曼「自由體」的長篇大作，我只附庸風雅的念了一首。早年新詩前輩所界定的，所謂冰心派的雙語「小詩」〈還鄉〉；拙詩就提到「直線是弧線的一部分」，因為全詩很短，故附錄於此，供讀者一粲。詩曰：

拚命地向北飛，愈飛愈遠，飛到了南方。（飛越北極圈抵東京）

直線原是弧線的一部分愈前進：愈前進，愈轉環；終點就是起點。（東京飛香港）

離開了故鄉，漂流到最遙遠的地方；那最遙遠的地方，便是故鄉。（香港飛合肥）

另一位朗誦者，則是藏密黑宗的林雲法師。他念的是以舊詩形式寫的詩偈。會內會外，我也和鄭愁予詩人，懇談了數小時之久。愁予就始終肯定那無格、無律、無韻底，惠特曼體的曲 free verse（自由體），仍為今日中國新詩的主流也。

55. 在近代社會科學在西方萌芽之前，我國傳統史學實獨步全球，學術史尤為可觀。如正史中的《漢書·藝文志》、《隋書·經籍志》，皆是光耀史冊的世界性鉅著。它們的長處是包羅萬有，辭簡意賅。使讀史者對浩如煙海的一朝學術成就，可以提綱挈領，一覽無遺。這是我國史學最突出的優良傳統之一。我國近現代的文學轉型，是多麼複雜的一本文化史。為使行內行外，對這項複雜的歷史都能提綱挈領，一覽無遺，現代史家實在有義務向傳統學習。

56. 在詩的形式從一個定型，向另一個定型發展時，例如從四言，到五言、七言，到長短句，到不定型的自由體，往往都呈現出一種進進退退、退退進進的現象。這現象沒啥費解。因為任何社會文化和政治制度向前發展，「冒進」實在是避免不了的程序之一。冒進遇到挫折，那就退回一步來整補，再繼續前進。這一程序，在唯心唯物的兩造辯證法中，便叫做正反合或對立統一。人民中國在大躍進期間，毛澤東就不顧一切的盲目冒進，等到出了亂子，搞到人相食了，劉少奇來收拾爛攤子，劉的口號，便是退、退、退，繼續的退了。老實說，我國近現代新詩，發展至今日，幾乎也已搞到詩相食的地步了。就要經過一個整補階段，才能繼續前進。這現象，哲學家名之曰「辯證」：史實學家（factual historians）則名之曰「復古」。身為新詩人，同時也是近代中國治文學批評史的大家郭紹虞教授，在他底大著裡，就前進、前進，復古、復古，說個不停。見郭著《中國文學批評史》（上），一九三四年，上海商務印書館初版。作者把第二、三、四三篇（包括周、秦、漢、魏、南北朝），說成演進、演進；把第五、六兩篇（隋、唐、五代、北宋），說成復古、復古。可是我們如把他的演進、復古易位，全書內容，可保持原形一字不易也。前進後退，後退前進，本是歷史之常觀。

57. 近年來在北京出版的《中華詩詞》裡，兼通新舊的名家像邵燕祥諸先生也曾不斷的呼籲，要新舊詩合二為一，但成效不著。主要的原因是經過八十年的對壘，雙方門戶之見已牢不可破。一般舊詩人們在胡適、郭沫若、魯迅、聞一多等前輩不斷的「嘗試」之後，繼起者顯然認為這一嘗試是失敗了，所以他們對新詩就完全失去了興趣。像在知識青年中頗有影響力的天才（舊）詩人也是「左聯」精英作家的郁達夫和瞿秋白，以及浪漫詩人、文學和尚的蘇曼殊等人，按理都應該是新詩的大護法，但是他們都絕筆不寫新詩，何以如此？就發人深省了。

再看在美國華裔文學界曾有「東夏（志清）、西劉（若愚）」之譽的已故中國文學教授劉若愚，劉教授向西方文學界介紹中國詩學，著作等身。他自己所撰的舊詩，雖遺作無多，然無一而非上品，允為當代旅美華裔舊詩人成就之巔峰，鮮有出其右者。按理劉教授也應該是推動新詩的大護法了，筆者偶翻劉君遺著《中國的詩藝術》（*The Art of Chinese Poetry*）及其他著述，每為之感嘆不已，而嘆其短命也。劉君以其生花之筆，可以說服他底西文讀者，而不能說服他本民族晚輩詩人。非晚輩比洋學生更為頑劣，實在是晚輩新詩人為他們的第一二代長輩詩人所誤，而無能為力也。他們的第一代，如胡適、郭沫若，誤在矯枉過正；二代，則崇洋不化，為政治所誤導也，下節再續論之。

其實這些現象也不難理解。第一，從比較文學的任何角度來看，新詩這個還在成長期中的青年，沒那一方面能和他底父祖輩的舊詩詞，可以平起平坐的。因此除非有志作「文學改良」或「文學革命」的仁人志士像胡適、魯迅、徐志摩、聞一多等人，為改良，為革命要來嘗試新詩體；一般文學愛好者像上引郁達夫、瞿秋白，乃至楊振寧、江澤民、胡耀邦、許倬雲（甚至晚年的魯迅、胡適、郭沫若自己），為遣興而「口占一絕」，他們在兩種詩的形式中，就選擇那個多彩多姿的舊形式，而捨棄單調的（惠特曼體）底新形式了。雖然他們之中，有許多還是愛則有餘，懂則未必也。蓋懂的人固知所藏拙；不懂者，膽子就更大了也。

第二點便是，二三四五代的新詩人，也很少不愛舊詩詞的。這本是我們祖國文學最優秀的傳統嘛；為西洋文學中所無與倫比的優秀傳統嘛（引自劉若愚和劉紹銘的對話。劉紹銘教授現任香港城市大學文學院院長）。可嘆的是二代以後的新詩人之間有百分之九十九的絕大多數，對舊詩詞的習作和欣賞能力，卻被第一代的文學革命家和文學改良家，無端的閹割了而不自知；更可悲的卻是不知其不知，而誤以為知，吾亡友施子瑜教授所謂「三千學子盡詩盲」是也。我想能寫幾句舊詩詞的人，大體都會同意的，凡是對那有自然規律的漢語音韻（簡化之是所謂平仄四聲）不能掌握的詩人和學者，不但絕對不能搞舊詩詞習作；他們對舊詩詞的欣賞能力，也會大打折扣。原因很簡單：在中國傳統的詩詞裡，一般都是音重於義的，二者之間的輕重，至少也是五十對五十吧。不諳其音之抑揚頓挫，焉知其義之深淺高低。這只可與知者言，不可與不知者道也。但是對音韻的掌握，在那錄音機尚未普及的時代，就得全靠師授，不幸這個已有三千歷史的師授傳統，卻無端的被第一代的文學革命家，在孔家店裡玉石不分的全給砸掉了。因此早年本是國民教育基礎的文言文學底初級教材（《儒林外史》上所謂「三百千千」：《三字經》、《百家姓》、《千字文》、《千家詩》，再加上些較高級的《唐詩三百首》、《古文觀止》、《白香詞譜》等等），都被一下給廢除了，甚至禁絕了。在這一矯枉過正的教育政策之下，無緣接受古文學基礎訓練的第二代新詩人，就變成無法補償的受害人了。在他們之中包括許多大師級的天才詩人像艾青、臧克家諸大師級人物；乃至有元帥詩人之稱的陳毅將軍，都是第一代搞過火革命的直接受害人，再加上二代詩人過分的政治化（見下節），就更是難以回頭了。

我們不妨且把陳毅詩作，做個「個案」（case study），來稍加分析。早歲留學法國的青年陳毅，便是個勤於寫作和翻譯的新詩人。他以「曲秋」筆名所發表的新詩，頗可一讀（見上海師範學院所編的「內部資料」《陳毅資料選》）。但是中年以後的陳毅卻對舊詩詞情有獨鍾，他老人家在舊詩詞方面，也有極高的慧根，但是他是四川人，不經嚴格校正，他就每每把平入二聲互用了。平仄不調的舊詩詞，讀起來是會令人起雞皮疙瘩的。陳氏有自知之明，不得已，只好上書去請教那日理萬機的詩人主席毛澤東。毛氏回信，不好直說他不通平仄，只能委婉地，轉彎抹角地，不著邊地的勸說了一番。這位老中學國文教員出身的毛主席，固深知要習作舊詩詞，就必須從搞通平仄的ABC做起，是為詩詞教育中的不二法門也。但是主席對元帥不好直說也，悲夫?!（見袁德金著《毛澤東與陳毅》，一九九八年北京：北京出版社出版，頁二六三，錄有毛澤東於一九六五年七月二十一日，復陳毅論詩函的全文。）

陳毅（一九〇一～一九七二）就是主張新舊詩應該合二為一的，但是他不幸也是個「第二代的受害人」，由於對傳統的平仄四聲缺少基本訓練，請教毛主席，主席又對他客客氣氣，不肯耳提面命，元帥詩人，雖有意搞合二為一，也就永遠只是個夢想了（關於陳氏的詩論，可參閱蔣洪斌著《陳毅傳》頁六九二～六九七。頗有些真知灼見）。

事之可惜，固不止於陳毅一人也。吾人如對現代中國新文學史，稍有涉獵便知，當年像陳毅那樣大有才華底，千千萬萬個第二代新詩人，竟被一個專搞革命文學，而絕對反傳統的政治團體，一網打盡了。西諺所謂「把所有的蛋都收到一個籃子裡去」，（put all the eggs in one basket）因而這一籃之內的雞鴨蛋也逐漸醞釀出一種排他性特別強烈的共同氣味。

用個時髦的學術名詞，那就叫做「共同次文化」（common subculture）吧。在這一共同認知，和統一領導的激盪之下，你吹我打而自以為是。這一來，我們那個本是百家爭鳴的新文學運動，就被恢復到「罷黜百家，獨崇一術」的老傳統上去了，這就是我們在三十年代始出現的第二代新詩人，在文學轉型期的重要特徵啊。

這個統一了第二代的政治團體，便是所謂「中國左翼作家聯盟」，簡稱「左聯」。直至今日，我們的文藝界，還在津津樂道的所謂中國新文學「黃金時代」的「三十年代的作家」。君知否？所謂「三十年代的作家」，尤其是新詩人，這時幾幾乎是一字號的「左聯」的「盟員」，他們是當時中國文藝界的正規大軍。凡是一些沒有加盟的個體文藝游擊隊員，跟他們那個浩蕩大軍相比，簡直是頑石之與泰山也。他們在剿滅或收編了這些小游擊隊之外，也以農村包圍城市的戰略，把胡適、周作人那一派裡的文藝大紳糧，一舉都趕入象牙塔內，孤立了起來。因此談文藝論新詩，所謂三十年代，就是左聯的天下了。

「左聯」（一九三〇～一九三六）這個現代中國新文學運動史裡面的大霸王，又是怎麼回事呢？長話短說：他是當時推動世界革命運動的「共產國際」（亦名「第三國際」）在中國所建立的一個文藝灘頭堡。是一個公開的秘密組織。所謂「世界革命」，原是資本主義在十九世紀出了毛病而引發的一種有世界性的社會運動。信徒如雲。但是在「第一國際」和「第二國際」相繼癱瘓之後，俄國的十月革命成功了，列寧乃繼起組織了「第三國際」，故亦稱「共產國際」。中國當時是共產國際推動世界革命運動的最大的也是最重要的目標。他們要在中國建立各種灘頭堡，以便深入革命。為擴大政治運動，他們就選中了孫中山；為掌握中國的文藝界，他們就選中了魯迅。「左聯」便是他們在說服魯迅之後，在魯迅大旗之下，公開的秘密組織。孫中山和魯迅都不是共產黨。他二人也各有他們自己的「主義」。但是孫畢竟還有個自己的黨，可以向國際討價還價；魯迅只是一個人，只有聽命於國際的安排，因此左聯也就變成一個百分之百的共產黨的組織了。

「左聯」是在一九三〇年三月二日，以魯迅為盟主，在上海公開成立的。表面上它只是中國民間的一個文藝組織，實際上它是「國際革命作家聯盟」的中國支部，是個黨的機關，一切聽命於黨（共產國際和中共中央）。會內有「黨團」、「執行委員會」、「秘書處」，由「黨書記」總攬會務。在中國各地和海外僑社設有分部，駐國際則有「長駐代表」。因此左聯是共產國際為推動世界革命，在國際文藝戰線上一個衝鋒陷陣的尖兵站和灘頭堡。外寬內緊，它是有它底鐵的紀律，和為特殊政治目標服務的文藝政策的。換言之，在共產國際的戰略部署之下，文藝只是一種政治工具。因此也只有「左翼作家」或「紅色作家」，才是進步作家：其他右翼作家，或為文學而文學的中間作家，全被飭為「落伍」、「反動」和「反革命」……左聯在這方面的工作做的相當徹底。它不但把剛在學步中的第二代新詩人一網打盡；它甚至徹底扭轉了現代中國文藝界的價值觀念，把「左派」代表「進步」；

右派代表「反動」；「紅色」代表「革命」；「白色」代表「恐怖」，弄得深入人心。君不見，十年前的天安門事件，坦克上街，機槍橫掃，那分明是一種「紅色恐怖」，但是連被掃得灰溜溜的「民運人士」們，卻偏偏把它說成「白色恐怖」，豈不怪哉？可是稍知國際共產運動的歷史家們，就知道它無怪可言了。

可是左聯的生命卻是短促的。在它還不足六歲的時候，共產國際的文藝政策就改變了。為配合新的抗日統一陣線的運作，國際乃決定解散左聯。盟主魯迅當時曾持反對意見。但是國際的指令是有其「絕對性」的，不容違反。可是魯迅仍主張發表一解散宣言，以免外界誤為潰散，國際也未接納。因此一個本是轟轟烈烈的民間文藝社團，在左聯駐國際革命作家聯盟的代表蕭三，遵照中共駐共產國際的代表王明（陳紹禹）和康生（張宗可）之命，於一九三六年初，就無聲無息的解散了（見姚辛編著《左聯辭典》，一九九四年，北京光明日報出版，頁五）。

「左聯」盛時約有盟員四百餘人。今日仍有姓名可考者，共二百八十八人（見同上，頁三〇～二五九，左聯盟員簡介）。在這二百八十八人中，筆者曾將他們的年齡略作統計，大致只有魯迅（盟主四十九歲）、郭沫若（東京支部負責人上，三十八歲）、洪深（三十六歲）、蕭三（駐國際代表，三十四歲）、茅盾（三十四歲）、郁達夫（三十四歲）、田漢（三十二歲）、瞿秋白（三十一歲）等十九位元老年齡超過三十歲。其餘絕大多數，包括黨團書記（如丁玲，二十六歲；夏衍，二十二歲），都是二十上下乳臭未乾的小毛頭。但是莫瞧毛頭人小，卻「黨性」堅強，幹勁沖天，信心十足，下筆萬言，詩歌千首，倚馬可待，著作等身。他們是左聯裡的「小長毛」、「紅衛兵」，也是各大中學和街道文藝青年中的「小魯迅」，是左聯真正的主人，完全聽命於國際，執行「國際路線」底最忠實的「左翼作家」；也是左翼文藝戰線的哨兵、警犬、公安和打手。不用說左聯的盟主副盟主，魯迅和郭沫若被完全架空，那些三十來歲的「元老」：瞿秋白、田漢、郁達夫、洪深、茅盾，也都被迫俯首聽命，乖乖地靠邊站。他們自己之間，像夏衍、周揚（周起應）、胡風（張光人）等小把戲，問題也是吵不完的；吵到後來，簡直就動刀動槍，殺三代，誅九族，死而後已。魯迅那時被他們捧成一個高高在上的大花瓶。做花瓶還不安分，亂提意見，就要被刮鬍子了。

讀者知否？所謂二十年代的中國文藝，那就是「創造社」、「新月社」的天下。一到三十年代，他們就變得人老珠黃，明星褪色。因此所謂三十年代的文藝，就是左聯這批毛頭的天下了。三十年代的初期，筆者本人還在讀小學和初中，記得校中和家中的文藝讀品，簡直是一字號底左翼文學。我們那批青少年讀者，對他們頂禮崇拜，模仿學習，可以說到了入迷的程度。當時那批在校的毛頭，怎會想起他們的偶像，也不過只是大於他們五六七八歲的大毛頭呢？今日反思，實覺可笑。可是今日我們如用老教授的「社會科學」來解釋一下，那現象原是現代中國文學轉型運動中免不了的必然啊！沒啥稀奇也。

但是這批毛頭作家，雖然幹勁沖天，信心百倍，居然筆桿出政權，打出一片文藝天下來，建立了近代中國文學史上「三十年代文藝」的小朝代，可是他們也有個共同的、基本上的缺點，那就是吾友夏志清教授的口頭禪：「沒有學問。」需知當時共產國際的文藝路線，是要消滅民族文學的。他們對中國所實行的文化政策，便是要徹底毀滅中國的舊文藝傳統，甚至包括中國獨特的單音文字，而代之以「拉丁化」。他們是徹底否定，漢語新舊詩是可以合二為一的。而國際這項文藝政策，可說由左聯中這批毛頭作家，正在徹底執行之，胡風、周揚、夏衍都是執行國際政策的死硬派，他們哪把魯迅看在眼內。因此他們也就徹底的拋棄了自己母邦的文學遺產，而大搞他們更無法了解的這個「斯基」和那個「耶夫」了。

現在的旅美老華僑，每每把他們半中不西的兒女，叫做「竹升」或「竹節」——說他們是「腹中空空」、「兩頭不通氣」。上述這批毛頭作家，在那個年頭，也正是如此啊。今日反思，我就不知道那時才二十六歲的女青年丁玲，和二十二歲的才子作家夏衍（他二人都做過左聯的黨團書記）肚子裡有多少「學問」，足以替現代中國制定任何「文藝政策」。若論新詩的創作，他們除掉抱著個惠特曼打滾之外，就再也搞不出別的新花樣了。但是，朋友，您可不能小視他們，對當時文藝轉型的程序，和對後輩文藝青年（包括筆者自己在內）詩文習作的影響啊！

老實說，在我們詩學轉型的過程中「橫的移植」和「縱的承繼」，本來是可以雙管齊下的。就是被他們這個霸道的「第二代」，搞政治，搞得走火入魔，影響了以後的三四五代新詩人們所走的方向，新詩才被逐漸的「僵化」下去的。

這兒筆者想再補充一點，我個人對有關新詩人斷「代」的分法，以乞教於專家。本來歷史，尤其是文學史，本是個川流不息的長江大河，是無法分段的。但是歷史家為著敘述方便計，乃試分之，如史書上的古代、中古、近代、現代、當代，和文學史上的初唐、盛唐、中唐、晚唐。英國文學史上的伊利莎白時代和維多利亞時代等等。因此關於現代中國的新詩人，如果我們認為在公元二十年代裡組織「創造社」、「文學研究會」、「新月社」等等的新詩人，也就是第一輯《新文學大系，一九一七～一九二七，第八集，詩集》（一九六二年，香港文學研究社重印本），所囊括的詩人算是第一代，那麼在三十年代「左聯」裡才出現的一批玲瓏剔透的，盟內盟外的青年詩人（也就是第二輯《新文學大系，一九二七～一九三七》，一九八七年，上海文藝出版社出版）像胡風、臧克家、艾青等人，應該算是第二代了。我們熟讀近代中國文學史，按此類推，簡直就可以說是十年一代。當四十年代的第三代新詩人，還在牙牙學語之時，毛澤東就從蘇聯進口了一個大框框，是所謂〈延安文藝座談會講話〉，這一來，他利用了共產黨鐵的紀律，以「整風」為名，就把原有的「左翼詩人」，和他們的上下兩代，乃至所有的雞蛋、鴨蛋、皮蛋、鹹蛋，再度收入到一個大筐籃裡去了。設有任何壞蛋、混蛋、雙黃蛋，不服黨紀，破壞整風，他就要殺雞儆猴，砸兩個蛋給你看看。這樣就把王實味送上斷頭台了。

「莫道書生空議論，頭顱拋處血斑斑。」朋友，這是無聊文人，躲在斑馬線之內吹的牛呢。您真以為是真的？事實上，一旦真的血斑斑的形勢迫人而來，稍有原則的「文人」，就想做孔老二的信徒，搞點「危行言遜」而不可得了。胡適所謂「沒有沉默的自由」是也。無恥的文人，就大風起兮雲飛揚，去大做風派了。五十年來的歷史家把「風派」排排隊，兩頭還看到邊嗎？我們不能說，中國文人之中沒有「頸血斑斑」的壯士，但是一萬人中不得其一也，因此我們如把例外當成常例，就不符合歷史事實了；變成臭老九的自吹自擂了。

有的朋友或許要問，四十年代的第三代詩人，還有「自由區」、「國統區」的詩人和作家嘛。國民黨也還有他底官訂的文藝政策嘛。哪能所有的皮蛋、鹹蛋，都被毛澤東的共產黨，一網打盡呢？當然嘛，豈只「自由區」、「國統區」？敵偽區也還有一些作家嘛，像張愛玲。但是那些都是不能成軍的小游擊隊，只能在「左翼」大軍的周邊打圈圈，成不了氣候。

至於國民黨，它確是有他底文藝政策，而且控制的挺厲害，並且動不動就抓人殺人。像「左聯五烈士」（柔石、李偉森、胡也頻、殷夫、馮鏗）在一九三一年二月七日，被國民黨一下就集體槍決了。不幸的是，國民黨那時是個執政黨，它和社會轉型期中其他所有的執政黨一樣（包括今日的中國共產黨），執政期間，他老人家只能抓槍桿，而不能抓筆桿。

我記得在國民黨初敗之時，那一度是國民黨一枝筆的潘公展先生（曾是二三十年代上海灘的作家和名報人，後來參加國民黨，做過中常委，宣傳部長和上海市參議長），在五十年代的紐約，就時常向我嘆息說：「我們國民黨不應該只抓槍桿，把筆桿全給對方（老共）抓去了……」潘公作此言時，他就只知其然，而不知其所以然了。為此筆者就曾轉彎抹角地，向唉聲嘆氣的長輩「潘伯伯」委婉地解釋其所以然。「潘伯伯」老人家畢竟是作家出身，也頗能虛懷垂聽，而唏噓不迭。

我的解釋便是：詩人、作家，乃至所有有良心，有觀察力的文人（在那年頭，他們自稱為「文化人」，田漢所謂「千古傷心文化人」是也。在共產黨反右之後，「文化人」被打得灰溜溜，這個名詞，就不存在了。最近台灣的李總統，也曾嘆息地說過，千古悲哀「台灣人」。這個悲哀要延續多久，歷史家執簡以待，等著瞧吧。後之視今，亦猶今之視昔也。）總之只會搖筆桿的文人，對時代思潮和社會變動，都是最敏感的。在轉型期中國的時代思潮，和社會變動，又都是時刻不停的，永遠「前進」的。因此對時代最敏感的詩人和作家，也是不停地跟著時代「前進」，甚至走在時代的前面。

可是政黨就不然了。在它做「地下黨」或「反對黨」時期，為著說服群眾，為著奪取政權，它也會跟著時代「前進」的。因此它能和文人、詩人、作家乃至一般知識分子，同步「前進」但是它一旦「革命成功」了，「打下江山天下」了，「進城」了，為著保護它的政權，它的天下，甚至為著保護它那最自私的，各級領導的既得利益，榮華富貴，和五子登科（車子、房子、金子、兒子、婊子），他們就再也不能跟時代思潮、社會變動「同步前進」了。而轉型期中的時代思潮和社會變動，卻未嘗稍息也。一個繼續前進，一個原地踏步，甚或立正向後轉，兩者就脱節對立了。因此在軍閥時代，就要發生「五四」；國民政府時代就要發生「三・一八」、「一二・九」、「反內戰，反獨裁」；乃至「二・二八」。到人民政府時代，就要發生「四五」、「六四」，乃至「七四」、「八四」了。所以在現代中國政治、文化、社會轉型尚未到底的「歷史三峽」之中，所有的執政黨，都是保守的，甚或是反動的。它是不能，更不敢允許在它底統治之下的人民，尤其是所謂「異議分子」能享受點憲法上所賦與的「表達自由」（freedom of expression）了。沒有表達自由，哪還有什麼進步的文藝政策呢？胡適之先生以前告訴我説：「所有的國民黨（nationalist parties）都是保守的。」他並特別地舉出土耳其的國民黨，來陪襯中國國民黨。其實這不只是「國民黨」的問題。它是近代中國政治社會文化轉型期中，所有執政黨都有的問題，不管它是國民黨、共產黨、自由黨、民主黨、民進黨、社會黨、青年黨、黑手黨、扒手黨……都是一樣的。所以在這個時代裡執政的執政黨，是不可能制定一個文藝政策，甚或文化政策，與時代思潮同步前進的。如果時代在不斷的前進，您抓到了政權之後，就偏要落伍，死守著一個反動的文藝政策，那你就只能抓槍桿，而不能抓筆桿了。結果「筆桿抓在對方手裡」，像「潘伯伯」他老人家所感嘆的，那就太阿倒持，最後連槍桿子也靠不住了。以前國民黨如此；現在共產黨還是如此。朋友，把問題想通了，就沒啥費解了吧。

話說回頭。在我們文學轉型的過程中，新詩發展之所以走入後來僵化之途，說穿了，便是從第二代新詩人（也就是「左翼作家」們）開始的，因為第一代的新詩人，搞啓蒙運動，受的是歐美自由主義和個人主義的影響。他們底行為，全是由他們底個人意志決定的。「創造社」、「新月社」等等，全是各獨立個體的自由組合。第二代新詩人就全然不同了。他們的「左聯」則全然是在共產國際的支配之下的政治團體。個人盟主、盟員是完全沒有發言權的。文學一旦政治化了，不論它底目的是如何崇高偉大，它底藝術價值和文學價值都要大打折扣了，甚至走火入魔了、僵化了。因此這一僵化的形成，所謂「左翼作家」實在是始作俑者，他們意氣風發，信心萬丈地，把持了中國文藝陣地至七十年之久，搞到殺人放火，自相殘殺（像批判胡風），集體迫害，至無所不用其極的程度。結果，老毛死了，蘇聯也解體了，皮之不存，毛無以附……左翼專政，四大皆空，延安座談，頓成反動。橫的移植，搞得過火，縱的承繼，久遭鎮壓，物極必反，這就是新世紀初年新詩運動，再出發的必然的方向了。世紀末，曙光已現，我們耐心地等著吧。

58. 見：（一）古清遠著《中國當代詩論五十家》，一九八六年，重慶出版社，第一版。共四八四頁。此書筆者個人藏本，為五十家之一的詩論家吳歡章教授，於一九八九年在紐約送我的。余曾細讀之，並與歡章有過一番討論。當時曾想寫篇書評而迄未動筆，今於拙篇中只略論之。有暇當再評之。本書所收的詩論家大致以人民共和國建國以後的大陸作家為主，上起毛澤東，下及曹長青，名字均在榜上，而胡適、徐志摩、聞一多等第一代作家，則被略去。（二）潘頌德著《中國現代詩論四十家》，一九九一年，重慶出版社，第一版。共四三一頁。本冊所包括詩論家與上列古著前書，重複不少，而書法迥異，古著的排名，顯係根據作者個人的取捨，他以勞辛、亦門為篇首。毛澤東的詩論雖亦被採納，然僅略高於曹長青。潘著則按輩分排列。對第一代新詩人胡適等亦有論列。對三四代以後的詩論家，取捨亦有其主見。毛澤東之名則不在榜上。

59. 見古著前書第二篇。頁三四～四六。
60. 《詩經．魯頌》。
61. 《論語．陽貨》。
62. 《論語．季氏》。
63. 同上〈陽貨〉。
64. 散見《論語．檀弓》等孔學原始著作，毋待細註也。
65. 同註58。
66. 筆者初撰此稿時，「七塊論」，還在新聞階段，見張作錦撰〈「南京屠殺」與「和平七雄」〉，載一九九九年三月九日，紐約《世界日報》。數月後已成舊聞。報導與評論，散見世界中文各報刊。

67. 見胡適著《中國古代哲學史》。

68. 西周始於何時，歷史家有十八種說法，本文但取其使用較多的一種，參見沈起煒編著《中國歷史大事表》，一九八三年，上海辭書出版社出版。頁一〇，註一。

69. 參見侯外廬著《近代中國思想學說史》。一九四七年，上海：生活書店發行。第十七章，二節，《觀堂古史學的科學成果》，頁九六四～九九三。頗得王學三昧。

70. 見《孟子．滕文公下》。

71. 見《荀子春秋．內篇雜下》。

72. 見註60〈朱熹序〉。

73. 見羅著前書，頁一三，〈詩經及其種種〉。

74. 上引，古遠清前書，第二章〈亦門〉，頁三四～四六；潘頌德前書，頁三八九～四〇二，〈阿瓏的詩論〉。

75. 見鄭逸梅著《南社叢談》，一九八〇年，上海人民出版社出版，頁五六，〈新南社〉。筆者早年為哥倫比亞大學所搜集的南社詩集全輯，後由該校複制成縮微膠卷，末段有新南社的新詩，可供有心深入研究者參考。

76. 由留美北京大學校友所組織的「北大筆會」所主持。會場在紐約皇后區圖書館。

77. 參見：Fei-pai Lu, T.S.Eliot: *the dialectical structure of his theory of poetry*. Chicago: University of Chicago Press, 1966. 序言和導論前。飛白生前，關於其治學心得，對筆者亦常作竟夜之談。真是勝讀十年書。追懷故友，記之聊為紀念。

78. 在七十年代中期，蔣、毛二公相繼死亡之後，海峽兩岸著作界頓失枷鎖。出版品之盛，真有百家　起的現象，其勢不可遏。下一世紀，中國必有個真正的「中國文藝復興」，蓋為歷史的必然，無人可逆轉也。

79. 中國在歐亞大陸的東端，之所以有一千多年的政治大一統的紀錄，我們文不隨音轉的單音文字，所促成的書同文的文化統一，實是關鍵。印歐民族由於使用的是拼音文字，形隨音轉，他們就永遠無法搞「書同文」來消滅方言文字。政治因之也就永遠無法統一了。可是下一世紀將為電腦世紀，資訊發達，歐洲可能就要有政治統一的局面出現。今次「北約」（NATO）和「歐聯」（EU）仗著美國的聲勢所打的侵南戰爭，便是歐洲在下一世紀大一統的先聲。他們「書同文」的將來文字，必然是英文無疑。不信？今日的青年讀者，將來可目睹也。我們漢語中「普通話」（台灣叫國語，新加坡和南洋叫華語），在下一個電腦世紀裡，將為電腦網路中通行世界的五大語言之一（另四個是：英、西、阿、俄），法文、日文都要被逼著靠邊站，以至於消滅，漫說是什麼「台語」，「藏語」了。搞政治的人，千萬不能開倒車，貽誤子孫。

80.「加入主流」（join the mainstream）是二次大戰後，美國白人奉勸少數民族的口號。他們原先的政策是把少數民族（尤其是原住民、非裔、亞裔，特別是華裔），趕盡殺絕。二戰以後他們才逐漸了解，少數民族是既趕不盡，也殺不絕，乃改變政策，勸告少數民族，加入白色「主流」，分取一杯羹，共享榮華富貴。這一政策，無疑是對的，也是少數民族無法抗拒的。今日美國境內的少數民族中，教育和財富水平愈高，加入的也愈快。長此下去，美國就要出現一個雜種的「美國民族」（American nation）了。其實這一政策，美國白人並無發明權。咱中國華人已經搞了四五千年了。我們的遠祖，開族大師所搞的「尊王攘夷」，也是要把夷人趕盡殺絕的。行不通了，他們才搞起「尊王變夷」或「尊王化夷」來。朝廷是「有教無類」。不管你是哪一類，只要你肯受教育，講官話，參加考試，「加入主流」，你照樣可以做大官大位，中狀元，做宰相。因此三千年來，我們的少數民族，教育和財富愈高，加入主流也愈快。直至把這個雜種民族，竟然囊括了全世界人口的四分之一之多。等到毛澤東來了，這個教條主義者竟反其道而行。硬要在一個混合民族中去找純種，搞「自治區」，結果以君子始，以小人終，才搞出今天的毛病來，夫復何言？

81.「騷體」原來是「楚辭」嘛。是南方楚國的文體。但是他所用的文字和文法結構，卻與黃河流域無異。這說明些什麼呢？我們的文學老輩，不懂啥叫「比較文學」，就不得其解了。

我們如試看文藝復興時代的歐洲文學就知道了。中古歐洲本是拉丁文的天下嘛。文藝復興時代，方言文學崛起，就變成方言和拉丁文學的混合體了。可是歐洲方言處處，大家雖然用的同是以拉丁文為基礎的混合文學，各以方言寫作起來，就英法德義西荷，互不相通，而各有其民族文學了。我們的文字無字母，字形不隨音轉，南人以楚音讀楚辭，固然字正腔圓，北人以北音讀楚辭，南文北讀，照樣可通。雖文體有別，卻更增百花齊放之美也。這一點，在書同文的統一工作上，拼音文字的世界，在古代就做不到了。關於楚辭和《詩經》的關係，近年大陸的各種新著，頗可一讀。參閱趙輝著《楚辭文化背景研究》，一九九五年，武漢，湖北教育出版社出版，頁一八六，〈「詩經」與「楚辭」〉。

82. 騷體和詩體，不特是文體不同，他們表達的方法也大有區別。如果許我大膽假設一下，騷體實在是近代中國，朦朧詩的老祖宗。詩學裡的賦、比、興、風、雅、頌，都不夠朦朧也。

83. 甲骨卜辭，如「亥日其雨」（亥這天會下雨嗎？）「亥日允雨」（亥這天，果然下雨了）一類的句法，顯然就是詩經裡，四言句的遠祖也。四言句在各種版本的甲骨卜辭中，一索即得也。

84. 參閱前引羅鏑樓書，第一章，〈我國文字特質與文體發展〉，頗多新義。

85. 見《尚書大傳．虞夏》。

86. 《楚辭》，尤其是〈離騷〉，簡直無句不「兮」。《詩經》上就很少了。漢賦顯然是緣自楚辭。

古詩賦詞曲，都是可以配合音樂唱出的，至少是配以音樂的詩詞朗誦。筆者近周曾在紐約林肯中心，聽了六場二十小時的全本《牡丹亭》，美不勝收。這長至五十五折的愛情歌劇，基本上是一場馬拉松的詩詞朗誦。異域聽之，有說不盡的感嘆。詳見註98。

87. 筆者青年期教戰時中學的文史課程，就曾選過〈九歌〉，要學生背誦之。今夏還鄉，曾蒙當年的中學兒童，今日的白頭門生，集體歡宴。談笑間即有一對老公婆試為我背誦〈湘君〉、〈湘夫人〉，說是「當年老師教的」。

88. 今日吾人讀漢賦，實在無法幻想，這種文體，竟能在大漢帝國裡，風靡一時，最大的可能就是，它或許是一種歌唱的題材，唱起來像現代的蘇州「評彈」。那些當時風靡一時的下里巴人，卡拉OK，季節一過，都不見了，而當時這些出自名人手筆，而並無人聽的卡拉歌辭，所謂「（漢）賦」，反而流傳下來了。今日風靡兩岸的卡拉OK，顯然也是如此的。今日的卡拉OK作者，不管如何轟動，將來也要「聲與名俱滅」的。設有少數名家，也寫過卡拉歌辭，縱無人唱，或許也可傳之千古，被誤傳為轟動一時，「洛陽紙貴」呢。真正搞到洛陽紙貴的，不是左思的〈三都賦〉，而是大家傳抄當時的卡拉OK歌辭，才把洛陽的紙價，炒貴了的。是耶？

89. 同上註所說，左思的〈三都賦〉，也就是這樣的「洛陽紙貴」，揚名後世的。不然實在無法解釋。有心的讀者，不信去找一篇三都賦來看看嘛。天哪，那種癩文章，居然抄的洛陽紙貴？

90. 見羅著前書，頁五一，〈五言的獨立〉，及以後諸節。

91. 發現「四聲」的，當時是一個學派，沈約並非最重要的人，卻是最有名的人。初學可參閱郭紹虞《中國文學批評史》，二章四節，〈沈約與音律説〉。

92. 韻律發乎天籟，鍾嶸《詩品》所謂「宮商與二儀（陰陽）俱生，自古詞人不知之」是也。沈約也説，「靈均（屈原）以來」，「此秘未睹。」（見沈著《宋書．謝靈運傳論》。）其實這出諸天籟，非獨華語為然。所有語言皆是如此。我輩第一代旅美華僑，生出好幾個第二代和第三代的土生小華僑。我們看著他們牙牙學語，再逐漸從全華語，經雙語，轉入全英語的經過，就十分有趣，回想我輩當年初學英語，死背《納氏文法》和《開明文法》，林語堂著作的「艱苦歷程」，至今還難免動手有錯，再看家中這些小動物説英語，實在沒人耳提面命也。而他們説起來，輕鬆活潑，出口成章，一句不錯，才知什麼叫做「天籟」也。豈年長苦學所能致哉？事實上漢語中的四聲平仄亦如是也。但是「天子聖哲」，總得有老師提一下竅門（尤其是在青少年期），然後自會輕鬆過關。但是不開這個「竅」，那就「拗」了一輩子，而不自知也。悲夫?!

93. 同上。

94. 見註91，郭書四節二目，〈所謂四聲八病〉。

95. 見鍾嶸《詩品》。

96. 盛唐之詩為千古所傳誦者，實在以杜甫的七律為首。他那組〈秋興八首〉，風靡了一千多年，至今不衰，效顰者無慮幾千百人。古今詩評家，除胡適之外，可說無人不讚嘆也。胡適之唱反調，實在是物極必反的現象。胡老師曾嚴肅的親口告我：「做律詩要下幾十年的功夫。」他絕沒有小視律詩也，只是他自己從不輕易「嘗試」。他底學生毛澤東的律詩，也是一團糟罷了。

97. 「七律」這一形式的格律詩，至今仍為行內行外的詩詞家所熱愛。不信您可去書店報攤，翻翻每天的新聞出版品，以七律形式出現的所謂「律詩」（十九拗韻），幾乎觸手即是。江澤民主席則喜歡寫「絕句」。在詩詞的術語裡，「絕句」原意是「截句」：截句者，把律詩截斷，成為較簡單的四句詩之謂也。

98. 余近讀北京出版的《中華詩詞》，和大陸港台，以及海外各地風起雲湧的舊詩詞出版品，雖多的是不堪入目之作，但亦每有上品。真是野火燒不盡，春風吹又生。筆者最近更在紐約的「林肯中心」看了一連六場，二十小時的崑曲《牡丹亭》的演出。用原文演唱，配以中英文字幕，及現代化的布景和背景，頗覺其美不勝收。觀眾之中，雖絕少華人，而西人觀眾則爆滿而瘋狂。這本《牡丹亭》的演出，可說基本上是配以音樂和愛情故事的，唐宋詩詞的「朗誦會」（a poetical recital）。

目擊這場中國古典戲曲在西方的音樂重心成功的演出，不禁使我想起胡適老師當年所說的什麼「全盤西化」和「充分世界化」諸問題。他老人家最善於製造抽象名詞，而說不出其所以然。主要的原因實是，中國社會文化轉型期的階段未到。胡適舉不出中國古典文明，也可以向世界文化市場倒流的實例。而一般滿口「固有文化」的老學究，實不值一提。今次筆者所目擊，似是中國現代化了的中國古典文藝走向「世界化」的第一例。得暇再續論之。

99. 筆者為此向胡老師問難的經過，曾記之於拙著《胡適雜憶》。見該書第五章，二十九以下諸節。

100. 同上。

101. 見司空圖《詩品》，引賈島及盧延讓詩。

102. 杜甫，《奉贈韋左丞丈》。

103. 被選入《唐詩三百首》的三首〈清平調〉，什麼「雲想衣裳花想容……」美則美矣，唱腔就略嫌單調了。

104. 詞牌中最早的「菩薩蠻」、「長相思」、「念奴嬌」、「臨江仙」、「雨霖鈴」等等，都起於盛唐楊貴妃時代的宮廷和教坊。中國古代的皇家，照例是全國高級消費的巔峰，時裝（fashion）和時曲（popular music），是所謂「宮樣」、「宮詞」．最好消費品則叫「貢品」。我們安徽今日所生產最好的酒，還叫「古井貢酒」，好到可以請皇帝喝的酒。凡是好的、時髦的、性感的都要始自「宮中」，然後才流行民間，所謂「宮中好廣髻，四方高一尺」

是也。好戲、好歌，也要先在宮中演奏，然後才會流入「教坊」（妓院）的。日本的「藝妓」就是學自唐代的教坊。高級的音樂家、作曲家、製詞人（像李白）都要先為宮中服務，然後才能「長安市上酒家眠」，去和婊子鬼混的。所以皇家實是中國古典文學藝術，尤其是「表演藝術」（performing arts）的總根和發源地呢。梁啓超取笑「帝王家譜」；共產黨開口閉口「人民的成就」，沒個「萬歲爺」，我們傲視全球的中古文藝，都要完蛋了。

105. 記得大學時代聽《全宋詞》編者唐圭璋教授的課，唐就很自負，他是按詞譜以「四聲填詞」的。照唐老師的說法，填詞一定要「四聲分明」，只分平仄是不夠的。只有四聲分明，歌者依聲詠唱，才能唱的「字正腔圓」云云。其實長短句發展至東坡以後，文學的內涵，已超越音樂的聲韻。能不能唱？已不是第一要義。詞已經變成一種文學的特定形式了。要唱，則唱其南曲、北曲可也。傳統詩評家說，曲可以有詞味，而詞不可有曲味。何也？蓋曲有詞味，在藝術上為升等；詞有曲味，文學上則為降格矣。蓋詞在東坡以後，已成純文學。曲則夾雜著口語、俚語，有雅俗之分矣。

106. 見《唐宋詞鑑賞辭典》，一九八八年，上海辭書出版社出版。〈詞牌簡介〉，頁二六二六。

107. 同註105。

108. 在傳統中國，士、農、工、商的農業社會裡，民歌小調，像《詩經》上最為讀者所歡迎的〈國風〉。正如朱熹所說的，「多出於里巷歌謠之作。所謂男女相與詠歌，各言其情者也」（〈詩經傳序〉），但是這種里巷歌謠，一旦唱出氣候，唱到舉國和之的程度，社會上層的士大夫，就要插手，使它由俗變雅了，始或雅俗共賞，終則只雅不俗，那就到它死亡的時候了。我國傳統戲曲從鄙俚的北曲，數變而至於最典雅的崑曲，像四大傳奇中的《牡丹亭》，就必然要絕響了。因為在那個傳統的農業社會裡，百分之八十的人民都是工農文盲。他們不可能欣賞這種高雅的崑曲。曲不下庶人，這個曲就失去群眾基礎了。戲曲本是一種社會建制（a social institution）；一種社會建制而失去了它應有的社會基礎，那它就必然要被它所寄生的社會所遺棄了。這就是我們傳統戲曲所必有的周期性的命運。這也就是高雅的崑曲，何以終為鄙俗的皮簧所取代的道理。而這鄙俗的皮簧，終於又被更鄙俗的卡拉OK所取代的道理。

不過，以上所述只限於文化轉型前期的現象。在我們社會轉型大功告成，換言之，也就是從農業轉入工商業；從農村社會（rural society）轉入都市社會（urban society）。則其後情況，就完全不同了。就以今日紐約的「林肯中心」來說吧，它今日是全世界表演藝術的重心所在。二戰前的兩百年，這個重心原是在維也納，那個傳統歐洲封建王朝的重心所在。傳統的高雅的表演藝術，就全靠那些口味奇高，眼在頂上的王公貴人，和高級批評家的欣賞，而揚名全球的。可是這個全球文藝重心，不幸受了兩次世界大戰的摧殘，維也納和巴黎都維持不住了，二次大戰後乃全班人馬，搬來紐約。始則在陋街小巷，做做難民。但是這金元王國中的另一種王公貴人看不下去了，終於為他們建立這個巍峨的「林肯中心」來。從此「王侯第宅皆新主，文武衣冠異昔時」，它就變成全球第一流表演藝人，成名發福底最高的一道關口了——不進「林肯中心」，怎能成為世界級的藝人？

原來這些所謂「中心」的，都以西方藝術為主流，非西方的都被看成野狐。它們原只是一些白人「好奇」和「可憐」的對象而已。不但主流人士瞧不起；它底母文明裡，西化了的高級的文人雅士，也是嗤之以鼻的。一些冬烘和「國學大師」們，為「固有文化」不服氣。但是固有文明，專靠冬烘，哪能哄得上世界舞台呢？但是一個文明如真有點東西，日久自會發生其世界影響的。畢卡索大師畫風的轉變，終於進入其最高境界，便是受非洲土人「原始藝術」（primitive arts）之所賜。我們中國的「表演藝術」（performing arts）在中古和近古時代，實非「西方」所能及。我們之落伍，實在只是短期的，現代的現象。一旦我們的「轉型期」接近尾聲，文學藝術走向世界化，我們的文藝可能在下一世紀要放一陣異彩呢。

久處異邦，未能忘情故國，這原是筆者向未動搖的信心。今次看了二十小時的傳統崑曲的表演，便更多了一層的體驗。胡適之先生以前總喜歡說什麼「世界化」。但他老人家所說的始終只是一些「抽象的名詞」。至於中國固有文明「世界化」的「具體的事實」，可憐老胡適，齎志以歿，未及見也。如今這個形勢已迫人而來，因此筆者才不揣淺薄，撰此短篇向我們傑出的詩人和藝人們呼籲，專搞崇洋底「橫的移植」的時代，早已過去。今後的時代是胡適所說的「世界化」的時代了。近看就在目前的二十一世紀的中國文藝，必然是一個「橫的移植」和「縱的承繼」雙管齊下的時代。如今只知道些「橫的移植」，而不知「縱的承繼」為何物者，應該要受點「再教育」，冥想點「再出發」，才是正確的方向。吾老矣，然仍願與後來居上者，共勉之。

——一九九九年三月初稿
七月二十日，稍事增補於北美新州

*原載於《傳記文學》一九九九年第七十四卷第四期、一九九九年第七十五卷第二期、一九九九年第七十五卷第三期

頂起「冷文學」的半邊天

——老同學女詩人闞家蓂詩詞集代序

闞家蓂，原籍安徽合肥，國立浙江大學畢業。一九四九年赴美求學後，定居美國。曾獲美國色拉古大學（Syracuse University）地理碩士，並任職美麻省理工學院，任教美三一學院期間曾數度至港、台及大陸工作與授課，任台灣大學及文化大學教授，近年來常寫散文、詩詞，散見於海內外報刊中。已集結成冊者有：《闞家蓂詩集》（北京：中國友誼出版公司，一九八六）及《旅思鄉情》（北京：人民日報出版社，一九八八）。

今日海外華裔名地理學家謝覺民教授的夫人闞家蓂女士，是當前華裔，尤其是所謂「海外中華」的圈圈裡，一位屈指可數的詩詞作家。一般讀者賢達，乍讀此句，可能認為我讚揚好友，難免誇張。可是在深思熟慮之後，才如此落筆的情況之下，我倒想先就這一點來稍加解釋。

記得若干年前，我也曾替另一位極有才華的女詩人，老友柏楊的夫人張香華女士的新詩集寫過一篇序文。其中我也曾發過一些狂人之論。我說過去四十年，華裔女作家在台灣文藝上創作的成就，實在超過中國歷史上三千年來傳統女作家成就的總和，這也是不才經過深思熟慮，才勇敢下筆的。許多文藝界的朋友們和教授們乍聽此言，似乎也覺得是言過其實。但是如果仔細的研究一下，朋友們也不能不承認這是一樁無法否定的史實。其主要原因便是，我華族三千年來「女子無才便是德」的教育偏見，和男尊女卑的傳統所造成的惡果。它把我們傳統社會裡，原占有一半的女性文藝才華，幾乎都全給扼殺了。這實在是人類文明史上最大的不平之事。雖然這個不平的製造者，並不限於我們中國男人，那也是現代以前，其他民族文化裡所共有的現象。

女詩人闞家蓂教授今日的環境，多少還是受有此一無教有類的傳統之影響的。現在我們華族的總人口已超過十二億，我們今日的教育，大致也可算是男女平等，有教無類了。可是在當前文藝界，男女兩性的詩人陣營裡，占我們人口一半的六億女同胞，如今能寫出在水平以上舊詩詞的女詩人，朋友，請您扳扳手指數數看，真是屈指可數呢……在海外更不過是小貓三隻四隻罷了，不是我小子瞎說吧！

何以如此呢？讓我們再扳扳指頭，數數原因：

新舊詩詞，三大異數

第一顯然是時代關係。按性質新詩是「現代」，舊詩是「傳統」。搞政治要搞「四化」、

「五化」；搞文學搞詩歌，那就應該搞「六化」、「七化」……文字語體化，表達現代化了。時髦男女，寫詩就該寫新詩，彈琴就應該彈鋼琴。在一個文化轉型期中，拉胡琴畢竟就沒有彈鋼琴時髦了。新時代的知識分子，尤其是近百年來才被慢慢解放出來的女知青，誰不愛時髦？搞有欠時髦底舊詩詞的女作家，就難免少而又少了。

第二，作新詩從第一代新詩人胡適、郭沫若開始，所講求的都是所謂「絕端自由」，不受任何的格律和音韻的拘束，談戀愛要自由，寫詩也要有自由。寫新詩，只要有詩的靈感，愛怎寫，就怎寫。可是作舊詩詞就要講格律、講音韻了。四聲平仄不搞通，不但不能習作，連簡單的欣賞，也不容易參透。

可是格律和音韻，又豈可輕易掌握的呢？現代中國的新詩人，和教授中國文學的教師，百分之九十九都不通四聲平仄了。這本是一樁過時不候的童子功，過時未學，就很難掌握了。因此，歡喜自由的現代男女詩人，誰又要自找麻煩，去花大氣力，苦學什麼平仄音韻呢？雖然也有精於此道的新詩人，卻偏要作繭自縛，大詩人聞一多先生當年就有「戴著腳鐐跳舞」的名言。聞大師認為非戴起腳鐐，舞才跳不過癮呢！可是他話雖如此說，愛好自由畢竟是現代人所追求的共同目標，「戴著腳鐐跳舞」終究是句廢話，連聞一多自己，後來也不要戴著腳鐐跳舞了。在一切從簡的現代生活裡，大家還是無拘無束的自由最好，當然追求自由，往往也容易變成懶漢、懶婆，偷懶的藉口。

第三，寫舊詩詞和寫新詩，在目前階段，最大的不同便是寫新詩可以完全憑才氣、憑靈感來創作，有好的創作，就可以在一代詩壇嶄露頭角了。時來運轉，還可以爭取個把諾貝爾獎金來脫貧致富呢！寫舊詩就沒這福分了。它在靈感和才氣之外，還需要有相當的漢學根基，以及鍾鍊和推敲的長期練習，才可略窺堂奧呢！胡適老師就曾親口向我說過：「作律詩要幾十年的功夫」呢！因此那已有千年以上老歷史的舊詩詞，實在是不容易寫得好。下苦功去習作，往往也是吃力不討好，作得再好，不但諾貝爾永無希望，連三五十塊錢的文學小獎，也沾不著邊呢！生為現代人，不作新詩作舊詩，真是一無是處。詩人們若非對它有迷戀的、執著的愛好，聰明的現代作家們，就對它不屑一顧了。而我們這位最時髦、最現代化的謝夫人，卻不惜在這個純洋化的社會裡，對這項沒落的中國古藝術，下了數十年的功夫，終能別具風格，自成一家，您能說不是異數？

寫舊詩要有漢學根基的實例

不過寫舊詩詞，在我國現代詩歌轉型的現階段（這兒著重的是「現階段」三字），也有一些新詩人還不易達到的化境。上段已提到，寫舊詩要有漢學根基。漢學根基愈深，往往愈可以補才氣和靈感之不足。所謂「勤能補拙」是也。一個舊詩人的學識愈高，他底作品境界，往往也隨之不斷提高，而脫酸脫俗。

恕我在現代中國文學批評史上，斗膽的插一句閒話，近年兩岸文藝界，曾傳誦一時的陳寅恪晚年的感時詩，便是如此。你如起胡適於地下而問之，胡老師可能就認為，陳寅恪的律詩是標準的「文字遊戲」，算不上文學。但是我們晚輩，如半肯半不肯地，持平而論之，我們倒可說，陳老師的感時詩，雖算不得是太好的「詩」，卻是現代中國文學史上，第一流的隱喻「文學」。陳教授由於漢學的底子深如海洋，他在衰邁之年，雙目皆盲之時，在文革中，竟橫遭人身侮辱，在人格被摧，生命堪虞的絕境裡，尚能以難解的舊體詩，來自言自語，自述感受。他的心境，就在不知不覺之間，承襲了我國詩學裡，最深沉底「溫柔敦厚」的傳統……陳寅恪晚年的詩，是經過千錘百鍊的、「怨誹而不亂」底、極其含蓄深厚，而毫無俗氣和酸味的佳作。這種詩的作者，不只是深受漢學涵養的陶冶，而是承襲了傳統詩人潛在底山林意境，這種深邃的意境，就不是胡適、郭沫若、魯迅等風雲人物、燦爛朝士，所能望其項背的了。至於那些二戰前後才出道的，滿口這個西方主義、那個歐美學派的二三代新詩人，簡直就是他門前泥塘裡光屁股戲水的娃娃們，稚態可掬，相形之下，不值一提了。這就是漢學深淺，影響詩歌創作風格的一個實例。

思無邪和溫柔敦厚

我國古儒家所稱道的詩人氣質，最值得一提的，應該是孔子所說的「思無邪」（見《論語・

為政》），引自《詩經．魯頌》）最為辭簡意賅了。那就是詩人作詩，情動於中，而形於言，內在的感觸和感情，都是極其真誠的。這種詩人的真誠，根據儒家教義，是可以化民成俗的。是所謂「溫柔敦厚詩教也」（見《禮記．經解》），但是社會風俗的溫和與厚道，是一種積極的和主動的，社會道德修養和培訓的成果，並不是宗教式的苦行和忍辱（人家打你左腮，你把右腮也伸出去讓他打），更不是阿Q式的任人宰割的愚昧，是所謂「溫柔敦厚而不愚」（見同上）。簡言之，詩人可能是甘地，而絕不是阿Q。在邪惡的社會裡，他可表達，不出惡聲的沉默抗議；他也可以逃避於海外（孔子所謂「乘桴浮於海」，見《論語．公冶長》）或遁跡山林，自甘餓死（像傳說中的伯夷、叔齊，見《史記．伯夷叔齊列傳》），以作消極的抵制。他甚至可以自殺，以自了殘生（像屈原、王國維和老舍）。但是詩人不會拔劍而起、挺身而鬥的，去做個以暴易暴的暴徒。西諺有云：「最後的笑，才是最好的笑。」延續我國文學傳統的儒家和道家，都是相信「天理」和「天道好還」的，他們所爭取的是最後的笑。他們相信暴徒和暴君都不會有最後之笑的結果。因此中國傳統「詩教」的要義，是著重在自我節制。自我節制其奔放的情感，而不走極端。所以他們認為中國最早、最好的一部標準的無名詩集的《詩經》所留下底最好的體例，便是「國風好色而不淫，小雅怨誹而不亂」，這也就是所謂哀而不傷、怨而不怒，對我國最古老的「思無邪」哲學的最高表現了。而司馬遷評論屈原的《離騷》，更說是：「若離騷者，可謂兼之矣。」（見《史記．屈原賈生列傳》）司馬遷對《離騷》的成就，可說是推崇備至了。這也是我國傳統詩學的哲學基礎。它由《詩經》、楚辭開其端，屈原則是第一個有名有姓而出了本個人詩集的大詩人，其後陶潛和李杜蘇辛，乃至近代的黃仲則、鄭孝胥等人，也都是這一傳統詩學各階段的里程碑，而陳寅恪的怨誹而不亂，簡直就是一位當代的屈原了。

一國兩詩「俱（不）粹」

讓筆者再斗膽的重複一句，這一深邃的境界，實在不是胡適、郭沫若以次的當代新舊詩人，尤其是新詩人所可望其項背的。我不是說新詩人不能達此化境，我只是說新詩發展到現階段，還未能達此文學階層罷了。社會文化的轉型要幾百年的功夫嘛！詩歌轉型亦然也。我國五四以後，在新舊兩方面搞「左右開弓」的新詩第一代的啟蒙大師們，老實說，他們都是有作詩的天賦和若干舊學根基的青年學人，但是在舊詩詞習作的成就上，他們並沒有下過（如胡適所說的）幾十年的硬功夫，就半路出家，大搞其新文學和新詩來了。其實他們對西洋文學的模仿，都只是一些「小腳放大」，兩頭不通氣的「半罈醋」（今日的老華僑，對他們底ＡＢＣ或ＣＢＡ子女所作的竹升竹節的評語）。因此他們在舊詩詞上的成就，最多只是如胡適所自許的「acceptable」（半調子）罷了。

事實上胡適，郭沫若，魯迅、周作人兄弟，和他們底朋友和學生們，像郁達夫、蘇曼殊、瞿秋白、毛澤東都是如此的，具體而微罷了！至於詩呢，則更是因為尚在移植和轉型的初級階段，就更不用多說了。杜甫說：「讀書破萬卷，下筆如有神。」試問當年驚天動地的大師級的新詩人，當時，乃至其後一輩子，又讀通幾首西文詩歌的原作呢？

遠在五四時代，那時的遺老們，為胡適的光環所折服，說胡氏是「中西之學俱粹」。其實嚴格的說起來，從文化轉型，尤其是詩學轉型的角度來衡量，應該說是中西之學「俱不粹」，才近乎事實。一百年快過去了，效驗明時方論定，胡適之先生那時以一個二十來歲的毛頭學者，放言高論，就把三千年的中國文學傳統一舉否定了，這多少也有點膽大妄為吧。但是他蚍蜉撼樹，何以竟能摧枯拉朽，馬到成功呢？這就是所謂革命嘛！文學革命和社會革命、政治革命是一樣的，破壞易，而建設難也。

百年之後，革命已風平浪靜了，再回頭去檢討革命的後果，其結論就會不一樣了。蘇聯如此，中國尤然也。若論文學革命的成果，則胡適大師尚且如此，則其他的中師、小師們就無待多言了。

或問，如果連胡適都不能說是中西之學俱粹，則中華還有俱粹之人乎？答曰，無有也。現代中國的文化轉型，原是兩個以上的文化整體，相互感應、激盪而交流融合之事，非數百年不為功也。哪是三兩位啟蒙大師和革命英雄們，所能畢其功於一役呢？他們都只是「歷史三峽」中的一篇小船夫水手罷了。個體英雄不足論也。

總之，在中國文學詩學轉型的現階段還是個轉型中期青黃不接的階段。舊詩早已失掉了它「幾十年功夫」的老底子，早該報廢了。改良的舊詩詞，又還未經過徹底的現代化。尚在發展的新詩，又與傳統完全脫節。因而五四後，一國兩詩的新舊詩壇，老實說，兩頭都是個「半調子」，未搞出個有決定性的成果來。形勢比人強，這就是我們這一代出不了真正的大詩人的可悲之處了（在中古時代，唐詩發展的過程中，初唐不如盛唐，也是相同的道理）。

詩學傳統，並未中斷

可是話說回頭，事實上，我們這脈好色不淫、怨誹不亂、自言自語的，而「思無邪」的古老的中華詩學的深厚傳統至今並未斷氣也。相反的它還在不知不覺之間默默地延續呢！近年來在海峽兩岸各不相涉，卻同時發展起來的所謂「朦朧詩」和「現代詩」，應該都還是屬於這一傳統的。可笑的是這批「朦朧詩」和「現代詩」的作者（包括前不久誤入絕境，而殺妻自殺的天才詩人顧城），都是一批才高八斗，卻不知中國傳統為何物的三四代的新詩人，他們也是以前遺老學究們所不時憤激竊笑的所謂「倒吊三天無點墨」的天才娃娃也。（顧城先生要是個「讀書破萬卷」的學者，他在異國流浪，又怎會失業失戀呢？）但是他們畢竟是中華文明孕育出來的、優秀的聰明兒女，傳統的學究們，說他們在漢學承傳上落空，那是在一個文化轉型中期，搞文學革命和革命文學走火入魔的後遺症，怪不得他們。

胡適說：「沒有哪個民族，可以完全丟掉它底『固有文化』的。」因此，縱是最落後的農村裡，不識字的老祖母都在有意與無意之間，對固有文明作其不斷的延續；新派洋學堂中之小魯迅、洋娃兒們亦然也。文化本是個看不見、摸不著的東西嘛！不見廬山真面目，只緣身在此山中。我們的詩學老祖宗說，「溫柔敦厚詩教也」，我們的洋娃娃、新詩人，他（她）們也承襲了這項詩學傳統而毫不自知罷了。佛門的和尚說，人人都有佛性，也正是這個意思。重複一句，民族文化是個千百年潛移默化出來的東西，我們把它接下去，只緣身在此山中，自己卻看不見就是了。

「嬉皮哲學」和「現代主義」

更可笑的是，這群泥塘中的「朦朧詩人」和「現代作家」，基本上也包括最近得了諾貝爾文學大獎的高行健先生。只是高君更上層樓，驟得大獎，名重國際，高不可攀罷了。筆者以前曾試評胡適之先生，說他老人家是「三分洋貨，七分傳統」。胡適基本上是位乾嘉學派裡的「古文家」，受到西學的挑戰，無法抗拒才挺身而出，大搞反傳統底文學革命的。

事隔七八十年，時代不同了，高行健先生今日則反其道而行，高氏對法國文學頗有訓練，因此他搞的是「九分洋貨，一分傳統」。高君今日口口聲聲要改良漢語，他說是今日的漢語被西方的詞彙和語法污染了，所以他要搞出一套純漢語，以救其敝，這就是百分之百的「不見森林」了。高君今日的表現，是把整個中國文學引入法國的「現代派」，在高氏心目中，「文學的理由」都已全盤的「法國化」了。但是他卻要發明一套「純漢語」來寫其完全歐化了的中國文學，豈不滑稽哉？

其實今日法國的「現代主義」，便是昨日美國的「嬉皮哲學」；而更可笑的則是昨天美國的嬉皮哲學，卻又是與我們毛主席的「小紅書」、「紅衛兵」有其千絲萬樓的關係……，他們雙方都是對「資本主義生活方式」堅決抗拒的產品，只是方向不同而已。高君外逃十餘年，最後還是逃不脫老佛爺的手掌心，和毛主席「堅決抵制資本主義生活方式」的老套路，也非其始料所及吧！

再者，這種美國嬉皮哲學，和法國現代主義，在中國「胡適學」裡，都叫做「不健康的個人主義」。人類畢竟是一種「群居動物」（social being）。人類的社會裡絕沒有真正離群索居的個體，他們是彼此相互影響的。社會地位愈高，影響愈大。所以我國古人認為有崇高社會地位的詩人文士，他們底言行在社會上是會發生教育作用的，是所謂「詩教」。孟子說：「惟仁者宜在高位，不仁而在高位，是播其惡於眾也。」（《孟子．離婁上》）諾貝爾文學獎是何等「高位」？居這樣高位的人，不顧自己對社會的影響，而亂事傳播其「不健康的個人主義」，那就是「播其惡於眾」了，可不慎哉？

話說從頭，一位有影響力的大眾作家和詩人，對他自己祖國文明裡，孔孟、老莊，《詩經》、

《楚辭》，發掘不盡的深厚寶藏，而不加理會，不屑一顧，甚或一無所知，卻一個勁的去拾取只能走紅一時的洋人牙慧，來誘導青年，影響後代，就應該做點嚴肅的自我檢討了。

更奇怪的是，我們文藝界最近會把抗戰期間，汪偽文藝圈中的女作家張愛玲捧得天高，而對高行健這位天才作家，事先卻毫無覺察，一直等到這顆滄海遺珠、這匹百歲難逢的千里馬，被幾位二百五的洋判官、洋伯樂發現了，抬到瓊樓最上層，忽然，不得了，我們自己的文藝界才跟著大放其馬後炮。蘇秦問他的嫂嫂說：「嫂！何前倨而後恭也？」還是蘇嫂答得妙，那還不是因為季子位尊而多金嘛。位尊多金，不但使我們「蘇嫂」傻了眼，我們自己那些一向十分高傲的文人才士，也都做了「蘇嫂」，豈不是文壇趣事哉？

以上諸點，恕我右派大嘴巴，亂說一通，但多少也是當代中國文藝界底有欠正常的現象嘛。但是何以如此呢？無他，轉型期的現象嘛！我們崇洋自重底租界文學的陰影，大致還有半個世紀的時間才能完全消退呢！

也是一樁歷史現象

筆者這篇拙作，原是替我底中學同學謝夫人闕家蓂的詩詞集寫篇序文，但是推起滑鼠來，一下老毛病發了，便從屈原、陶潛，一直七扯八拉到王國維、陳寅恪和高行健來，豈非小題大做，離題萬里？但是不才也有個人的看法，闕家蓂的詩詞集，雖比不上高君的靈山，可是闕君的詩詞集，在目前中國近現代文學轉型史中，也是一樁有代表性的歷史現象。一個讀文學史的人把他兩個都當成轉型期文學史的現象來看待，人有男女，詩有新舊，名有大小，但是「山僧不解數甲子，一葉落知天下秋」，就現象談現象，則小現象也未始不可大談也。

現在且談談闞家蓂現象：

謝覺民兄和他的夫人，一再來電話非要我替家蓂的詩詞寫篇序不可的道理，首先便是在下實在是《闞家蓂詩詞集》最原始的讀者。我們不但是小同鄉，我們闞唐兩家的祖先，當年在張獻忠、李自成造反的時代，從江西一個不知何在的小村鎮「瓦礫壩」，逃到安徽合肥來定居，就是老鄰家、好朋友，甚或是親戚呢！其後兩三百年中，我們家庭和社會生活的背景可以說是一模一樣。五四以後，我們兩家的男女孩子都開始進洋學堂了，但是我們兩家的老祖父們都還是半新半舊的。我們雖然都進了洋學堂，但是都還要讀古書。可是男女青年卻不許習作詩詞，尤其是填詞。老頭子們認為那是玩物喪志，青年不許學習。女孩子，尤其是有點文采的和長得美好的，更在嚴禁之列。像闞家蓂那樣少女時代，長得亭亭玉立的，那就更不許作詩填詞了。可笑的是，在我們那種舊家族裡，長輩們都自命風雅，詩詞書畫都是他們的家常便飯，他們對那些有文藝愛好的子女，往往愈禁愈糟。我記得在我自己的家庭裡，老祖父曾下令不許我這個「長孫」作詩填詞。但是我有時用石筆在石板上卻偏要胡寫了一些我自己杜撰的「詩詞」，母親看不下去了，就順便把我拗了的平仄，東勾西勾了幾下，我就學會了四聲平仄，和作詩填詞的基本規律。因為這些本是些幼兒之學，所以學得很輕鬆。

青少年期的一號美人

闞君幼年原是個百依百順的小女孩，家長不許做的事情，她是完全聽話的。但是她有文學天才，學習能力又特別強，在那文藝氣息十分濃厚的舊家庭裡，究竟耳濡目染的機會太多了。因此對四聲音韻，和作詩填詞的基本規律，她在少女時代也就可以掌握了。

可是據我所知，我們那時在合肥讀中小學的男女青少年們，男孩子能粗通舊詩詞的，包括我自己在內，人數不算少，但是能習作舊詩詞的女同學，就我個人記憶所及，闞家萁算是唯一的一個了。抗戰開始後不久，敵軍入侵安徽，我們隨校一道從故鄉逃難，在敵人的飛機和步卒不斷的追炸中（逃亡途中有同學數人被炸死，沿途失蹤者更不知凡幾），歷盡艱難險阻，終於逃到湖南省西部少數民族的苗區，被編入國立第八中學，重整弦歌，恢復上學。那時我們雖都是一窩小難童，但是她已是她少女時代的巔峰，雖國破家亡，而未損顏色。正是所謂豆蔻梢頭，「淡淡梳妝薄薄衣」的二八佳人，才華出眾。加以在校中已大有詩名，所以當時拜倒石榴裙下的男青年，正不知幾十百人也，我記得那些愛美愛才，卻又不願直呼其名的他們，當時曾把她取了個英文代號叫做「No. 1」（一號）。顧名思意，固知美人地位之崇高也。我也記得有一位寶貝同學對她單戀得神魂顛倒，我們還替他組織了一個「參謀團」，鼓勵他打起勇氣，捨命直追呢！可嘆的是，在那個風氣未開，男女受授不親的時代，加以烽煙遍地、鄉國一片靡難的慘痛的情況之下，青年男女又都貧病交加，前途茫茫，「窈窕淑女，君子好逑」，也只是做做夢罷了。

我們當年那批寶貝，現在也還有健在祖國大陸者。耄耋之年，歷盡滄桑，我們有時還在京滬偶聚，笑談往事，「一號」有時還是話題呢！言之可嘆。

謝家的第一位女詩人

我們在烽火連天的抗戰中期，中學畢業之後，在新科舉制度之下，身不由己，各自考入他（她）們自己的大學，或分別從軍和就業。在那資訊閉塞、交通不便的祖國當年，我們那些患難與共的流亡夥伴，就各奔東西、音訊杳然了。在其後十數年流離失所的國亂家難中，我們聽說闞家蕒在浙大史地系畢業之後，嫁入江南謝家（那個在歷史上也出個美女詩人的江南謝家），也移民美國了。在美國華人的學術圈究竟不大，果然不久，我們謝唐兩家在美國又變成了通家之好。只是都已人過中年，雖然生活安定了，日子也好過得多了。然想到青少期，烽煙遍地，而意氣風發、羅曼蒂克底愛國愛鄉的壯志豪情，不免有老大徒傷悲之感。

記得我們在美國重逢時，我曾笑問當年鴉鬢蠻腰的美麗同窗，和目前略顯清癯的「謝家老嫗」（她詩集中的自況），還繼續寫詩否？果然不久就收到謝家寄來的包裹，和謝夫人的近作數闋索和，那就是本集裡的幾闋〈臨江仙〉了。原來近些年，她與當年老同學數人，已恢復聯絡，並曾經有過唱和之作。讀來詩之後，四十年舊景，重現眼前。今天的謝夫人，一位中年貴婦，身軀容貌雖已非復當年，但是她詩詞的境界，也較當年少女之作深沉多矣！且錄一首如下：

北望鄉愁深似海，
故園街巷依稀。
婁山關下讀書時，
長歌松徑裡，
伴月到天西。
卅載漂流如一夢，
雞聲車影停輿。
年年滯酒阻歸期，
迷濛香島雨，
點點欲沾衣。

（一九七五年於香港）

讀了家蕒的詞，我又何嘗不是「故園街巷依稀」呢？覽誦回環，真為之感嘆不已。她縱不向我「索和」，緬懷往事，難免也老興復發。我雖飄泊異國，不彈此調久矣，竟然也就乘興狗尾續貂一番，一夜奉「和」了四首。鄙人作打油詩，隨寫隨棄，很少留稿，但有時在朋友的詩集裡，卻發現了我自己的詩。闞君於一九八七年在北京出版她底第一部詩詞集時，在下的拙作，竟然也有三首附驥，第四首據說因為有點宋公明的梁山氣息，為出版者刪去云。

家萁的原詩，就頗有「思無邪」的境界。我的狗尾巴雖有點酸溜溜，但說的多少也有些心裡話。不妨也就從她底詩集內，抄一點拙作下來，以作談助：

詞俏文清君未改，
我慚雙鬢稀稀。
展箋最憶少年時，
三千小兒女，
結伴到湘西。
浮海州年驚聚散，
最憐重結蘭輿。
蜀山修禊竟無期，
淚隨風後雨，
兩濕薄羅衣。

這兒所提的「蜀山」不是四川的山，而是合肥城外的大、小蜀山的風景區。我在另闋曾提到「晚霞秋水曉霜凝，平梁稱『第一』，所里感飄零」。平梁是合肥古名，所里則是我們在湖南的中學所在地，現已改名矣（朱鎔基總理和夫人勞安女士，曾是我們晚期的校友）。晚霞秋水，詩人那時確是校中「No. 1」的美女，非虛言也。

後來我在舊日記簿裏，無意中也翻出了好多舊作詩詞的草稿，想把當年那首「反詩」再找出來重讀一下，可惜紙片太亂，再也找不到了。但卻發現了另一闋，顯然也是什麼時候回答謝夫人的續貂之作。因順手再抄出來唸唸。作者們今天都已年躋八旬，作反詩，也反不出啥名堂了。我想擔任檢查的官員們，也不會像以往的認真了吧！詞稿如下：

步匹茲堡謝闞家蓂學妹原韻（調寄高陽台，一九七七）

雙雁齊來，
一般纖巧，
裁箋我愧塗鴉。
弄斧秋波，
輸君才思涘涯。
幽居亦有江南夢，
嘆連天芳草平遮。

最無瑕，
詞清漱玉，
人瘦梅花。
記曾共飲湘江水，
憐廝磨舊侶，
翡翠豐華。
草木春城，
髫環早痛無家。
衰鬢猶傷身是客，
更何堪，
雨細風斜。
忍添芽，
舊恨新愁，
密密麻麻。

行有餘力則以學文

轉眼大半個世紀過去了，看他們謝家兩位八十雙星，齊眉偕老，融融樂樂。謝老漢不知老之將至，在職業上退而不休，對地理仍是情有獨鍾，地圖畫個不停，名滿天下。謝老嫗雖也曾數度客座教授於美國，和海峽兩岸的知名大學，但是她主要的精力仍集中在相夫教子之間，把個海外謝家忙個圓圓滿滿。老夫婦頗得洋俗三昧，並兼中西倫理之長。兒女輩雖是美國青年，卻仍是華裔佳子弟。一家和和睦睦，兒孫滿堂，是真個中西兼善底最標準的海外中華的家庭。謝夫人原有他們謝家小姑（道薇之外，現代文壇裡還有冰心和冰瑩呢！）的才華，如今行有餘力，則以學文，暇時自得其詠吟之樂，更是積稿盈笥。

筆者於上段曾提過，寫舊詩的意境和風格，是與作者的漢學修養成正比例遞增的。年紀愈長，讀書愈多，詩詞會作得愈好。尤其是詩詞中底王牌的律詩，更是如此。您看上述諸多歷史名人，除陳寅恪之外，胡適、郭沫若、汪精衛、周作人、周樹人，乃至郁達夫、瞿秋白、毛澤東、蘇曼殊，他們底絕句和長短句，大致都還（如胡適所說的）「acceptable」（過得去）。唯獨是七律一項，沒一個可說是達到他們那一階層及格水平的。其所以然者，便是這些風雲人物都太忙了。從未能安靜下來，慮而後能得，像盲翁陳寅老那樣，兩句三年得，慢工出細活也。寫律詩，心粗氣浮，搞急就章，往往就見不得人了。質諸詩學行家，是耶？非耶？

這才是真正的「冷文學」

至於我的老同學，以前的絕代佳人，現在的「謝家老嫗」闞家蓂女士的作品，我在她底第一部詩詞集裏，發現她底絕句和長短句都極富才華，這我在中學時代已早有所知，不以為異。我驚奇的是她近作的七律，也顯出極深厚的功力，有些竟可直追上述那些老輩，而毫無遜色。

這兒我把我的闞同學來和歷史上那些風雲人物相比，似乎有點不倫不類。至少也是舉非其類。但是從另外一個角度來看，那批歷史上風雲詩人，也不能和我這位中學小同學相比呢？因為前者搞的是百分之百的「熱文學」，「不要放屁，且看天地翻覆」的熱文學。而我這位小同學，只不過是一位家庭主婦，她只是完全為著一己對詩詞的愛好，而在燒飯洗衣的餘暇，來寫點小詩小詞以自娛罷了。用個目前最時髦的名詞，那就是百分之百的「冷文學」了。前者「熱文學」是天上的靈芝；後者「冷文學」，則是澗邊的幽草。前類作者都是名滿天下、當朝一品的熱呼呼的熱人物。其作品欲求其冷，不可得也。後者只是一名默默無聞的家庭主婦，寫點小詩文，欲求其熱，亦不可得也。但是，朋友，我們文學批評家，如果要把當代文學分成冷熱兩大類，則前者雖聲勢浩大，但也只能包辦一類嘛。後者雖只是一名家庭主婦，但是在文學分類上，物以類聚，事以群分，卻也頂了「冷文學」的半邊天，有其極大的代表性，那也就很不平凡了。

「冷文學」這個劃時代的文學名詞，原是我們當今最熱底「熱文學」大家高行健先生最近才發明的，他說他那套得獎的《靈山》、《八月雪》等名著，最初寫作的動機，都是自言自語的著作。不求聞達、不為名利、不為稻粱謀、不管讀者和評論家如何反應，他只是我行我素，秉筆書之。只自己揣摩，沒外人欣賞，將來就藏之名山，傳之其人。總之，一切只是為著作者自己的興趣始執筆的。所以他把他的文學作品，自分為「冷文學」。錘定千古，將來的中國文學，就要多出一個「冷文學」的項目了。

至於高君撰寫「冷文學」的原始動機為何？我們當然不敢妄測也。我們只知道，他這位主觀的「冷作家」，卻跑到一條客觀的「熱馬路」上來了。高君本人可能是個不吃煙火食的印度「聖者」（guru）；但是他所持缽化緣、搭乘便車的馬路，卻是一條「油水篷車」（gravy train 或 gravy wagon）川流不息的通衢大道呢！施者比受者有福，一旦有布施者的「篷車」停下了，招呼「聖者」上車，那位原本又臭又髒的印度咕嚕（筆者早年訪印時，就曾親眼看過這些咕嚕頭上蒼蠅亂飛）、呆秀才、吃長齋的中華老童生立刻就可搖身一變，錦衣玉食地去作相府招親狀元了。昨日呆秀才，今朝狀元郎；昨日臭咕嚕，今朝香主教，是冷是熱，又從何說起呢？

余近讀名著《八月雪》，固知一個不識字的「獦獠」時來運轉，立刻就可與「兩京法主，三帝國師」一見高下。我們的聖賢老莊，原來就講明，唯天下之至柔，才能攻天下之至堅；以退為進，以柔克剛，原是我們道家之精華嘛！頭懸梁，錐刺股，目標是六國封相。咱老鬼谷子的文學才是最沸騰的「熱文學」呢，何時「冷」過呢？

若就高君「冷文學」的定義來分類，那麼我底老同學，所著的「闞家蓂詩詞集」，才是真正的冷文學呢！高行健先生說：

所謂作家，無非是一個人自己在說話、在寫作，他人可聽可不聽，可讀可不讀。作家既不是為民請命的英雄，也不值得作為偶像來崇拜，更不是罪人或民眾的敵人……，文學作為人類活動尚免除不了的一種行為，讀與寫雙方，都自覺自願。因此，文學對於大眾不負有什麼義務。

這種恢復了本性的文學，不妨稱之為冷的文學……（見《文學的理由》）

高君這番話，效驗明時方論定，用在《靈山》之上，倒不一定太恰當。用在《闞家蓂詩詞集》的序文上，才真是天衣無縫呢！我就斗膽的借用了。

家蓂，家蓂，您的《闞家蓂詩詞集》才是當今中國文壇上，真正的「冷文學」呢！您大著的篇幅雖小，分量有限，但是代表性卻是一望無際的。你頂了當代中國文學中「冷文學」的半邊天，我們老同學們才要為你的「思無邪」，為你的「溫柔敦厚」，為你的「恢復了本性的文學」而歡呼，而歌唱，而手之舞之，足之蹈之也。我們為有了您這樣一位老同學，而感到自豪、驕傲！

＊原載於《傳記文學》二〇〇一年第七十九卷

向冰心老人寫「情書」

冰心老人最近在大陸去世了。我們知道冰心是從忝作她底「小讀者」開始的。

那時她還是個少婦，寫了給「小弟弟」的十二封信，我也封封拜讀了。後來學會做新詩，也是從拜讀她底《春水》等「小詩」開始的。家中姑姑姐姐舅舅姨姨都鼓勵我向她寫信，我也寫了，我寫了些啥子，冰心「老人」有沒有回信，我就沒有印象了，後來我在重慶沙坪壩上大學，我又向她寫了一封信，這次冰心老人回了一封信，那我就印象深刻了。故事是這樣的：

在重慶時代，我們雖然成天的打擺子，害夜盲，悽慘不堪，但是文學興趣不減也。我們一小撮人組織了一個文學會，會員中一位基督徒替我們在附近小教堂，借個會客室作會址，以便開座談會和朗誦會。誰知那位姓黃的牧師，竟然也雅興大發，他不但也加入我們座談，並且提議要我們擴大組織成為文學講演會、邀請名人來講演，他並可為我們募集一點小錢，去支付滑竿和餐飲雜務費用。重慶那時是陪都，名人多如過江之鯽，在我們擬定的文學名人的名單中就有郭沫若、羅家倫、宗白華、曹禺、冰心、李長之、臧克家等人。我記得我們最成功的一次是羅家倫先生，他那時剛從中大退休，我們一請，他一下就答應了，但是他有個條件：「不要介紹」，我們當然求之不得。誰知當我們把「海報」剛貼出去之時，中大總務處的處長（已忘其名）立刻就來找我們，說會場一切布置、茶水點心、午餐、和滑竿來回接送，完全由他負責，我們文學會坐觀其成好了。這場講演轟動了沙坪壩，可容千人的大禮堂，被布置得花團錦簇，講演台上玻璃杯內的開水，亮如水晶（那時我們喝的開水是不透明的，所以我印象很深），大禮堂之內被擠得水洩不通，掌聲如雷，更不再話下。這場盛會給黃牧師的印象太好了，雖然我們一文錢未花，動口未動手，托上帝之福，黃牧師還是在沙坪壩上最有名氣的大金剛酒樓，替我們「慶功」，吃得我們第二天個個「文學家」都腹痛如紋（因為肚皮內向無脂肪，一旦來了大魚大肉，它老人家，吃勿消也）。

這次成功經驗之後，更上層樓，我們就想到當時住在歌樂山上的冰心了。我們這些「小魯迅」，個個都摩拳擦掌，認為第二次一定更為成功，因為冰心是個女作家，一定更有號召力，「總務處長」更會幫忙，因為他曾向我們保證過也。但是如何能把冰心請下山來，實是關鍵。我十個臭皮匠研究的結果，認為要向她寫一封熱情洋溢，你不來我們就集體跳樓的「情書」。那時是大會的祕書兼紀錄。大家要我主稿，經過在教堂通宵熬夜和禱告之後，我們就落實了一封嘔心瀝血的「情書」。冰心縱是鐵石心腸，讀了也會感動無比，非下得山來，援我一臂不可。「情書」寫了些啥子，全沒印象了，只記得最肉麻的最後一句：「冰心女士，我們都長大了，但是還是您的一窩小弟弟啊……」冰心縱是鐵石心腸，讀此如何能不流淚？一星期後，覆信來了。冰心就是個鐵石心腸的女人，但她悲慘的說她確實病了，醫囑絕不能坐滑竿，並寄來了醫生開的證明。她那封悲慘的親筆信上也有個「最後一句」說：「我也是個平凡的人啊。」十個小魯迅展讀來書，相對黯然。從最高潮，一下跌入谷底。

一九九九・三・三於美國新澤西州

＊原載於《明報月刊》一九九九年四月號

天風吹動海外潮

——早期留學生文學和「天風社」

胡適之先生以前常常說，哲學是他的職業，歷史是他的訓練，文學是他的娛樂。他老人家就為這三項忙了一輩子，但也忙得他動垂史冊、名揚國際。我們這一批在五十年代作為「胡適之的小朋友們」，拜他作老師，也深受他底影響。就以我個人來說吧，我也可以說是歷史是我的職業和訓練，文藝是我的愛好和娛樂。

記得我自小學時代開始，出任公職的第一項任務，便是當文學編輯。我那所小學，原來是一座廟，坐落於一條美麗的小河之濱。這條小河也有個美麗的名字叫做「桃溪」，因而我們的國文老師乃把學生們主辦的文學刊物取個名字叫《桃溪浪》。我們的「文學社」因而也叫做「桃溪浪社」。我們社員十餘人都是一筆滔滔的「小魯迅」。我就是這家《桃溪浪》的「總編輯」。我的第一篇公開發表的文藝作品的文題，叫做「憶兒時」。

從《桃溪浪》開始，自初中、高中、大學，到留學，我一輩子和文藝也沒有分開過。抗戰期間進大學，也搞過一些文藝社的組織，並為這個組織和一些當時名聞海內的作家，有過短暫的接觸，如當時在歌樂山養病的冰心女士，我們就以「妳以前的小弟弟」或「妳以前的小讀者」（好肉麻）的身分和她通過信。還有那時落難在重慶小龍坎教中學國文的詩人臧克家和我們也有過往還。並且為著稿件，我也曾間接的冒犯過「殺人無力求人懶」的田老大——田漢先生……，至今猶覺內疚……

四十年代的「慧孽頑根」

一九四八年夏季當國內的內戰正打得烽火連天之時，我又胡裡胡塗地跑到美國來留學了。上船之前，替我送行的一些歡喜搞文藝的朋友們，乃約我替他們寫點「旅美通訊」一類的文章——那時馮玉祥將軍也正在為「大公報」寫同一類的文章（現在的名詞就叫做「報導文學」吧）。我記得馮將軍說美國樣樣都好，連美國的抽水馬桶也比中國造的好。馮將軍說，美國的抽水馬桶的座位很大，哪像中國馬桶那樣的「顧前不顧後」呢？朋友們希望我到美國之後，也為他們寫一點類似的馬桶文學。我也答應了。那時我雖然對美國所知甚少，但我直覺的想法是，天下哪真有至善至美的社會呢？美國社會一定也有她們的缺點，甚至重大的缺點，但是知識不夠，怎能體會出它的缺點呢？正如《紅樓夢》裡的板兒，板兒怎麼能知道榮寧二府之內，哪一個「扒灰」？哪一個「偷小叔」呢？所以我這個板兒渡海潛入大觀園時，真是十分虛心。既不敢恭維「馬桶」，也不敢亂罵「杜魯門」。我對我的朋友，只報導了一些鮮有評論的「報導文學」。內容讓中國讀者們慢慢去體會，也讓我自己慢慢來咀嚼……我寫了不少篇，但是一篇也未看到他出版。一個小作家太天真了，他還在胡胡塗塗地寫，哪知道太平洋彼岸的祖國已天翻地覆呢？朋友，生為中國人，五千年來我們有多少人有過改朝換代的經歷？更有幾個人體驗過「焚書坑儒」的滋味呢？

大夢初醒，時代已轉入五十年代了。我這個失去方向的四十年代小作家也從虛無主義走出來，感覺到面對現實的挑戰。在一個不知何擇何從的時代裡，一個人的劣根性卻不易丟掉。我記得當時曾做過一首小詩：慧孽頑根久未除，昨宵小夢到西湖。斷橋泉照歸來影，側帽平衫舊酒徒。我自己這個「慧孽頑根」，在當時實在是個絆腳石。在那個五十年代的美國，一個青年人如認清時代，洗心革面的去「努力上進」還有他底成就的。我們搞慣了「士農工商」的小子為什麼就不能「翻身」，來搞個「商工農士」呢？祖國大地不是四處都在翻身嗎？我翻不了身，便是受「慧孽頑根」的牽累——你覺得還是你老的生活方式最快樂，為追求快樂，也就不想翻身了。

可是當時最不幸的卻是受「慧孽頑根」所牽連而無法前進的竟然不止我一人——我很快的又發現了另一批狐朋狗黨，臭味相投，因而就更是翻身無日了。

在我當時所認識的青年作家中，第一批應該提的便是林太乙姐妹和太乙的丈夫黎明了。他們是我哥大的同學。哥大在四十年代裡，中國留學生無慮數百人，人材濟濟。到五十年代初期，就只剩小貓三四隻了。正因為人數少，同學之間就更容易接觸。通過了太乙夫婦，我們也就認識了林語堂先生。

林語堂和「天風社」

林語堂當然也是一個有「慧孽頑根」的老輩。他在美國大批大批的稿費拿膩了，也想把他那「論語」、「西風」、「宇宙風」一類的「性靈文字」型的刊物搬到美國來出版一下。就這樣林氏便在一九五二年創辦了《天風月刊》。

一九五二年正是中共在大陸搞土改、搞鎮反、肅反、三反、五反……，全國上下一片血腥的時代。台灣當時是個有「文化沙漠」之稱的荒島，荒島之上也殺聲陣陣。而林語堂在紐約卻好整以暇的辦了一個「性靈文學」的雜誌，也真虧他有這份閒情逸致！

《天風月刊》顧名思義，是當年春申江上《西風》一類刊物的延續。那是一家受西方影響的純文藝刊物。這個「天風社」由林氏親任社長，他的二女兒太乙作主編。太乙的丈夫黎明，也是位才兼文武的作家，社務編務，他都可一把抓。但是黎明那時在聯合國任翻譯，格於聯合國的規章，他不能兼差，所以在「天風社」裡他可作事而不可掛名。可是《天風月刊》在紐約州政府登記發行時卻必須有個「業務管理員」的名義。黎明既然董其事而不能出其名，太乙乃把我的名字寫了進去，使我成為「天風社」裡，未「管理」過一天「業務」的「業務管理員」。

「天風社」的成員基本上還是三四十年代老上海幫作家的延續。例如以「王寶釧」一劇而揚名歐美的熊式一，小說家徐訏，寫《我和毛澤東行乞記》的作者蕭瑜夫婦（蕭瑜是紐約青衣名票蕭明的爸爸），詩人雕刻家李金髮，散文家沈有乾，女兵謝冰瑩……總之都是當時毛澤東搞「脫褲子，割尾巴」運動之下，與林公有若干交情的「漏網之魚」。在這批老作家之後，便是我們這批太乙的同學，「林語堂的小朋友們」了。那時在《天風》中執筆的晚輩，除我自己之外，今日仍可想起的有：後來把現代藝術帶進台灣的顧獻樑；今日還在大搞其既接傳統，又反傳統的怪體字的王方宇；我今日市大同事亞美學專家宋瑞芳的丈夫鍾嘉謀……等等，加上黎明和太乙，大致也有七八位。

「我的女上司」

《天風》是個十六開本的小月刊，容量甚小。但是在五十年代初期，大陸上大門緊閉，而海外華文文藝界一片「沙漠」的時代，它居然能風行海外，花果飄零，成為中華文藝流落番邦的獨子孤兒，贏得讀者們的一片采聲。但是《天風》一共只辦了九期，不足一年，便因為林家闔府前往南洋辦學而停刊了。

我個人在這個小刊物內一共只發表過兩篇文章和若干首詩歌。一篇叫〈梅蘭芳傳稿〉（連載三期），另一篇叫〈我的女上司〉（載第二期）。梅傳是林語堂先生出題目叫我寫的。女上司一文則是我在四十年代，對美國社會，只談事實，不作評論底「報導文學」的延續。

在〈女上司〉裏我寫一個中國留學生在美國打工時的奇特遭遇，寫的是客觀的故事，沒有絲毫善惡、是非的主觀評論——事實上是一篇「留學生小說」而已。

〈我的女上司〉是在一九五一年寫的，一九五二年二月發表的。因為這樁故事十分滑稽，有的在海外教中文的老師，竟把它選為漢文教材。有位老師朋友告訴我說，她的洋學生讀過之後，「把頭都笑掉了」（Laughed their heads off）這篇「沒氣出」的滑稽短篇，後來在海外文學雜誌，每被轉載，就變成了一篇不折不扣的「留學生文學」了。

最近有一位研究「留學生文學」的朋友告訴我說，我那篇小文是「留學生文學史」中「前於梨華時代」的作品，是留學生文學的「鼻祖」。其實這是他仁兄「把頭都笑掉了」之後的錯覺。〈我的女上司〉也不是我自己「留學生文學」中的第一篇。我是一九四八年留美的，上岸不久，就打起工來，我還寫了些「我的男上司」呢！只是我那些「男上司」被我寄回中國，全部給共產黨的郵電檢查小幹部送進了勞改營，始終沒有「解放」、「平反」罷了。

再者，《天風》那時也不是唯一寫「留學生文學」的地方。那時美國東西兩岸的華文僑報和期刊還有好多家，裡面「打工文學」可多呢。只是它們多半是隨寫、隨看、隨丟罷了。《天風》

原來也是這麼三個「隨」的刊物。在當時誰又會想到，他老人家要擠入「留學生文學史」呢？

＊原載於《聯合報》一九八九年十月十一日〈聯合副刊〉

《白馬社新詩選》序

白馬社要出什麼聯合詩集、或個人詩集，原是創社老社長顧良（獻樑）在上一世紀五十年代中期應聘去台灣，短期任職時，心血來潮提議的。那時還沒廉價複印機，我們就把原稿一卷卷的讓他拿去了。想不到的是那時去古未遠。「新詩」在台灣，還不算是什麼「詩」。獻樑要開風氣之先，就不容易了。（白馬社友當時曾在台灣出過一本舊詩集，只在序言裡讓出版商把一些老詩人名字上，加個「匪」字就通過了。新詩還不行。）

顧良兄原是個無事忙的大忙人，加以後來又同仰蘭夫人鬧離婚，就更沒工夫來替我們編印什麼詩集了。那幾大卷爛詩稿，究竟如何的「失蹤」，也就再沒人過問了。至於那些失蹤的詩稿中，有我自己多少拙作，我也從未查詢。仰蘭說「有唐詩三百首」！我知道沒那麼多，但我想唐詩一百首上下大致是有的。

「白馬社」散了。作新詩再也沒那麼起勁了，作詩本來必須眾人「起鬨」嘛。白馬社後來那個可悲的結局，使老社友都悲痛欲絕，哪還有心思再作什麼新詩呢?!

今承心笛、策縱兩位，於半個世紀後，再來談談舊人舊事，我也只能亂抄一些「舊作」，斷簡殘篇，聊應雅囑了。

二〇〇三年九月十五日補記

爲張香華作序

從一個讀歷史者的角度，去冷眼旁觀當代中國文藝發展的現象，我個人發現最近三十年的中國文藝界，尤其是一枝獨秀的台灣文壇，發生了一樁過去三千年中國文學史上，所未嘗有過的盛事。這一盛事，便是中國女作家之崛起。

在這三十年中，她們默默地播種、生根、發芽、成樹、成林，終至遮天蔽日！她們目前人數之多、隊伍之大、作品之豐盛、果實之美好，竟然超過三千年來中國文學史上，所有「女作家」一切成就之總和而有餘！

朋友，你如說我誇大，那就請您扳扳貴手指、數數看，自曹大家（班昭）到蘇阿姨（雪林），中國歷史上究竟出了幾個搖筆桿的女人？她們究竟寫過幾篇像樣的東西？您就會同意在下之言為不虛。

在三千年中國文學史上，懷才不遇，那當然不是「她們」之過。古才女詠纏足詩就說過，「不知裹足从何起，起自人間賤丈夫！」古往今來，「我們」男人之間的「賤丈夫」所作的孽，又奚止裹「她們」的「小腳」而已哉？罪惡多着呢！

可是這三十年來，時代不同了。別的不談，就是當代中國文壇這一處，也已逐漸是「她們」底天下了，豈只平分春色？

筆者近年訪問大陸、港、台和新加坡，對新聞界所擁有女訪員之多，作品之美，已感到驚異；而最使我感到震撼的，則是我蟄居近四十年，胡適之先生所讚譽的「海外第三個中國文藝中心」的紐約了。

紐約近有蓬勃的中文報十餘家，而主持幾家大報〈文藝版〉、〈書評版〉等等大山頭的寨主們，竟然是清一色的女人——在台灣成長的「一女中」、「二女中」等校畢業的穆桂英。她們如唧唧喳喳地開起聯合校友大會來，那也就是領導我們西半球中國文壇的戰略大會了。中土將星，雲集海外，還有什麼左右好分的呢？

在這羣雌粥粥、咄咄逼入的情勢發展之下，下一個世紀初期，所謂「中國作家」，恐怕就要專指女作家而言了。異性作家，頭上如不加個「男」字以資識別，人家可能就把「他」誤為女性了。專靠在自己名字上去慷慨悲歌一下如在下者，恐怕也無濟於事了。

台灣近三十年來成就甚多。專論在文教方面推行普通話和培養女作家之成績，我這個搞中國近代史的「中國男作家」，真要把它打一百分。

在這些佼佼不羣底「作家」之中，本書作者張香華，就是個突出的形象。

＊　　＊　　＊

香華是大作家柏楊的夫人。我認識她也是從認識「柏老」開始的。一九八一年夏我應約訪台，在一位朋友的宴會上和柏楊伉儷同席。主人把我的座位安排在香華的鄰座。那時我對這位芳鄰的第一次印象，則認為她是位美女——柏老「老夫少妻」，頗有「艷福」！

這位美麗的夫人既然是我底芳鄰，按時下流行的洋規矩，我除不時替她斟酒揀菜之外，還得找點她有興趣的題目，陪她談談，以表示我底「紳士的禮貌」這樣我才知道，除掉「柏楊的夫人」這一榮銜之外，香華本身也是一位有很多著作的詩人。這一發現使我自慚孤陋之餘，和她也就談起「詩」來了。

「詩」，本是陪詩人聊天臨時選擇的話題。原意是不避淺薄、班門弄斧、說說笑笑，大家都享受一次快樂的晚宴罷了。誰知我們愈談愈投機，從晚餐到宵夜；汽車發動數次，餐室換了兩家，而我們之間的閑聊，居然未換過題目！

在一個悠閑的夜晚，細點兩三碟、好友七八人；酒氣微醺、香烟慢繞，伴美女、談新詩，這對一個忙裏偷閑的俗人來說，也實在是平生難得的一次幸會。我那時又哪裏想到，我底芳鄰美女，不但是位詩人，也是位清逸雋永的散文作家，和有捷才善組織的第一流新聞記者。她居然把我們那一夕東扯西拉之談，摘要組織成那樣一篇輕鬆自然而涵義深遠的詩評——這篇新詩評論和鍾嶸底〈詩品序〉一樣，本身便是篇第一流的散文（見〈八仙過海談新詩〉）。

在這篇散文裏，我榮幸地附驥留名（原篇名唐某某談新詩），真是心慚面赧。其實我如果也有香華的文思和捷才，也把我們那晚聊天的內容整理下來，我不是也可寫一篇〈仙姑談詩〉嗎？——香華那晚是我們「八仙」中的何仙姑——我沒有寫下這篇有好題目的「詩評」；無他，只是我這位粗男人，沒有香華那樣細膩底才華罷了。

*　*　*

香華那篇散文發表之後，頗為文藝界的好友所傳誦。瘂弦和一些詩人朋友們，因問我有無續貂之作。我自己也覺得那晚我們雖談了四五個小時的新詩，仍語有未盡——其實「新詩」哪有「談」得完的時候呢？——所以我又「為香華作注」，補了一點管窺之見。

記得那晚我們談興方濃，却因餐室打烊而中斷，「八仙」俱為之怏怏然。施耐庵說得好，「人生之快莫如友，快友之快莫如談。」我和香華、湯晏那一局談詩的牛皮，剛涉及「朦朧」階段時，便被眼角朦朧，頗有睡意的店夥計打亂了。

記得我曾告訴香華，「朦朧詩」是「國貨」，是海峽兩岸同時加工，平行發展，用中國材料自己製造的土產。它沒有受太多的「外界（西方）影響」；更不是什麼「橫的移植」。

但是我們目前這一「代」，為什麼搞出個「朦朧詩」這個古怪的東西來了呢？原來「詩」

是一個民族「心態」的藝術反應；而心態又與生活方式和社會發展是互為因果的。

「朦朧詩人」的產生先得有個「朦朧的社會」、「朦朧的國家」、「朦朧的人生觀」、「朦朧的道德觀念」、「朦朧的是非觀念」、「朦朧的宗教感」、「朦朧××」、「朦朧×××」、「朦朧……」……。總之「朦朧的心態」……人生無處不朦朧……處處「難得朦朧」，才能寫出「朦朧好詩」來！

反之，一個社會，一個人生，如果黑白分明、是非分明、愛憎分明、利害分明、計算分明……心計分明，那您就「朦朧」不起來了。本不朦朧而故作朦朧，那就惺惺作態、矯揉造作了。

「朦朧」本是個很「美」的境界，可愛、可敬。惺惺作態、矯揉造作、故作「朦朧」，那就變成可厭、可嫌，搔首弄姿的「老天真」了。

看妖精打架的「傻大姐」，很「美」，也很「可愛」。如果聰明的「襲人姑娘」，也裝成老天真去看妖精打架，則為天下之至「醜」矣。

所以「朦朧詩」原是我們這個時代，「名士風流、英雄本色」，很自然的產品，是「做作」不出的。沒有這個時代，便不會產生這個東西。

顯然的，在我們那愛恨分明、是非分明、觀念分明、遠近分明、黑白分明的「抗戰年代」，就不會產生我們這位朦朧兄弟；有之也不會成為氣候。抗戰而後，四十年來，朋友！生為中國人，此身、此家、此國，何處不朦朧?!朦朧詩歌也就應運而生了。

那位久歷風霜、頭腦清晰、人情練達、世事洞明……底文壇祭酒、大詩翁艾青先生之不了解「朦朧詩」、之反對「朦朧詩」，是完全可以理解的。但是除非艾老能改造時下青年的「朦朧心態」，扭轉這是非不明、道德模糊的「朦朧時代」，他底反對是徒勞無功也是可以預測的。

「朦朧」是個很可愛的境界；朦朧作家也是些可愛的詩人，也必然是詩人。以朦朧體寫文章，那就變成「不通」了。「朦朧詩」可愛‧，「朦朧文」就可厭了。

香華最近結識的「我的朋友」艾山，就是一位極其可愛的「朦朧詩人」。

「難得朦朧！」我自恨不如艾山。

*　　*　　*

香華是個「詩人」，而筆者則是個「讀詩人」——好詩癩詩讀了幾籮筐。可是我們談詩寫詩却有很多相同的語言：我們都羨慕朦朧、難得朦朧，但沒勇氣故作朦朧。

香華有鮮明底「愛」；有明顯的「憎」——是「面且可憎」的憎，與「恨」又略有不同。她底濃厚的情感，有個滿足而幸福的歸宿。天堂地獄、是非善惡、幸與不幸，在我們這位女詩人的心坎裏，是尺寸分明的。說一句時髦的英語，那就是她沒有「get lost」。今日美國女青年的口頭禪，「I am trying to find myself.（我正在努力尋找我自己）」。香華則沒有這種心態。她沒有四處「尋找」她自己；她知道她在哪兒——在這方面，「柏老」該有很大的貢獻吧。

香華和很多有才華的詩人一樣，是位「感情中人」。她這份「感情」，小可以憐香惜玉，大可以悲天憫人。為着人世間的痛苦和不平，她可以貢獻一切，但她自己却幸運地住入一所「迷你」天堂，不需要在地獄裏摸索。她沒有「朦朧」；沒有失落感。相反的，她是披着朦朧大霧的公園之中，一盞亮晶晶底小路燈。照着雙雙情侶，把臂而過；照着流浪老漢、失母孤雛，在園中蹲躅；照着微光下、寒風中，向路人伸手或微笑的可憐蟲；也照着躲於暗處，竢機殺人或強姦的罪犯。

靜觀世態，以無可如何的心情，發而為文；文如其詩、詩如其人——這便是我個人讀香華詩文的感觸。我想很多喜愛香華作品的朋友們、讀者們，讀此書，也會有同感吧。

一九八五年歲暮於紐約

＊原載於《只緣身在此山中》（張香華著、王渝選），香港：文藝風，一九八七

爲香華作註

在一年多前，我和柏楊伉儷在一起吃飯、喝咖啡。柏楊夫人張香華是一位十分美麗的詩人，和我比肩而坐；而我自己也是個有打油之癖的狗頭詩人，所以我二人便談起詩來了。

這是個朋友之間，喝咖啡、吹牛皮，很普通的事。她既不是名記者陳香梅；我又不是長大鬍子、吹大牛皮的蘇格拉底，大家聊聊，還不就完了。孰知其後不久，紐約「新土雜誌」中的一位老朋友打電話給我，說，「我們發表了一篇訪問你的文章。」

「誰也沒有訪問過我呀！」我說。

等到看到那篇文章，我才抱頭長噓。

香華那篇文章寫的太好了。我真不記得那晚我說了那麼多討論新詩的話。雖然那確是我向朋友們吹了多少年的老牛皮，只是香華記得有條有理，使我自己讀了，也很神往。不是自捧自，雖然她說是記我所講的，我倒也十分欣賞她在「八仙過海談新詩」那篇文章中，所表現的才華——那位睡在柏楊床上的美女的才華，我是分享其芬芳了。

那時因為只是無心的聊天，我當然只是信口說來，講不出什麼大道理。今番舊事重提，倒想對她底大作，片片段段地作點補充。

新詩，有「代」，原如舊詩。唐詩中的初、盛、中、晚，便是四代。宋詩、清詩等等，也都各自代表其「代」。不過文學上的「代」，不同于「電腦」的「代」。「電腦」的「代」是後代替前代；一代比一代強。既替矣，則前一代便成垃圾，永不留用。詩的「代」，只是風格和體裁的不同，和出現的早晚而已，談不到絕對的好壞。生于「晚唐」的人，未嘗不可作「盛唐」的詩；而盛唐的詩，也不一定非比晚唐高明多少不可——雖然詩評家們總歡喜說什麼「詩必盛唐」。

我的老朋友，詩人艾山，所做的便是新詩發展中最年輕的「四代」之詩，而其人則是「三代」之人；是個「老北大」、「老革命」。這位老革命抬起槓來，真是怒髮衝冠、刀槍不入。而我另一位詩人朋友，心笛，做的則是「三代」之詩，比老北大做的還要早一代，但是當我們在一起作詩之時，她卻只是個美豔侵人的窈窕少女。

我們的「老革命」詩人艾山，則認為這樣一位姣好的少女，為什麼要做這樣「舊」的「新詩」？所以「他」一定要改「她」的詩——把「她的詩」改成那「看不懂、唸不出」的「他」的詩。

可憐的心笛，原是個「百依百順的女孩子」，隨和得要命。人家怎麼說、她怎麼信——人人都是英雄，只有她才是弱者。英雄們怎說怎好。

幸好（在我看來）那時還有個我這位老革命在側，仗義直言，不讓艾山在佛頭著糞，把個小幼苗搞成「病梅」。

「艾山，」我說，「你不要亂改心笛的詩啊！」

「她還年輕，」艾山說，「她需要我們幫助幫助。」

「她原來的倒還好，」我說，「你越『幫助』越糟嘞！」

「心笛說我改得好啊！」艾山得意的說。

「她真是這麼說的？」

「不信你問她──心笛──心笛──」他果真把心笛叫來了。

「……艾山的詩，做得好唉……」心笛說得十分虔誠；艾山在一旁也得意非凡。

「你的詩也做得好唉！心笛。」我說。

「我不會做詩呀，」心笛越發恭順了。「我跟你們學嘛！」她自卑地笑一笑。

「有路，蛇有蛇路，」我說，「心笛，你二人體裁不同，他把你的詩改糟了唉！」

「……？」心笛張大了兩眼望著我。她顯然在我們兩位老革命之前，不知如何是好。但是心笛也知道我這話是由衷之言，不是為著爭取她的芳心，來和另外一位「革命老同志」為難的。

「……？？」她對我二人看來看去，說句英文，就叫做 get lost 了。

但是我這時看到艾山已經在捲袖子。我自己也是出生淮泗之間的英雄好漢，在美女之前，豈可讓他?我預備站起來,找根掃把;倒持掃把,我預備大喝一聲:「哼!好小子,艾山!有種?到後園裏去,比個高下!」

不幸的是,那時我們都住在十來層的洋樓之上,沒有「後園」。這時我也默誦我自己的「三百首之一」:

「我們都是紐約樓客」(用心笛句)

住在人腳底下。

也住在人頭上。

……

而我們「頭上」、「腳底下」和四鄰隔壁,住的又都是廣東老鄉說的「番鬼佬」。我二人一旦為著美女「決鬥」起來,他們上下左右,一齊都來敲門參戰,那如何是好?

我二人都是內戰有餘,外戰不足的,洋人所說的 chickens。言念及此,所以艾山和我就罷兵息戰了。但是我二人又如何自糊面子,握手言歡呢?我想來想去,乃把我二人決鬥不鬥的前因後果「概念化」一番——忽然想出個「新詩有代」的「概念」來。

這一下「思想搞通」,發現了真理,又糊住了為美女不打架的天大面子,好不高興來兮?!

所以二十多年後，陪另外一位美女張香華喝咖啡，我就把我早先搞通的思想搬出來了。想不到這位美女文才極好，筆頭又勤，她居然把它寫了下來，並載諸報端——非始料所及，真非始料所及。

更想不到的，是我的約好決鬥的老對手、老北大艾山，他居然也在報上看到了。來信提及我二人為美女比劍的英勇往事；宿怨不提，重修舊好；「真理愈辯愈明，」他並誇獎我「講的好」；香華也「記得好」！

二十五年了！美人遲暮，老革命也寶刀封塵，釋嫌修好——寫了這小段，算是給香華作個註腳吧。

*　*　*

還有，香華在她底文章上還提到紐約的顧根翰美術館（Guggenheim Museum），那也是我們當時聊天，未講清楚的地方。

這座五層樓高，迴旋式的大美術館，觀眾進去參觀，不是從下面向上走的。相反的，它的設計是：一進門，便有電梯把你立刻送上五樓。你如是位兩百磅重的老太太，或是坐著輪椅的傷殘或老年鑑賞家，地心吸力，自然會拉著你順流而下。下到底層，繞場一週，便是出口。這兒，你請便，不出門也得出門了——想回頭，則地心吸力也勸你，下次再來吧；免得逆流而行，你碰我、我撞你。

這也是一種藝術經、生意經，兩面都顧到的匠心設計！

古人說，「宰相要用讀書人！」

哪樣事能少「讀書人」——除掉當流寇、打天下之外?!

＊原載於《中國時報》一九八二年十月二十六日

新詩這個老古董　從艾山評艾青說起

——一段廢話——

學校還沒放假，學生穿出穿進。一陣陣、一群群。聖誕新年又到，看看案頭堆的尺把高，大一堆、小一堆的中西文件，頭真大了一圈圈。這時突然想起故中國銀行老總裁，張公權先生一句戲言：「作官真好！」

公權先生五六十年代在美國，動不動便把自己的公事皮包丟了。幾年之內據說丟的不下五六個之多。為什麼公事皮包這麼容易丟呢？原來張公當年在大陸上作了幾十年的大官。大官的皮包自有人提。中國當年的——現在顯然還是如此——部長總長老爺們，哪有自己提皮包的道理呢？有的是秘書、副官、馬弁（現在革命了名子改叫「勤務員」），哪還用著自己去提呢？可是一旦做了政治難民，皮包就得自己提了。沒有自己提皮包的習慣（洋官並不如此），皮包就給丟了。一丟五六個，每丟一次都不免大呼負負，所以就想到「作官真好」了。

顧維鈞先生也曾告訴過我一件有關賄選大總統曹錕的故事。我們談歷史的人，都把曹錕罵得一文不值，因為他下流、賄選。可是顧公卻告訴我說曹錕是個「天生的領袖」（a born leader）。據說曹大總統是個文盲，至少是個「實用文盲」（applied illiterate），識字而不能用字。所以每當顧總理把機要文件拿到總統辦公室待批時，曹大總統總是說，「少川，坐一下吧。」然後總統便請顧氏解釋每一文件的內容。顧氏一件件的說了。曹聽後，也就口授機宜，一件件的處理了。顧總理把文件抱進去，再抱出來，每件公事，都解決得清清楚楚，效率甚高。當然這個文盲總統，幸好有位博士助手幫忙，才能「案牘如流」。曹大總統如果像張公權一樣，到美國去逃難，他一定也會想到做大總統真好呢。

想起胡適之先生以前在美國作寓公時，他那書桌上也有個大金字塔，和我現有的不相上下。這個大金塔他卻不許人碰，連胡伯母也不敢動其分毫。他老人家要什麼文稿、文件了，他在金塔底下，常時一翻即得。找不到，就要講英語了，什麼「Somenhere, somewhere」。最後果然就在 somenhere 找到了。據說胡公回台灣之後，秘書也有好幾位，有的還替他作起居注意呢。我想他那金字塔是沒有了。

Some-where 也不必了。可是他如辭官不作，再回到美國來，他那個金字塔還是免不了的。

在下也有個公家代僱的愛爾蘭裔的洋秘書。她作事很有效率。有時也能幫我把那大金字塔內的洋文公事處理處理。但是我那一堆堆非蟹行文件，她就無法分勞了。眼看這金字塔愈堆愈高——尤其年終歲尾，真是抓破頭皮，Somewhere 不斷，也不知如何是好。有時火了，索性把大金字塔推倒，拂袖而去。債多不愁、瘡多不癢——看你怎樣？「大明天子重相見，且把壺兒擱半邊」，追隨個朋友，喝咖啡，吹牛皮去者。雖然跑掉和尚跑不了寺。頭腦清醒了，還得回來和金字塔打交道。

就在這面對金字塔愁眉苦臉、長吁短嘆之時，忽然《時報》〈人間副刊〉的陳怡真小姐打來越洋電話要「組稿」。並替我出了個題目叫「新」。限時繳卷，「新」不起來，就打板子！據她說，一九八八年台灣報禁開放，一切都「新」起來，「人間」也得「新」一下。所以我這個「人間的朋友」，也得跟著新一番。一元復始，萬象更新，要我非跟新一下不可。

奉電之後，我抓頭細想一下，這大把年紀了。「新郎」「新人」（Freshman），幾十年前就新過了。如今談舊尚可，新則談不起來了。再「把壺兒擱半邊」一下。說聲怡真小姐，從命了。我還是去對付我那個中英雙語的金字塔吧。

——艾山評艾青——

當我愁眉苦臉地又在翻我那金字塔時，忽見塔底有個極大的黃信封，貼著密密麻麻的郵票。抽出來一看，原來是我的「矇矓」老友，詩人艾山寄來的。拆閱之下，才知道，單是碩大如書的賀年片就有兩張，其他附件更是厚厚一大疊。「新」詩人，在「新」年，帶來了「新」靈！他底賀年片為什麼一寄就是兩張呢？我不免一怔，跟著讀下去。（這樣就把金字塔忘了：

所以金字塔永遠是個金字塔。）

以下便是他的解釋。不揣冒昧，把老友的私函且抄一段與詩界友人正賞之：

您們處有策縱兄的近訊？他於八月中旬離美赴新加坡之前，寄來了一大包發表過和未發表的文稿。當中，主要是和艾青辯論詩之懂不懂與朦朧。我認為，若果不是艾青在中國新詩的地位，可以不必爭論，就艾青詩的成就而言，我也覺得不用爭論。艾青的缺點甚多，有著無法醫治的缺點。讓塵埃落定，明日黃花自然瘦了下去。將來「也」不必爭。何必爭尚未明瞭詩之底蘊的朦朧？這是我的看法，大約是偏了點。周夫子是詩人，是了不起的教育家，他有他的苦口婆心！有如觀世音菩薩。

說了周觀音的菩薩心腸之後，艾山又寫道：

去年，我給你的聖誕卡片。未曾寫完，沒有寄出、現在我來補寄。沒有寫完的部分，無法繼續下去了，這份未完整的心意，保留了完整的友誼，希望你們加以接納。又，擬隨去年夾奉的簡報，也一併夾奉，請多多指正。

什麼些「夾奉」呢？啊呀，一大堆！兩年存貨一道批發，有中有西、有詩有文。他又寫道：

今年夾奉的是（一）「夜的獨白」，可以見到無詩生活的機械苦悶……謝馨的「蜜」，是她的內感立體詩的一個例外：詩中對我的說辭，愧未敢當，而她試著「天人合一」的理論，加以形象化了的飛越，自有一段情，一段功夫，頗不容易……

艾山這封信是一九八七年十二月廿一日寫的。好長好長，讓我看了半天。看完了，再看他底「夾奉」，那就看不完了。但是我還是把那首大朦朧的「夜的獨白」，看了幾遍，如見老友其人。且抄一段：（有的句子太長，我把它們打了彎）。

……

莎士比亞也應暫擱在一邊，
剛上眉頭，又上心頭的
悲劇和喜劇，各據山頭，
楚漢為界，爭議著短長
歷史劇又乘虛而入，史也史也，
莎士動用了歷史
卻是達摩語未清：移花兼蝶到？假使
假使莎士筆下沒有哈姆雷特。
沒有舞台。沒有戲唱。不必
一邊印度　一邊莎翁
在天秤上作著盈虛消長的衡量
一面鑼　一面鼓

各類各別各種族幕起幕落敲打的隨俗……
……
……

我愛讀艾山的「朦朧詩」。主要的是艾山是我幾十年的老友。雖然好幾年不見了，我一讀他的「史也史也」、「敲打的隨俗」……就如見其人。他那執著的面孔和赤子的心靈，都恍如就在眼前，使我十分懷念他，而 Miss him very much。

讀艾山的詩，使我對「朦朧詩」更多一層了解：要欣賞朦朧詩，一定要了解（最好是認識）像艾山這樣「史也史也」的詩人。認識他、了解他，你才知道他這朦朧是有感而發，不是矯揉造作、故作朦朧。

新詩做了幾十年，為什麼一直不能「大眾化」？為什麼一直是「做詩的人比讀詩的人多」？而大家還要拚命底做下去？無他，新詩今日已發展到鑑賞古董、珍玩的境界。它從下里巴人始，卻以陽春白雪終。不再是什麼「白話詩」了，它已變成一種古董，愛之者，摩挲欣賞，愛不忍釋。彼此吹噓，彼此揣摩。只可為知者言，不可為不知者道。不知者去「參觀」周鼎商（或現代雕刻），那只是一堆破銅爛鐵而已。新詩也是如此。

我國古代欣賞高級藝術，有所請「知音」——「鍾子期死，伯牙終身不復鼓琴。」何也？伯牙先生那套丁丁東東的彈棉花，只能彈給那位鍾先生聽。鍾先生不幸死了，誰又有耐性去聽伯牙先生「彈棉花」呢？

明乎此，艾青先生之聽不懂彈棉花便不足為異了。年前我為卓以玉教授的現代畫作序，曾說過：「現代畫是有色無聲的音樂；現代音樂則是有聲無色的圖畫。」

現在我不揣淺，再加一句：「現代詩便是無聲的音樂；無色的圖畫。」色即是空，空即是色，怎可以字面上的「懂不懂」來加以衡量？質諸兩位艾翁、周觀音，和詩界高人，以為然否？

＊原載於《中國時報》一九八八年一月五日

爲平上去入平平反

這是聯合報副刊的命題作文，補題目如下，共三行。所以文內以對小學生（你們）口氣：

詩人節專輯・小學詩教的反省（下篇）

孔子說：「孩子，你讀詩了沒有？」

論語季氏篇：鯉趨而過庭，子曰：學詩乎？

記三十多年前某夜，我聽胡適之先生談「文學」的往事。那晚談話中胡公有許多警語，聽完竟使我徹夜難眠。其中之一便是他說他留學時期，討論「文學改良」的正反兩面，「對舊文學都是有相當根基的」。拿他自己來說吧，他本人所作的舊詩詞，「就很 acceptable」。所以他們之間對改良文學的辯論，都是很有深度的，不是信口開河。

胡氏那一番話，足使我通宵難眠的原因，便是我那時也有一批朋友，也正在討論新舊文學上一些相同的問題，而我們之間對「舊文學」的批評，卻都不是「對舊文學有相當根基的」，更作不出「很 acceptable」的舊詩詞。所以我們正反兩面的辯論，都難免是信口開河，說一些不著邊際的外行話——這與胡適當年對「舊文學」的批評，就是兩碼子事了。

那時我之所以夜不能眠的原因，倒不是因為比諸前賢而自慚形穢；我之所以睡不著覺的原因，實在是覺得我們「五四以後才出生的這一輩」，都是他們搞「新文學運動」的受害者（victims）。「他們」「對舊文學都有相當根基」；而「我們」，「對舊文學都沒有相當根基」！什麼道理呢？經過很長的思索，我終於恍然大悟——「他們」那時那些「矯枉過正」的口號與主張，和「沒理性」、「自以為是」，以及「不計後果」的提倡新文學的所謂「新學制」的教育政策，把「我們」這輩青年的舊文學根基，全給封殺了。

北京大學的入學考試，不是不許用文言文嗎?!

主張新文學的教育家，不是禁止在中學國文教科內，加人文言教材嗎?!

胡適本人，不也是主張白話、文言不能同時教授嗎？

在「他們」那種教育政策，和學術風氣之下成長的「我們」，那還有什麼「舊文學根基」可言呢？對舊文學狗屁不通，我們哪裡還有資格來批評舊文學呢？

想想「他們」的「有根基」，和「我們」的「沒根基」，實在是一個銅元的兩面。「我們」為「他們」所誤——「他們」的驕傲，卻正是「我們」慚愧的原因：小輩為老輩所誤導。

不過話說回頭。「我們」當年的「小輩」，比起當前讀拙文的「你們」「更小輩」，還略勝一籌——因為「我們」當年還有一些「有根基」的老輩父兄，和「漢文老師」（如胡適先生）

可以請益；「你們」則並此而無之，至多也是鳳毛麟角了。這種每下愈況，一代不如一代底古典文學的式微，那些始作俑者，也可說是「禍延子孫」吧！

當然話也要分兩面講。那時「他們」有的就主張「把線裝書丟到茅坑裡去」。更激烈的，甚至主張根本「廢除漢字」。他們那時這些主張，除掉革命性的衝動之外，有沒有若干文化性的真理呢？這就牽涉到文化成就和進展上，「價值重估」的問題了。

胡適當年的口號是「重新估定一切價值」。如此，則七十年後的今天，我們對五四當年所倡導的價值，也得重估他一番，否則便如洞山和尚所說的「辜負先師」了。老實說，當今還在搞「程門立雪」的迂夫子們，都是「辜負先師」的。

在這種「重估」的程序之下，如果「舊文明」、「舊文字」（包括整套漢字在內）真的一無是處，則數千部線裝書，丟下茅坑，又何足惜？

問題是：天下哪有個民族文化，尤其是在天下三分的世界文化中至少有其一分的古老中國文化，是否可以搞「一刀切」（恕我用了一個大陸上的新名詞）？這是不需要專家就可回答的問題，而五四時代那些搞「文學革命」者的主張，便是「文學一刀切」——這種「一刀切」的「五四價值」，現在是理該徹底「重估」了。

一個民族文學（尤其是詩歌）的流變，是不能夠、更不應該「一刀切」的。

「一刀切」引發了什麼些後果呢？那就等於北朝鮮的廢除漢字。他們自箕子而後，用漢字也用了將近三千年了。如今漢字一旦廢除，則北韓青年也就把他們底三千年古文明，一刀切掉了。

我國五四以後，新文化教育家不許教文言文，而我國古典文化幾乎全是文言文寫的。文言被「一刀切」掉，新文人對舊文學就茫無所知了。在一般情況下，新文化人對舊文學還可努力自修，馬馬虎虎還可做個「二百五」。可是在詩歌上面，恐怕連個「二百五」，也做不成了。這一點，真慘不忍言！

這兒只粗淺地說一下。談舊詩歌實在應從中國語文的特性說起。我們這個「方塊字」呀，是一種單音節文字。這種「單音」大致只能發到七百種左右的不同聲音。所好的是聲音原發自「天籟」，而這種自然發出的聲音，每個字又可發出至少五種不同的「聲」來，在普通話內叫做（平、上、去、入）「四聲」，而「平聲」又可分出「陰平」「陽平」來。（廣東話甚至可分出「九聲」！）根據自然發音的順序，這種「四聲」，又可分出「平」、「仄」二大類。陰平陽平為「平聲」；「上去入」三兄弟為「仄聲」——這種分法是出諸自然的，古人所謂「天籟」，它不是文學家「發明」的，而是音韻學家在五世紀才「發現」的。

例如普通話中「媽」、「馬」、「罵」三字，用羅馬拼音則三字皆為Ma。但它三姐妹卻有「平、上、去」三聲之不同。因此「打媽」、「打馬」和「打罵」的義意亦相去霄壤。如果再把「平上去」、「媽馬罵」接連快續讀下去，則第四字必然是「末」。因而「媽、馬、罵、末」也就是「平上去人」四聲了。「媽」為「平」聲，則「馬、罵、末」自然就是「仄」了。——這是個自然的順序，不是那位大文學家硬性地「發明」出來，和「新詩人」為難的。因此縱是「三尺之童」，一經指點，自會「脫口而出」，「平仄無訛」。但如沒經人指點過，縱是大學者、大文豪、大文學教授、大文學院長、大諾貝爾獎金桂冠……大這、大那……往往是一輩子不通的——最慘的卻是一輩子不通平仄，而自以為通，自以為好教授、好院長……好這、好那，我自為之，「平仄算個了?!」這一現象是十分可悲的；也是十分普遍的。而這個「孽」，卻是我的老師「我的朋友」胡適之那一輩，有新思想的新文人「造」出來。他們自己——如胡適、魯迅兄弟、郭沫若、徐志摩、錢玄同、陳獨秀、羅家倫、傅斯年……，全懂。在他們「造孽」之後的院長、教授、新詩人、新文學家……，幾乎全不懂！

「他們」並沒有受到「一刀切」之禍。

「我們」卻被他們，下了「蠶室」，動了「腐刑」，「一刀切」掉，豈不可悲、可恨?!想起來，真是牙癢癢的！

昨天有幸，曾與「台灣女作家」琦君同席。琦君的舊詩詞是很有根基的。她的作品最近曾為大陸出版界所選載。我就告訴琦君，琦君也同意——我想所有懂平仄，而曾習作舊詩詞的人都會同意——在文學欣賞和習作裡，「懂平仄」和「不懂平仄」的，是兩種不同的動物！雖然這兩種動物之間的距離，只有六十分鐘——平仄四聲的竅門，有人指點，自己再不恥下問，只要六十分鐘，就可搞通，而我們這一輩的六十分鐘，卻被胡適那一輩，「無理性」而「自以為是」和「不計後果」的封殺了。懂平仄，不一定能作出好詩詞；不通平仄，則連詩詞的好壞也不易捉摸了。五四過去七十年了。我們也應「重新估定一切價值」，來把「平上去入」這個「地富反壞右」，平平反，討還點公道。

不懂平仄四聲這最起碼的條件，哪能欣賞古典文學，承繼點「溫柔敦厚」品格的傳統呢？謂余不信，去問問「懂平仄」的動物，自然一問便知！古人說：「熟讀《唐詩三百首》，不會吟詩也會吟！」那要三百首呢？一百首足夠了。我真佩服張曉風教授的遠見與苦心！我衷心擁護她的「詩教」運動！

一九八九年六月四日寫於電視遙傳北京城內槍聲正密之時。稍有溫柔敦厚的詩教，何至殘暴下流若此，擲筆一哭。

＊原載於《聯合報》一九八九年六月九日〈聯合副刊〉，文章小標題為該刊編輯所定

戲曲世界

紐約登台記

——兼評鄒著《戲品．戲墨．戲譚》（上）

在紐約一住就住了三十三年。想起白浪滔天的「三十三年落花夢」，也真是一夢堪驚！可是我到紐約第一天的印象，卻是個最大的失望；尤其是哥倫比亞大學，那時他連個校門也沒有。學生等於住在街上。教授上課聲嘶力竭，要和公共汽車搶生意。因而我到紐約不久，就立志要離開這個「鬼地方」。後來結婚生子了，老婆更吵著要「搬出紐約」。

如今三十三年了，我還是待在紐約，遷徙無望。

紐約當然也確有些「迷人」的地方。對我們海外華僑來說，它也有令人「不忍遽離」的若干條件——諸種條件之一便是「唐餐」和「國劇」。

紐約是中國領土（包括香港）之外的，吃中國飯最好的地方，至少不在新加坡之下。這點我敢和東京、三藩市、洛杉磯的我的唐人宗家們打賭！不信，請到紐約來試試敝唐廚。

第二個便是「國劇」了。

足下如對蘇三、白蛇、楊延輝有興趣，哼！除掉中國領土之外，就要看我們紐約了。我們有票房五、六家；票友數百餘人；胡琴數十把，大鑼十餘面……紐約之外，番邦之中有哪個城市，有這種場面!?

有位老「京油子」告我，「咱們是不看票友戲的呀！」

但是你知道我們底票友是哪些人？我們有：生旦淨丑、吹彈打梆，勾臉譜、畫佈景，吟詩作畫——十項全能的「寒山樓主」；我們有：以科班隨兄來美「獻藝」，下嫁了一位票友，因而也變成「票友」——扮像迷人，嗓音柔亮、文武雙全的青衣，刀馬旦胡鴻燕；還有那台下若冰霜、台上風騷挑逗——夏志清教授的夢裏情人的花衫陳元香……至于出神入化底張伯玉的胡琴；那嗓癢、手癢、技癢，但是卻賴在台下，死不登台的小咪李麗華，就更不用提了。

論「科班」級票友，據說「正字輩」的人物，紐約便有好幾位。筆者最近在威斯康辛便新認識一位，落魄到隨「錄音鑼鼓」「葬花」的沈「正」霞。她告訴我，「短期內一定要到紐約去獻醜。」

「不到紐約非好女！」紐約也在等著她呢。

「業餘」票房的「蕭老板」也向我說，某女士是真正科班出身，唱工、身段紐約哪裏看得到？「只可惜她『戲運』不佳，在紐約淪落得，一直在唱『開鑼』戲！」

你能小視我們紐約「國劇」的水平！好多「科班」，還要拜我們的「票友」寒山樓主為師呢？你看新出版的鄒葦澄著《戲品‧戲墨‧戲譚》，第一百四十一頁上那張照片，就知此話非虛。

筆者在出國之前，曾一度做過頭頂網球帽的「新青年」。對「封建殘餘」的「京戲」，毫無興趣。愛「四鳳」遠勝於愛「蘇三」。所以「國劇」原不構成我留居紐約的條件之一。相反的，卻是因為我久居紐約，才學會了「看戲」——看京戲。

看京戲的修養，我一直不如夏志清；因為他還會唱兩句小嗓子，蘇灘什麼的。我則啥也不會。

那是五十年代的初期，紐約有一些會唱戲的朋友——包括郝壽臣的兒子郝德元博士——嗓子發癢。他們組織了一個小團體叫「平劇雅集」。糊了些紙帽子，在華美協進社的地下室，自演自看，過其乾癮。我這個流浪漢，沒事時也擠在裏面，就算是「看戲」了。

後來他們又湊錢買了些樂器和「行頭」，租了個中學的禮堂，就真要畫臉上台了。其時好漢不多，人手欠缺，朋友們因而要我加入去打大鑼。我欣然同意；簽名繳費入社。誰知那時我有一位薛寶釵式的女朋友。她勸我應該好好地「寫論文」，將來可以經國濟世；不應該浪費時間，去「打鑼唱戲」。我本沒有賈二公子的「革命情操」，把女朋友的「正經話」當成「混帳話」，所以我就失去這個「打鑼」的機會了。

嗣後我還是和她一道去「看戲」。每看到台上那位打鑼的，鶴立雞群的雄姿，心裏總是癢爬爬的，抱怨我的薛寶釵太俗氣。

很快的，十年的時間便悄悄地過去了。女朋友變成老婆；老婆變成媽媽；媽媽變成了老媽子。但是我的「打鑼」之心，初末稍釋。自思至少在退休之後，仍然可以上台打鑼吧。

真是蒼天不負苦心人。一次我從學校回家，忽然在路上病倒；扶牆摸壁而歸。抵家後面色蒼白，呼吸急促。太太著慌了，趕緊了一部救護車，送入鄰近醫院的急診室。可是那些柏楊先生所詛咒的急診部大夫卻遲遲不來。我自覺等不到他們了，乃叫老婆拿一張白紙給我，便在紙上寫了一篇英文「遺囑」。這一下可把我的薛寶釵給嚇壞了。

幸好經醫生檢驗之後，證明一切正常，還不該死。只是「血壓」稍嫌高了點；而血壓則是受工作過重、神經緊張的影響。醫生說，生活要「放鬆」。放鬆可以救命！

但是如何放鬆呢？醫生說不妨學點音樂，調劑、調劑。他的忠告未落音，我立刻就想起「打鑼」了。打鑼是音樂；音樂可以救命。這一下，太太當然也不會反對了。

這件事後來被我的好朋友熊玠教授知道了。熊玠屬於一個叫做「旅美國劇社」的票友組織。他唱小生又拉二胡；他太太則唱花旦。那時她已經在紐約登台唱過十次「拾玉鐲」了。他二人乃邀請我夫婦也加入做社員。

我加入後，第一堂課，當然就是學「打鑼」了。但是熊說，打鑼會把血壓越打越高！不打鑼，那我又學什麼呢？熊說說他們的總教練是「寒山樓主」，樣樣精通，你學啥、他教啥。我就抱奮勇，來唱「老旦」。我提議一出，想不到，全體朋友，竟然一致反對——包括我自己太太在內。他們認為我一唱，他們「旅美」就要下旗回國了。

太太有意要我「跑龍套」，但是跑龍套不是「音樂」，也就不能「救命」。熊玠則要我加入「文場」。但是打板鼓、拉胡琴，恐怕我下一輩子也學不會，漫說這輩子，拉二胡吧，社內二胡人才濟濟；熊玠就是拉二胡的，他底生意我搶不了。

千想萬想，還是熊太太聰明。她說，「你拉『大胡』！」原來大胡是一種新樂器。它是二胡之哥、京胡之父。體格魁偉、聲音洪亮，紐約各劇團，尚未有過「大胡」呢？好吧，我就來做個大胡的哥倫布吧。

這時我適有事路過台北，乃專訪「文華齋」，請齋主替我打造一把比「二胡」「大」過三四倍的「大胡」。裝在一個碩大無匹的大皮匣內，我把它扛上飛機。後來儼然以「音樂家」的身分免稅通過美國海關，回到劇社。開箱一試，我才知道熊夫人的辦法是「大而無當」！

原來喝眾的拉胡琴，正和做官的乘汽車一樣。官越大，則汽車越小。拉胡琴，則二胡要追隨京胡；大胡要追隨二胡。但是我拉起大胡來，他們就要反其道而行。否則我獨奏起來，聲如卡車，則全社同仁便要唱者封口，拉者斷絃了。

我拉了一天「大胡」，便決定把它捐獻給「紐約中國音樂會」去了。據說它後來在那裏，英雄大有用武之地。但是我這位無琴的琴師，又如何是好呢？

熊玠畢竟有急智，他叫我「改彈三絃」！

這一建議後來證明十分有智慧。何以故呢？原來胡琴不能作無聲之「拉」；而三絃卻可作無聲之「彈」。在戲台上大樂隊的合奏裏，三絃音量小，若隱若現；最重要的還是它可有可無。合奏之時，三絃手如彈得來，則與眾共彈之；彈不來，也可照樣搖頭、揮手，指不觸絃，作彈琴狀，台下觀眾，既不能分別考試，誰又知道你彈與不彈呢？

熊教授的意見，果然非同凡響。我這位三絃師，不出一二月的訓練，便已抱琴登台矣！

劇社下一次公演的劇目是〈空城計〉和全本《玉堂春》（帶〈起解〉）。在「樓主」的指導之下，我們就彩排起來了。

那位諸葛亮排練十分用功，一切平穩。只可惜在司馬懿撤兵之後，他高興地「哈哈」一笑。這一笑不打緊，連打鑼的都跟著笑起來，把臥龍先生笑得下不了台。

還有諸葛亮在想空城之計時，總歡喜把雙手連羽扇向身後一抱。可憐我們這位孔明，城中無兵，多少有點膽怯。羽扇向後反手一抱，恰好抱出一條小尾巴來。諸葛亮長尾巴，太不成事體。教練叫他暫時靠邊站。我們文武場面重行敲打起來，這位手持香卻沒有戴鬍子的諸葛孔明的老師，擺開架式，瀟洒地走向前來，他說「哈哈」，他底羽扇，統統都變了樣子。

坐在我身邊的我那位假內行的太太，不禁嘆口氣告我說，「還是樓主的『台風』好！」坐在她那一邊特地趕來「看彩排」的文謅謅的張老師應聲說，「雖小道，亦有可觀者焉。」

下面便輪到蘇三了，我們這位玉堂春，扮像極標致；嗓音也甜美。當只是她恭維崇老伯是個「大大的好人」之時，她那套「馬殺雞」則稍嫌生硬。因而教練自己也來示範一下。這位白髮蕭疏、滿身煙氣、滿口黃牙的老蘇三，竟然把那老解差「殺」得筋酸腿軟，好不安卜竹山戈，連聲討饒。

這時樓主也告訴我們「交場」說，「蘇三嗓子好，你們的音量不夠高。」不夠高的道理，是拉「京胡」的拉的是「短弓」。他把胡琴接過去，一隻腳踏在椅子上，並沒有坐下，便拉了一陣「長弓」，果然清脆悅耳無比。

我驚異地問熊玠，「樓主的胡琴還拉得這麼好！」

「他什麼都會，」熊玠說，「我書的封面，還是他設計的呢！」

熊玠受教之後就是我了。教練對我搖搖頭，只說，「你的絃子未定好！」他給我定了絃，說我可以「慢慢地學」。並勸我去買個「定音笛」。後來熊玠果然送了我一個，可是我吹起來，七個孔的聲音，對我都差不多，我還是需要教練先生做個活的定音笛。謝謝教練誨人不倦，他是每請必到的。

「教授！」這時對我們「文場」特別關心的蘇三，微笑地走來向我說，「在課堂裏，你是 Ph. D.，在此地他是 Ph. D.，你要聽他的話啊！」

「蘇三，好姑娘，您放心，」我連忙回答，「您還得聽他的，俺怎敢不聽？」滿意了，她把蘭花指頭一糊，便去「一可恨」去了。我也抱起我那音階準確的三弦，丁丁東東地大彈起來……。

這天我們真要「登台」了。登前台之前，要先登後台。

天老爺！我看了一輩子的戲，還未進過「後台」呢。今天一登後台，我這位「歷史家」，對歷史學上許多古怪的名辭才豁然而悟！什麼叫做「內幕」？什麼叫做「幕後人物」？我現在真的跑進「幕後」了。看蘇三在梳頭；司馬懿在塗臉……諸多「內幕」……原來耍政治卻和唱戲一樣，台前幕後是截然不同的兩個世界。會表演的名角，用漆把臉一塗，一「上台」就變成另外一種動物了。

我們的「上台」時間也到了。社長過來檢查了我頸子上的「蝴蝶結」、白襯衣、黑褲子、擦得亮亮的黑皮鞋……穿戴整齊，我們就揭幕，魚貫登台。

一到幕前，只見燈光耀眼。台上全是花籃……都是送給「第一次登台」的「蘇三」的。我也是第一次登台啊！找了半天，沒有我的名字，為之亦悲亦喜。

再向台下一看，只見一片眼睛海；海之下嘴巴亂動，其聲嗡嗡然。最惹我注目的，則是在我的正下方……下場門前，坐著一群老頑童和老頑童家的。他（她）們一看到我，不覺大驚……

由大驚而唧咕；由唧咕而鼓噪。

雖然老頑童家的們，大多只是竊竊私語；有的老頑童本人則對我指指點點，三字齊呼，稱名道姓。有的老不規矩，竟然指手劃腳叫我「這傢伙」，甚或「這小子」。有位斯斯文文的，正在叫他腿上的孫子看台上的「唐公公」。也有好人叫我「教授」「博士」的；更好的則是尚未聽我彈一曲，便在連聲叫「好三絃」的。也有鼓噪喝倒采，放警報，要離間我同蘇三的友誼；更有些混帳的威脅我「彈不好、就退票啊」……

我知道這些喝倒采的老頑童，不敢退我的票。退票，他老婆會提出離婚的！她們盼長盼短，好不容易，總算盼到一個「國劇公演」來。這天親友相約，穿戴整齊。大家攜兒帶女，先到唐人街吃餐雞油鯉魚。再由老伴開車，呼嘯來到劇場。一進門，人山人海。個個精神煥發，笑容滿面。男握手、女擁抱，瑪麗、狄克「……好久不見」之聲此起彼落……什麼台北的新村、香港的隧道、巴黎的鐵塔、紐約的股票、牌經、女兒的鋼琴、兒子的女友，乃至家裏的老黃狗、小花貓，也有說不盡的故事，一場戲，哪裏說得完？

蘇三出場了，老頑童們自己，乘機拉起嗓門來，大叫幾聲「好！」也可出出平時所受的洋上司和黃面婆的鳥氣。就是我「唐教授」吧。衣冠楚楚、油頭粉面，抱著大琵琶——好多女觀眾說我在「彈琵琶」——一派正經地坐在台上，也不失為「一景」。看看我，總比孤燈一盞，老頭看老奶，老奶看老頭，有興趣得多。這樣，老頭敢退票？退票，老奶不依！

他們之中有十分可愛的，便向我做手勢，表示我下次再「登台」，他們一定送花籃；老頑童之不可教育者，有的還是在威脅，並且繼續喝倒采。我想起手中原有武器在，乃把琵琶橫抱作AK47狀，向他們掃射一番……

這時一陣鑼響，諸葛孔明已經快要上「城樓觀山景」了。我連忙把機槍收回，彈了起來。誰知這老不死的三絃，經過我這一「掃射」，已經三絃鬆了二絃，只能「丁丁」，不能「東東」。我連忙向後台打招呼，要樓主快來定絃，而樓主此時只注視那穿八卦道袍的，對我這位穿西裝的他看也不看一眼。

幸好熊玠語錄有其「普遍真理」。我連忙搖頭揮手，作彈琴狀，大彈起來。那原先預備喝倒采的老頑童們，這時看我如此努力，不免良心發現，在大捧孔明和司馬懿之後，也大叫其「好三絃」。他們一叫，忽然使我想起我幼年時代的老朋友「濟公和尚」來，不免暗暗罵他們一聲「王八羔子！」

好不容易，司馬懿總算走了。西城人心大定。鑼鼓收場，燈光大亮。大家喝水的喝水、解小便的解小便……講牌經、談股票的聲音和範圍，也隨之擴大起來。

諸多老頑童也圍攏過來，為我「第一次登台」而向我「道賀」並保證「下次登台一定送花籃！」有位八十來歲的老前輩，也扶了手杖，蹣跚而來，向我握手道賀，說，「哎喲！想不到你還有這一手！」

我鞠躬如也。連說，見笑，見笑。請您老包涵，包涵；指教、指教。

這些老頑童中只有一個沒有老婆的瘦子小朱，他問我：「老唐呀！你是不是真在彈啊？」「笑話！」我把臉向他一沉，罵他一聲，「你這個小——壞——蛋！」我要不罵他，對個人聲望損失事小；劇社損失事大。

說著，我也顧不得與眾賀客多談了。一溜跑回後台，看樓主正在和孔明說話。我把他拖到前台。他用二胡替我的三絃定好了音，我心中才如釋重負。

燈光漸暗下去。蘇三叫出了「苦呀！」京胡師盧君在前，威風；二胡師熊玠，整一整眼鏡，也緊跟上去。坐在熊玠師後的我，豈可示弱！

熊玠知道我的本領，他回過頭來，輕輕地安慰我一下說，「退掉反二簧就好了。」反二簧「反」出了我一頭冷汗，但是我酒醉心明，拚著頭上的汗，在等待「悠然溪水出前村！」

那些老頑童，這時被蘇三的苦水感動了，也不來找我麻煩。我這位三絃師眼觀鼻、鼻觀心，默唸「反二簧」，希望佛祖保知。誰知蘇三剛剛才離開「洪洞縣」，我這老不死的三絃，又只剩兩絃了。

三絃只剩兩絃何傷哉？這時我已有兩個小時以上的登台經驗。我默誦「熊玠語錄」——自力更生，抓革命、促生產，為人民服務，手不停揮，堅持到底——一直堅持到蘇三指揮我們「文武場面」起立，和她一起鞠躬為止。

我也特地向老頑童們鞠個大躬，謝謝他們捧場。

這時老婆也走到台前，笑著說，「你 survive 了！」

Survive 者，「活著回來了」之謂也。

我畢竟是抱著三絃，「活著回來了！」

* * *

第二個十年，又悄悄地過去了。

遺憾的是，我始終未掙到，老頑童們有意相贈的一隻花籃，因為我三絃的進度，也始終沒有超過「指不觸絃」的陶淵明的境界。

後來我們搬家了，熊玠也因經國濟世太忙，脫離了劇社，我也就無形的退社了。

琴雖然不彈了，但是朋友還在那兒。

前不久，鄒葦澄君忽然送了我一本他底大著：「戲品。戲墨。戲譚」。

「鄒葦澄是誰呢？」我不禁捧書一楞。後來一翻圖片，才恍然大悟，原來他就是我的國劇老師「寒山樓主」也。鄙人琴藝，音出寒山，而竟然把老師的姓名忘掉，真罪該萬死。

鄒君這本在美國出版的中文書，我倒是仔細的看了一遍。它印刷精美。除了一些照片之外，其中劇畫和題詞，都是他自畫自寫的。作者在書畫兩道，都有相當深的造詣。至於「戲譚」那更是他行內的事，不是我這位失業的「三絃師」，所可輕意批評的。

可是我覺得更重要的，倒不是因為它是一本好書，而是它反映一種「生活方式」（way of life），一種「文化生活」（intellectual life）。更具體一點，是它反映一種很標準的中國昔日蘇州人的「文化生活」——一種詩酒風流、琴棋書畫的「文化生活」。

所謂「文化生活」也者，便是人生除掉工作、賺錢、養家活口、衣食住行之外，還要過一點有意義、有文化的「生活」——不能一天到晚只搞其抓革命、促生產。林語堂先生以前就寫過一本書叫做「生活的藝術」。文化生活便是生活的藝術。

在古老的中國社會裏，生活的藝術則包括琴、棋、書、畫和其他數不盡的有意義、有文化的各種業餘活動——例如藏書集畫、金石篆刻、種竹栽花、餵鳥養魚、唱曲度語、築亭造池、剪紙刺繡、擊技烹調……諸種怡情養性的「文化生活」。

這些東西，在太平盛世的中國，本是普遍存在的。沒有它則世界各地的博物館中的東方部，就要空空如也了。可是在近千年來，中國各地，真能把這種文化生活，普及民間，而為一般平民百姓所共賞的，恐怕那「夜半鐘聲到客船」的姑蘇，就要首屈一指了。沒有個蘇州「拙政園」，我們在紐約也就沒有「明軒園」好遊了。

這種傳統的流風所及，乃使蘇州在中國境內成為一個突出的文物之鄉，盛產才子佳人、狀元進士、詩翁墨客、戲子明星、名廚名票……唐伯虎、金聖漢、沈三白、林黛玉、賽金花、胡蝶、貝聿銘和夏志清。

往壞處說，也有其晏安鴆毒的富貴病，它也盛產紈褲子、不肖男、早晨皮包水、晚上水包皮的懶漢閒人。蘇州也是中國南北妓女的耶路撒冷；更是那滿口的風雅、滿腹草包底「蘇空頭」們有名的故鄉——任何區域文明的發展，都是有其兩面性的。

本書的作者便是一位，生長姑蘇的，平民才子。他延續了他家鄉社會的區域文化傳統。他有絕頂的天資。為人瀟灑不羈。琴棋書畫，生旦淨丑，一學便會。這些都不是他精心學習的專業；但是他只消稍下功夫，則往往比一些各該行專業人士所搞的更為專精——這本書便是他業餘嗜好成績的總記錄！

＊原載於《中國時報》一九八一年一月三日第八版

紐約登台記

兼評鄒著《戲品・戲墨・戲譚》（下）

鄒君的作品成績，是不能，也不應和趙孟頫、梅蘭芳等歷史藝人，相提並論的。但是他也有他底，諸如上述的代表性——他代表近千年來的傳統中國裏，最和平、最安樂、最有「文化」的社區文化生活！

語云「上有天堂，下有蘇杭！」到過蘇州的人，看一看蘇州親友們過日子，你才會感覺到，這才叫「生活」呢。

某次一位美國百萬醫師向我說，他最夢想的生活方式便是「法國式的和中國式的」。我更正他說，「你說的其實是『巴黎式』的和『蘇州式』的。」巴黎是歐洲的蘇州；蘇州是東方的巴黎。只有巴黎佬和蘇州佬，才懂得什麼叫做「生活」呢！

本來人類社會的整體，是以追求美滿的生活為目的的。排滿革命、抗日救國、反帝反封、打倒軍閥、打倒張三、打倒李四……全是「手段」，不是目的。我們的目的是「在求中國之自由平等」。好在自由平等的中國裏，大家生活得更美滿一點，更有意義一點，如此而已。

但是什麼叫做「美滿」，什麼叫做「有意義」呢？這在中國國勢發展的不同階段之內，是有其不同底涵義的。

我們祖國如處於「危急存亡之秋」……像「抗戰時期」那樣。我們青年人，拋頭顱、洒熱血之不暇，還搞什麼琴棋書畫呢？在那時我要看到鄒君這部書，我一定勸他收起來。物有本末，事有終始。我們正在和日本侵略者拚命，還唱什麼花旦呢？

但是今日時移勢異。我倒很羨慕鄒君的才華；歡喜看他的書、聽他的戲，跟他學彈三絃、拉胡琴。

一個世紀以來，我們在內憂外患之下犧牲的先烈先民，總有六七千萬人。他們長江大河般的鮮血，總算把我民族從「危急存亡之秋」中，拯救了出來。盱衡今日的民族形勢，我們讀歷史的人，總不能再說我們民族「危如纍卵」罷！

我們今日所需要的已不再是革命、抗戰；更不是清算、鬥爭。我們要建立一個富強康樂、和平安定，而有健康底文化生活的現代化的社會。近百年來我們老百姓被整得太慘了。我們現在的第一要務，便是「與民休息」，讓我們全民族坐下來喘口氣吧。但是怎樣才算是休息？怎樣才能喘口氣呢？如今國泰民安，生活職業均有保障。國家、社會、個人皆前途似錦。如此則工餘之暇，便來打它個四十八圈，絕子絕孫的麻將；打得新夫婦頭昏眼腫、打得小兒女尿屎滿襠，是耶？非耶？

非也！我們要在一個忙碌的工商業社會裏，工餘之暇，提倡一個「玩物而不喪志」的蘇州式的「文化生活」。

這一想，便使我想到鄒君的大著來。他這本書便反映出，一個平民社會中，惠而不費的「文化生活」的諸多方式之一……搞點書畫，玩點音樂；甚至如洋人，結伴爬山去研究鳥兒的種類（他們叫做 birding），不是比昏頭昏腦，擠在個霧瀰漫的小房之內，和上下家勾心鬥角的打麻將，更有意義、更有「文化」了嗎？

在一個生產力有限的純農業社會裏——如傳統中國——過一種文化生活，往往會弄成「玩物喪志」。縱不如此，它往往也會脫離生產，為少數「有閒階級」所包辦——以前的蘇州社會，便是如此。所謂「拙政園」，終究是一位退修官僚的私產。

但是在一個生產力無限增漲的工業化社會裏——如今日的美國、日本、港、台、新加坡——它就會逐漸大眾化了。筆者的好友鹿橋吳訥孫先生夫婦所建的「延陵乙園」，其詩情畫意便不在「明軒」之下。記得我以前每訪吳家，臨流自照，便自覺鄙俗不堪。鹿橋並非富人。那聲聞藝苑的「延陵乙園」，是他們兩個窮學生，自己動手，一磚一瓦、一竹一石，自己砌起來的。

有錢的人，不一定有「生活」；會「生活」的人，也不一定要有太多的「錢」。

再者，在一個健康的工業化的社會裏，「玩物」並沒有太大底「喪志」的危險。因為在一個高度工業化的社會裏，是不會有太多的閒人和懶漢的。你的「玩物」，不過是你「忙裏偷閒」的一點「生活情趣」而已。

忙人的生活，有點「情趣」是十分必要的。因為在一個工商業的社會裏，每個人都是一個瘋子，日夜蠅蠅苟苟去追求一個事業的目標總是愈追愈大愈遠。結果短短數十寒暑，就變成一個賽狗場上的跑狗，跟著個假兔子，跑了一生。如此，「事業」有時可能是成功了；而「生活」往往是個徹底的失敗。

小焉者，有時難免健康日頹、神經衰弱；神情恍惚、脾氣古怪；甚或想入非非、追求麻醉；有時也可能弄得言語無味、面目可憎。大焉者，有時則弄得夫妻反目、兒女失教。甚或因「假兔」驟失而墮樓跳海。因為一個神經鬆不下來的忙人，便很難心平氣和的來檢討自已，了解他人。不願檢討自己、不願體諒他人的人，其不為禽獸也，幾希！

求名求利，升官發財，人之性也。老實說，讀者在上，筆者在下，誰能免俗？只是不要被這些薰心的利慾，弄得太鄙太俗，弄得不成人形就是了。

我們是個有五千年文明的偉大民族。我們要領導人類，在高度工業化的世紀內，過點有文化的生活。「文化生活」在這個忙得像瘋子一樣的社會裏，可以使你「放鬆」，放鬆可以救命。同時，過一點有意義、有文化的生活，也並不妨害你陞官發財啊！

讀了鄒子之書，想起往事，頗有感觸；因與志清兄約，各撰一文，以為鄒君大著之介。

＊原載於《中國時報》一九八一年一月四日第八版

紐約林中心全本「牡丹亭演出觀後記」

——試評中國戲曲轉型和世界化的一台樣板戲

在美國的紐約市一住就住了五十多年。愚之安土重遷，半個世紀不變者，實出於一項單純的考慮：紐約有世界上最壞的東西，它也有世界上最好的東西。在當今這個世界上，有許多人，每每終生難得一見的事物，在紐約往往卻是司空見慣。更具體一點，對一個專攻文史的職業研究員來說吧，則紐約的博物館、圖書館、藝術中心、音樂中心，乃至百老匯內外一切的歌台、舞榭，和與他們有關的，出出進進的過往客商，往往也都是各行各界的一流角色。今日中國大陸上有句順口溜說：「不到北京，不知官小；不到深圳，不知錢少；不到海南，不知人老。」那所說的還是國家級的現象。若升等到世界級，那還得看紐約呢。你如到聯合國廣場去徘徊一下，哪一天你看不到個把，乃至成群的國王、總統和首相呢？若論錢，華爾街上一個小錢包，往往就可裝盡幾個，乃至幾十個小國的國庫呢。論色情，海南比紐約，只能算是小兒科吧。這些東西，平時你和它們似乎是風馬牛不相及也，但是養兵千日，用在一時，等到你需要它們來幫助你了解或研究什麼課題時，那它們就近在咫尺之間了。這也就是所謂人和地利吧。

聽說杜麗娘要來紐約還魂

去年的中外媒體就盛傳，紐約的「林肯中心」，與中國上海的「上海崑劇團」（簡稱「上崑」）訂有合約。為紀念明末傑出的劇作家湯顯祖（一五五〇～一六一六），創作名劇《牡丹亭還魂記》的四百周年，由上崑的演員擔綱，在紐約「林肯中心」演出，共有五十五折的全本《牡丹亭還魂記》（《牡丹亭》劇本，原是湯顯祖在明萬曆二十六年，西曆一五九八年，他四十九歲時創作的）。全本演出的時間，可能要數十小時。這也就算是林肯中心在一九九八年戲曲節（Festival）主體演出的壓軸大戲。這消息曾引起當時中美文藝界的轟動。筆者本人也為之興奮不已。摩拳擦掌，發誓縱是破產，也非看完它全本不可。

《牡丹亭》對筆者這一代文史學生，並不太生疏。我記得當我們還在讀小學和初中時代，少年不識愁滋味，自作多情，記憶力又強，因此對古典文學中所謂四大傳奇裏的「淫詩艷詞」真是熟悉的不得了。什麼「良辰美景奈何天，賞心樂事誰家院」，什麼「膩乳微搓，酥胸汗帖，細腰春鎖」，什麼「你半推半就，我又驚又愛」……真能整段整段，甚至整折整折的背誦。但是總以只見於書本，不見於舞台為憾也。

有關崑曲的耳食之學

及長寄居大都市，進了名大學，在古典文學的課堂裏，對傳統的詩賦詞曲，就多少有點有系統的知識了。尤其是在京戲和崑曲的舞台上，把什麼〈遊園驚夢〉、〈春香鬧學〉（《牡丹亭》五十五折劇本中的兩折），就看過無數遍了，雖然只是九牛一毛，對名劇《牡丹亭》的音樂和台詞，也就不算太陌生了。大學畢業了，筆者一度在戰時大別山中的立煌縣（今金寨縣）安徽學院做講師時，文學院裏就有兩位對崑曲入迷的長輩同事——張宗和與趙景深兩教授。宗和是沈從文的小舅子，也是我的至戚好友，略長我數歲，過從甚密。他和他底兩個姐妹充和、允和，都是崑曲名票。兩姐妹後來都時來紐約參加業餘演出，我們也偶有往還。趙景深是位名作家，那時從上海逃來大別山避難。他二人迷崑曲迷到廢寢忘餐的程度。在課堂上課，有時也要唱幾句。他二人覺得我雖非「唱的料子」，但對吹蘇笛拉二胡，卻頗可造就云。我雖終非可造之材，也暗笑他們太「腐朽」，但卻被迫上了不少堂他二人的崑曲大課。

後來我到美國來留學，參加組織「白馬社」，社內外的崑迷就更多更精了。他們就常時在王季遷先生家中，吹笛子清唱折子戲，我們也是經常的聽眾。記得一位名票項馨吾老長輩，便告訴我說，他在上海登台時，「有時畹華也在後台偷看，向我學習身段呢。」畹華者，梅蘭芳也。據說這是事實，不是項公吹牛。因為崑曲身段複雜，有數十種之多。梅蘭芳並非科班出身，對他自己的家傳絕技，也未能全部掌握云云。項馨吾和張宗和一樣認為我不是「唱的料子」。但是他可「免費」傳授我吹笛子，可以「大有前途」。可惜我那時還是個半工半讀的「博士生」，正在參加美國科舉，「舉業」太忙，辜負了他底好意，至今憾之；否則，能吹幾套笛子多好。

學徒雖未做成，但興趣莫大焉。俗語說：「棒錘靠衙門，三年也會說話。」接觸多了，興趣又大，對崑曲就不覺遙遠了。尤其近十年來，上崑中第一流的職業演員，很多都在紐約定居了。其人數據說遠超過留在上海老家者，歙歟盛哉。讀者賢達們，很難相信吧。但是他（她）們都懷才不遇，艱苦備嘗。我輩有幸，在紐約也不時看到他們的演出，非同凡響也。所以，朋友，我們在紐約的國劇觀眾，眼光都吊得挺高；二三流的演出，還不在眼下呢。文藝雜碎在紐約，哪能搖頭擺尾？

細玩莎翁，嚮往湯老

不特此也。在我初到美國留學之時，無意之中，竟看到了無數次的莎士比亞名劇的演出，特別是在六十年代之初，我在倫敦莎士比亞的故鄉，看完莎翁（一五六四～一六一六）誕辰四百周年紀念演出之後，我就對我們自己的「莎士比亞」，關漢卿、王實甫、孔尚任、湯顯祖等傑出的劇作家感到不平。尤其是湯顯祖（一五五〇～一六一六），他比莎士比亞（一五六四～一六一六）大十四歲，卻和莎士比亞在同一年死亡。因此他二人是絕對同時的劇作家，而湯翁哪一點就不如莎翁呢？如今莎翁簡直是全球一人，而我們的老湯，卻是個「封建殘餘」呢。我絕對為老湯不平也。

現在要簡略交代一下，我如何在美國看了無數次莎劇。首先是震於莎翁之大名嘛。記得大學時代，我們的文學院院長樓光來先生開有莎士比亞的課。樓據說是當時中國兩大莎士比亞的權威之一（另一人是梁實秋？）。仰慕樓院長，我不知輕重，想「選」讀一下。可是卻被本系系主任金靜庵（毓黻）教授，怒目而視的在選課單上勾掉了。我又想旁聽一下，也被點名的助教擋駕了。莎士比亞是何等的崇高偉大？我自己也有莫大的自卑感呢。

到紐約之後，第一樁喜事便是聽人說，中央公園每晚都有莎士比亞的名劇演出，來者不拒，不用買票。真是大喜過望。無巧不成書，這時我正被一位中國同學所引誘（介紹人有獎）加入了「按月讀書俱樂部」（Book of the Month Club），收到的第一部「禮品書」，就是一部莎士比亞悲喜劇全集。這樣俺就白天看書，晚上看戲，白看了好多場莎翁名劇。

事隔數年，我又被一位同學說動，開車去康州，買票專看莎士比亞的「原始演出」，那就是舞台布置和演出方式，與莎翁當年的舞台一模一樣。觀眾三面圍台而坐，後台在地下室裏。演員上上下下，十分別致。我們也是先看書，後看戲。那幾場莎劇，真看得美不勝收。餘味至今未滅。再一次便是一九六四年在莎翁故鄉，看他底四百年的紀念演出了。其後還看過多次，包括電影和歌劇。一半為著虛心學習，一半也是慕名而已。

更不可想像的是，後來我發現我那在紐約出生底幼小的女兒，剛牙牙學語不久嘛，她也就讀起了莎翁名劇，有時且能整段的背誦原文，並在她底小學裏表演呢。想起了老爸當年，大學快畢業了，還被堵在課室之外，不得其門而入的自卑與崇拜交織的心情，豈不汗顏？

如今看了他們的莎翁，難免想到我們自己的莎翁了。因而聽到全本《牡丹亭》的演出，我也就迫不及待的以先睹為快了。

林肯中心與東方的表演藝術

全本《牡丹亭》之在美演出，是由一位中國國劇演員出身的導演陳士爭先生所動議，由紐約林肯中心負責人贊助、籌款，為紀念中國劇作家湯顯祖，創作名劇《牡丹亭還魂記》四百周年，作為該中心一項重大的節目，所推動起來的。原計畫是在一九九八年夏季，在該中心上演。這不但在美國是前所未有的。縱在中國本土，從湯顯祖在一五九八年完成他的鉅著以來，把五十五折的《牡丹亭》，一次演出的機會，也是不尋常呢。

位據紐約市曼哈頓（粵語叫「民鐵吾」）區，百老匯大道夾西六十四五街的「林肯中心」（全名為「林肯表演藝術中心」，Lincoln Center for the Performing Arts）是二戰後世界「表演藝術」的重心和首府。吾人讀世界文藝史都知道，自「文藝復興」以後，數百年來，西方的「視覺藝術」（visual arts 繪畫）和「表演藝術」（戲曲），是分別以巴黎和維也納二名城為重心的。二城在藝壇分領風騷數百年之後，在第一次大戰中，兩個中心都受了致命的打擊。再經二次大戰的衝擊，兩個中心（尤其是維也納）就幾乎被徹底的毀滅了。在殘破不堪的戰後歐洲對人類性靈最高級的消費品，特別是陽春白雪的「表演藝術」，是負擔不起的。而發了兩次大戰底「戰爭財」的美國，尤其是紐約市，就迅速崛起，不久就把上述兩個歐洲的「中心」通吃了。我們搞社會科學的，也可說是「市場經濟」轉移的結果吧。在中古和近古的歐洲高級藝術品是靠帝王和貴族培育的。兩次大戰，把帝王和貴族消滅了，它們就全靠資本主義中產階級社會中的新貴族、新王爺（像煤油大王、鋼鐵大王等等）、企業界的億萬富翁富婆們的賞識了。一、二次大戰後，美國正多的是這樣的新貴族，而紐約市正是他們底財富聚積之所。這種冒充斯文的暴發戶，原只是些粗野不文之輩，但是傳到他們哈佛、耶魯畢業的公子哥兒，那就是歐洲老貴族的翻版，真正地成為文藝界的大護法了。

記得筆者於二次大戰後來紐約當博士生時，紐約還沒一個什麼「中心」的機構，能夠安置從歐洲流亡來美的高級藝人呢。他們都分散在數百個掛在百老匯邊緣「裏裏外外」（On Broadway, Off Broadway，和 Off-Off Broadway）的小劇團之中。筆者於當年白馬社時代，孑然一身，就常常與二三知己去欣賞那價廉物美的 Off-Off Broadway Show。知其藏龍臥虎也。世有伯樂然後有千里馬；但是世有千里馬，也就不愁沒有伯樂。果然在六十年代之初，紐約的「林肯中心」，就應運而生了。詳一談林肯中心的來龍去脈，本文無此篇幅，也無此必要。簡略言之，它是紐約市積公私鉅資，於一九六二至六六之間完成的六大建築的組合。這六大現代宮廷式的建築，被分別撥交紐約交響樂團（The New York Philharmonic）、大都會歌劇院（The Metropolitan Opera）、林肯中心大戲院（Lincoln Center Repertory Theater）、音樂大舞台（The Music Theater）、紐約市芭蕾舞團及歌劇院（The New York City Ballet and Opera）、紐約市公共圖書館（The New York Public Library）表演藝術部、茱莉亞音樂學院（The Juiliard School）。本來的紐約的交響樂團、芭蕾舞，和歌劇等等附庸風雅的東西，歐洲正統派人士和學究們，對他們都是暗笑搖頭的。可是在這個巍峨的天上宮闕完成之後，本為歐洲人所漠視的資本主義的爆發戶、新貴族們，又禮賢下士，撫輯流亡，安撫寒酸。寒酸流亡，也相率扶老攜幼，渡海來歸，時不旋踵，紐約就取代了維也納，變成名正言順的世界戲曲中心了。實至名歸，也實在是得來不易。

本來林肯中心是面向歐洲的。等到世界領袖的地位大定之後，他們對亞非拉頂尖藝術也自覺有扶持的義務。就這樣，我們的湯顯祖之名，也就在林肯中心的大師們垂顧之列了。朋友，我們的藝術，包括我們的烹調藝術，如確有些貨真價實的東西，是不會埋沒的。在初級階段，我們買賣雙方，大致只能欣賞點「李鴻章雜碎」，等到時來運轉，我們的優良產品，如胡適之先生所說的，也可以世界化了，那我們的雜碎，就要升等到「滿漢全席」了。在這個中國表演藝術世界化的過程中，湯顯祖和陳士爭，希望就是個起步吧。從維也納到林肯中心，眼高於頂的西方音樂界、戲曲界，未嘗主動的安排過，中國的音樂和戲曲演出呢。我們自己倒試探過。如一九三〇年梅蘭芳之訪美；和五十年代之初在一次世界歌劇大賽中，北京的人民政府文化部，也曾以「白蛇傳」、「霸王別姬」、「三叉口」三齣京戲在巴黎得過頭獎，名震一時，但那些都只是曇花一現，季節一過，不特洋人淡忘了。毛澤東的教條也專政了。江青同志那個三流舞台青衣，也妒火大發，「樣板戲」一出籠，許仙白蛇那對才子佳人，就又被打成封建殘餘。中國老古董在西方自由市場，也恢復了它底「雜碎」老攤位，以迄於今。

與漢學的發展是分不開的

可是這次由林肯中心主動，並精心設計，作為它本身的重要節目演出，情況就不一樣了。林肯中心之能看中中國的傳統戲曲，這與二戰後五十年來，漢學（以前叫 sinology，與古埃及學 egyptology 是同一類的古文物學；現在改名中國學 Chinese studies，便和俄國學 Russian studies，以及日本學 Japanese studies 一樣變成時髦的顯學科目）之迅速興起是分不開的。這正和雜碎唐餐，迅速被北京鴨、四川味、湖南館所替代是一樣的程序。五十年來，旁觀者清，因此這次《牡丹亭》這齣崑劇之能在林肯中心演出，我們倒覺得這是中國古典藝術（包括烹調藝術）真正走向「世界化」的里程碑。

由於票價甚高而阮囊羞澀，我在買票看戲之前，也曾一再考慮，並向愛好戲曲的朋友們，尤其是看過它「彩排」（rehearsal）的行家們一再請教，聽聽他們的評語。我所得到的反應，幾乎全是負面的。專家們的意見，多半都認為那是演給洋人看的「雜碎」（chop suey），把中國的國粹庸俗化了。有位老友笑著向我說：「你要花大價錢去看『火燒紅蓮寺』？」「火燒紅蓮寺」是二戰前在上海上演以「機關布景」、「空中飛人」相號召的「海派平劇」。我確是看過；也確是不想再看。還有同情去年上海當局檢查和扣留時的評語，認為有些「誨淫誨盜」。他並舉出實例，說劇情裏那個石道姑所說的什麼「後庭花」，已經夠下流了，而在中英文字幕上，竟然把它翻譯成「from behind」，簡直不能忍受。「我們原有更典雅的譯文嘛，他們不採用，卻偏要愛上了這個 from behind。」連一位北京來的書店女掌櫃也警告我：「不能看也。為著吸引洋人，把中國馬桶，都搬上了舞台……。」

尚未脫離販賣古董的階段

面對這一溜的反面評語，我確也曾輾轉反側，考慮了好幾天。最後我還是忍痛的買了一套六張的「馬拉松戲票」，進入戲院。這小戲院正好有一千座位，全院票價一律。單場美金五十五元，六場馬拉松全票，二百一十元。看全場比看四場便宜，也只略貴於三場。這也是自由市場的生意經嘛。票價不便宜，而我之有違眾議，要忍痛看其全場者，蓋我深知什麼是「林肯中心」。我不相信它會上演「火燒紅蓮寺」。縱是早年「唐餐」中的 chop suey（雜碎），也已被自由市場淘汰了數十年了，它怎能混入世界演藝最高的水平之中？總之，我對這個世界表演藝術中心的水準具有若干信心，我不相信我中華文藝的糟粕，可以隨便打入「林肯中心」。人家也是世界表演藝術的諾貝爾獎呢。來自五大洲的拔尖的藝人們，一登龍門，身價十倍呢！我們的文學始終還未能打入諾貝爾之門；我們表演藝術的雜碎，倒可輕易進入「林肯中心」？吾不信也。

筆者不學，數十年來一直堅信，我國文學藝術的現代化和世界化，一定要「縱橫兼備」，始可向西方倒流。換言之，我們對傳統應有其「縱的承繼」；我們對舶來的精華，也要有充分的「橫的移植」。夫如是，我們才可以慢慢的力爭上游，進入世界水平，對西方作反挑戰（counter-challenge），最後超越西方，而英雄造時勢，和人家輪流坐莊，來共同創立其「後現代」（post-modern era）的世界新文藝。須知我國新文藝自「五四」以後，一直還在向西方學步。我們底新詩歌、新戲曲向現代化轉型，至今還停滯在「初唐」階段。我們才出了幾個開風氣的「杜審言」（杜甫的爺爺），我們距離「杜甫」，還有一大段路要走呢。老實說，我們文藝之走向世界自由市場，至今還沒有脫離「販賣古董」的階段。不向老祖宗挖出點傳家之寶，我們沒啥新東西可以販賣呢。如今在這個至高無上的世界表演藝術中心，打打古典戲曲的主意，是個正確的方向呢！朋友，請告訴我，我們的新戲曲中，有哪一件可以進得了「林肯中心」？卡拉ＯＫ？天啦，真的沒有呢。可悲吧。

（筆者附註：朋友，請原諒我右派大嘴巴。當代中國的文藝，嚴格的說起來，真正可以走上世界舞台的除掉「古典」二字之外，還有些什麼？我們的藝術，包括幾百萬僑民至今還靠它老人家養家活口的「唐餐」，都還是老祖宗史太君發明的呢。國父老人家在一百年前，今日在紐約「送外賣的」華裔小青年在一百年後，都還靠老祖宗賞飯吃呢。今日搞新文藝的，很多都是《鼻孔朝天集》裏面的英雄好漢，自許為諾貝爾文學大獎的當然候選人。其實自胡適、魯迅開始，我們底「新」東西，很少見得人的呢。我以前就曾向老鄉友、大詩人、《新詩三百首》的選家張默學長提過，這不能怪我們新詩不如老詩。因為我們的文藝轉型，至少要兩三百年才能見功。初盛中晚，我們現在還停留在「初唐」階段。詩人們哪能急著就要做「李杜」呢？筆者在另篇拙著裏就說過，目前中國新詩人，恐怕還要接受點「古典再教育」，才能搞「再出發」呢。顧城，那位頗有點詩人慧根的「新句」作家的悲劇收場，就是因為他除掉那幾「句」之外，其他則一無所有。人家震於他的詩名而請他教授文學，他也無什麼文學可教，最後才陷入失業、離婚、殺人自殺的絕境。這雖然怪他自己個性的殘暴，和在教育上無自知之明，我們「初唐」這個文學時代，和轉型階段，也是促成這一時代悲劇的主要原因之一啊。）

古典戲曲，現代處理

中國古典戲曲之國際化走上世界舞台，讓我再說句已逾齡的時髦話，也是有其「辯證發展」的程序呢。據說在兩年多以前，陳士爭先生代表林肯中心去上海和上崑洽談合作時，議定由上崑的優秀演員，擔綱主演；林肯中心則負擔一切費用，包括長期的演員培訓、舞台布置、道具製造、服裝縫製、工作人員的薪金和旅費等等（筆者試為估計可能總在五十萬美元以上吧）。

但是把個原是小型歌舞劇的傳統中國的崑曲，搬上面對千人底國際大舞台，它必需要經過一番改編，不用說了；它就是面對二十世紀末季的中國觀眾，它也非得改編一下不可。我們如試讀《牡丹亭》的原劇本，把五十五折古典戲曲，不稍加以現代化的舞台處理，今日中國社會裏，一般買票看戲的觀眾，也不易接受呢。因此這項改編和加工的工作，自然就落在導演陳士爭的肩上了。

陳君自稱他是中國傳統戲曲的演員。一輩子致力於傳統戲曲的演唱和編導。可是當代中國的戲曲界，尤其是崑曲圈內，都不知道他是老幾。老實說，這也正是陳氏的長處所在。正因為他不是圈內人，他才有突破這個圈圈的視野和勇氣。中國古語說，行有行規，客有客體。打破一個行道的藩籬來推陳出新，是中國社會改革家和體制改革家，都一致視為畏途的。孫中山說，破壞難於建設，正是此意。

我至今不識陳君。但是十多年前，我在紐約看過他的戲。那時他所隸屬地方戲團「湖南花鼓戲」到紐約來演出，我是觀眾之一。湖南的花鼓戲和安徽的黃梅調一樣，都是中國傳統戲曲中的小家碧玉。一般說來也只是一種中國的 Off Broadway show，上不得正規台面的。但是雖小道，亦有可觀者焉。陳君在這一地方劇團中扮相不俗，唱演均佳。後來花鼓戲打道還湘，他就留下來了。因為他在紐約碰到了一位碧眼金髮的崔鶯鶯。他這個陳君瑞，一說是去而復返了。後來那位曾為花鼓戲出了十萬美元旅費的大護法「劉老」，曾不以陳君的行動為然。論輩分，劉是滿清遺老。他把美國式的快速拍拖，就當成傳統中國式的「私奔」了，而嘖有煩言。想不到士過十年當刮目相看。陳君今日在美國演藝界，也算是知名人士。筆者近周，在看過他導演的那馬拉松六場《牡丹亭》演出之後，頗為陳君不凡的成就所感動。後來去探候「劉老」，想告以所見，並為士爭平平反，而劉百歲高齡，臥病在床，神志不清，已無法交談了，悲夫?!

總之，陳君以一個中國地方小劇團的演員，驚艷紐約，最後竟能打入世界演藝顛峰而卓然有成，也真是不容易了。

傳統戲曲中的藝與文

至於陳君對《牡丹亭》的改編工作，在中西「文化衝突」，和我們傳統中的「文人相輕」、「同行相忌」，以及「老幼代溝」的影響之下，也是困難重重的。

首先是崑曲本身的問題。《牡丹亭》原是四百年前，封建帝王時代，一種載歌載舞的老戲。其根源可上溯至唐宋時代的大曲，和元明之間的南北曲，尤其是曲牌有一千餘種，劇本在兩千部以上的南曲。明末江南，有錢、有閒，而又有最高文藝水平的士大夫，著意加以改進，就逐漸升級，變成純粹的陽春白雪，以《牡丹亭》、《桃花扇》等傳奇為首的崑曲了。我們要知道，崑曲不只是一種高雅的戲曲，崑曲的劇本本身也是一部「曲有詞味」的詩詞集，除供優伶演唱之外，也是傳統士大夫們自己所沉迷的一種文藝遊戲。演唱者一開口，無一而非高雅的古典詞曲。

嚴格的說起來，崑曲的演唱，實在是一種以音樂相陪襯的「詩詞朗誦」。演唱者在戲台上，廳堂裏或苑囿中，載歌載舞底領唱；內行觀眾，在台下、在園中、在客廳裏，或地下室中（如當年在紐約地區「白馬社」裏的崑曲愛好者，和現時仍在時時演練的紐約崑曲雅集）則循聲陪唱。職業演員們，載歌載舞，一般愛好者的聽眾，則淺斟低唱。大家打成一片的，如醉如痴的，共賞其：

原來姹紫嫣紅開遍，似這般都付與斷井頹垣。

良辰美景奈何天，賞心樂事誰家院？

朝飛暮卷，雲霞翠軒，雨絲風片，煙波畫船。

錦屏人忒看的韶光淺……（〈牡丹亭・驚夢〉）

朋友，這該是何種境界？在本文撰寫期間，我又應約在紐約皇后區，參加近期「北大筆會」的新詩朗誦會（八十八年八月七日）。試一遐想，我們老祖宗的朗誦方式：那兒有酒、有花、有蘇笛、有二胡、有笙簫、有琵琶，陽春煙景、大塊文章；有美女俊男，載歌載舞的領誦，周邊聽眾老幼男女，有銀髮、有垂髫，或坐、或臥、或立、或行、或歌、或舞……，天朗氣清，惠風輕拂，流觴曲水，各隨其便。兩兩相比，我們就不如老祖宗之情調遠矣……。這就是崑腔之原貌也。這也是漢魏以後，中國傳統文人底文藝生活的老調調。再想想，那些港台和近日大陸城市中，酒氣薰人、煙霧彌漫底卡拉OK的場所，我真不禁嘆息，我們當代中產階級的暴發戶，在文化生活上，何以退化到如此地步？真是發財三代，才會穿衣吃飯，其然哉？其不然哉？……今日陳士爭導演的工作，就是把上述那個中國傳統士大夫的文化生活，搬上面對千人的紐約大舞台。怎樣超越這條文化鴻溝？那就要煞費苦心了。

文言文藝中的白話詩和集句詩

再者，縱是在陽春白雪，以文言詞曲演唱的崑曲裏，它台上的說白，也自成一種極其優雅可誦的「白話詩」；朋友，這些白話詩的水平，恕我唐突時賢，比當今有些新詩大師們「矯揉造作」的產品還更為可愛呢。且看第十折〈驚夢〉中，小姐麗娘和丫鬟春香的幾句打散了的對白：

（小姐）可曾叫人掃除花徑？
（春香）吩咐了。
（小姐）取鏡台衣服來。
（春香）鏡台衣服在此。
（小姐唱）可知我常一生愛好是天然。恰三春好處無人見……
（小姐嘆）不到園林，怎知春色如許？

（春香）是花都放了，那牡丹還早。

（小姐）提他怎的。

這是四百年前，湯顯祖所寫的多麼好的一首惠特曼體的「新詩」？至於那唱辭中，按譜作曲的創作之美，已如上述，它底每折的收尾，演唱者還要相互背誦一首收場詩，來總結劇情，而這首收場詩，卻都是選唐詩名句「集」成的。共五十五首。且看第十九折，〈牝賊〉的集唐收場詩：

（花臉）群雄競起向前朝（杜甫詩句），

（丑旦）折戟沉沙鐵未銷（杜牧詩句）。

（花臉）平原好牧無人放（曹唐詩句），

（丑旦）白草連天野火燒（王維詩句）。

這種「集句詩」是一千多年來，中國傳統文人百玩不厭的文學玩意兒。湯顯祖在全唐詩中，「集」了數十首，功夫之大，不可想像也。這種玩意兒，在我們的電腦時代，可能不算太難。但是在他那個時代，從二千二百多位詩人的四萬八千九百餘首的「唐詩」中，選編出五十五首「集唐詩」實在是不可想像。劇作家下這種功夫，其實與劇情和歌舞場面，沒屁關係也。湯進士下這番功夫，實在是為他的觀眾和劇本的讀者，乃至他自己本人，所追求的文學滿足（literary satisfaction）。從表演藝術的觀點來看，實在是一種畫蛇添足，大可刪除。在林肯中心上演，更無其必要。而陳士爭導演，竟然把它們全部保留下來。只是他不教演員在收場時背誦，而另由場外人，在每折終了時，持書朗誦之，也可見陳君剪裁之小心，和編導用心之良苦也。

那古怪的東方唱腔

正因為我國傳統戲曲是脫離不了詩詞朗誦的文學情調，它底唱腔也就擺脫不掉用口舌朗誦的意味。所以聽起中國的舊劇來，不但一般洋夫洋婦，甚至就連我們華僑本身，在異域土生土長的ＡＢＣ（America-born Chinese，土生華裔）子姪，有時也感到吃勿消。梅蘭芳的「霸王別姬」，多美。但是你怎能想到大學畢業的ＡＢＣ會問你說：「叔叔呀，您怎能忍受，這樣咿啞咦啞的尖叫聲？」洋樂理學家（musicologists）給我們的解釋是，東方人唱歌是用舌頭、嘴唇，和牙齒在唱。這就是與朗誦和背書分不開的。不像歐美人唱歌是用喉頭，和肺部、腹部的（恕我借用一句氣功師的話）「中氣」，從「丹田」裏面衝出來的。所以他們唱歌，尤其是歌劇（opera），比我們唱京戲或崑曲要吃力得多。在洋人歌劇裏（流行歌曲裏也大同小異），縱是女歌唱家，唱起來，也像我們京戲裏唱「黑頭」包公，和項羽、曹操一般，擺好架式，蹬上馬檔，用全身氣力，把丹田裏的氣像吹喇叭一樣地吹出來，聲震屋瓦。尤其是那些肥胖的黑女歌星，為使出全身氣力，她們要張開血盆大口，兩眼睜如銅鈴，扭腰、擺臀、抖胸，直至聲嘶汗下，才過癮。她們屁股往往大如籮筐，兩波大如排球，一旦用力顫抖起來，真是山搖地動，樓板吱吱作響，這才能引起全場進入高潮；然後她再閉起銅鈴，捏緊雙拳，把肉嘴當成銅喇叭沒命地吹了起來，大叫：我愛你，我愛你，我為你死。我永遠不能離開你，你為什麼不來吻我，哦哦哦哦？？？再把個大屁股，一搖，兩搖，三搖，就要引起全場暴動了。如有萬人在場，就要踩死人了。我的敝大學，上次一個音樂晚會，就踩死了六個大學生。不踩死人，哪能過癮？

二次大戰後，我們東方從日本開始，港台隨之，最近也傳入大陸，大家一致向歐美模仿。也要搞出這種火辣的場面。不幸的是，我們東方人的體質不同，嘴巴太小，屁股也不夠大，吹起肉喇叭來，也不夠響亮；搖起來不會山搖地動，樓板也不會吱吱作響，絕大多數的聽眾，也無此胃口，場面火辣就嫌其不夠分量了。

本來嘛，藝術是有其濃厚底民族性的。種族不同，文化背景各異，對藝術欣賞的口味也南轅北轍。彼此可以交流，而不可以胡亂地東施效顰，更不能強人從己。老實說，從《詩經》時代開始，我們唱歌就與吹喇叭是截然兩回事。我們對美女的欣賞，也是著重在「櫻桃樊素口，楊柳小蠻腰」。我們對血盆大口，杏眼團圓，是感到憎惡的。我們吹喇叭（一名嗩吶）歸吹喇叭，唱歌歸唱歌，兩者不是一回事。我們唱歌不單是舌頭唱，嘴唇唱，牙齒唱；我們眉梢、眼角都在唱。所謂眉目傳情。我們不但喜歡「引吭高歌」，我們更欣賞「小紅低唱」。我們對跳舞，也向來不敢搞男女擁抱，或一百條美女光腿，同時踢來踢去。老實說，這也是我們的美女，沒那麼長的光腿。同時也因為在我們東方的美學裏不容許那樣的暴露。如此一暴露就再沒「餘味」了。告子說，食、色，性也。美食和美色原是一樣的嘛。哪能像豬八戒吃人參果，食而不知其味呢？所以餘味盎然，齒頰留香，才能做美食家和美色家呢。食色性也，其美在餘味留香，餘音繞梁。豬八戒把人參果一口吞了，就再也不能引起遐思和幻想了。人生美就美在幻想嘛；把幻想一古腦毀滅，那這宇宙，也就進入涅槃了。

我們的跳舞，也是著重在「載歌載舞」，歌舞不分，我們要柳腰款擺，崑劇的所謂身段，就有百十來種。我們的指尖眉尖，都和舞的身段，相互配合的。「貪與蕭郎眉語，不知舞錯伊州」。這姑娘到後台是要被罰跪的。習慣於這一載歌載舞、眉目傳情的東方傳統，一旦置身於歌是歌、舞是舞的西方舞台之前，像我們毛主席在莫斯科，看那世界最好的芭蕾「天鵝湖」，就要半途退場了。朋友，您說我們的毛農民是土佬兒，焚琴煮鶴，花下曬褲？洋人看我們的梅蘭芳還不是一樣的嗎？這在行為科學上，原來就叫做「文化衝突」（cultural conflict）嘛。

最近從日本引進的卡拉OK，似乎是走向傳統中國詩詞朗誦的回頭路了。但是日本的那些藝妓館裏出來的東西，我們不像李登輝總統那樣崇日，實在都是從唐宋中國底「教坊」（妓院）裏搬過去的，如今加幾個菲律賓的洋琴鬼，出口轉內銷，又傳回台灣，傳進大陸，而舉國和之。但是稍有文學修養的人，實在不忍心去看那字幕；稍有藝術修養者，看看那些振首弄姿、裝模作樣的美女俊男的錄像，就更要出而哇之？我們的劇場歌壇，受日本文明的污染，而淪落到如此地步，豈不可嘆？

讀者賢達，不瞞你說，在下在港台大陸，有時也被親友們帶到卡拉OK去消夜；我總是設法背螢幕而坐。實在是不忍心看到我國美麗的語文，和高雅的表演藝術，被糟蹋到如此程度也。這也就是古人所謂下里巴人吧。這或許是我個人不可原諒的偏見，林黛玉姑娘說得好。「不悔自家無見識，卻將醜語詆他人」，但是我想是非自有公論，讀者賢達之中，想或亦不無同調也。

因此，在看完全本《牡丹亭》之後，我個人實不無感慨：我們原來也有如此可愛的卡拉OK嘛。文人學士、新詩人、作曲家和劇作家，為什麼不能在我們自己的文化傳統裏，找一點靈感，加以發揚創造，而偏要在「出口轉內銷」的東洋貨裏，引進這些鄙俗不堪的東西呢？

大小舞台合二為一

作為一個當了一輩子的文史教員，我們可以大膽的說，崑曲實是我們東方（包括日本文明在內），有數千年歷史底表演藝術的最高峰。雖然由於中國士大夫階級對它過分的形象化和藝術化，使它也陷入很標準的，周期性的興衰規律，而失去其群眾性（popularity），為社會大眾所不喜。但是在今日社會經濟，一日千變的條件之下，中國新的中產階級，正在迅速擴大，社會大眾的口味（taste），也是在不斷演變，不斷的升級之中；新的戲曲理論和實踐，也會引起戲曲本身的變化。陳士爭的努力和實踐，把傳統的中國戲曲，引向世界，引進國際舞台，是否就是這一新趨勢的開端？吾不敢言，然吾固馨香祝禱之也。

為培養國際觀眾對中華戲曲的接受能力，我們這位新潮導演，就開始把崑曲現代化了。大體言之，蓋有若干方面，可略述如下：

第一是舞台現代化。我國傳統崑曲的舞台之上，大致只有幾張椅子和桌子。演員們坐在椅子上打盹，就算是睡覺。兩手開合，算是開門關門。拿著馬鞭揮舞，算是騎馬。這些象徵性的動作，傳統西方舞台也是有的，陳君都保留下來了。但是林肯中心的摩登舞台畢竟太大了。它可以容納一百條美女的大腿，在上面踢來踢去。這種「大」舞台之上，面對一千個觀眾，只有三兩個姑娘在上面扭來扭去，未免太單調了。為此，陳君乃把傳統的中式小舞台和現代化的西式大舞台，合二為一，拼的兩得其長，倒頗具匠心。

他把中式小舞台保留下來了，安裝在西式大舞台的正前方。後面有傳統式的出將入相的繡幔。在少數演員登台演唱時，它可發揮中式傳統舞台的一切優點。但是在有大場面的需要上，這出將入相的繡幔可以向上捲起，那這個「大」舞台，就可應付婚喪喜事和戰爭打鬥等，百人共舞底一切的大場面了。紐約市有個舉世馳名，可以接納五六千觀眾的大舞台，叫「無線電城」，它底舞台場面，就是這個規模。但是陳君把他底舞台，來個中西合璧。他把宋代名畫的「清明上河圖」裏的許多花樣，都搬到舞台之上了。首先在這大舞台正面的兩側，各有一塊突起的長方形的圍欄。右邊的圍欄，為文武場面專用之所。笙簫管笛、琴瑟琵琶、大鑼、小鼓、洋琴，聯合演奏，本身也自成一景。在分折演唱的間歇中，文武場面演奏欄上，燈光大亮。全場屏息，來聽他一場古典的「春江花月夜」，觀眾也頗感心曠神怡。

左邊那個圍欄，平時用作輔助演出的場面之用。無演出場面時，則由若干演員在上面化妝勾臉，或由一些清明上河圖裏的觀眾，或坐或立，在一旁看戲，也頗為別致。台後碩大的螢幕之上則映出巨幅宋元名畫，或現代山水。一輪明月，緩緩升起於東山之上，隨劇情變化，再慢慢西沉。如此背景，也頗能引人入勝。山前月下，偶有幾張老舍茶館裏的八仙桌和板凳。或見茶客品茗，坐立其間。兩邊牆下，也可見一些道具和戲服雜陳；後台人員，工作或打盹其間，都顯出東方舞台的氣息，與西方舞台迥然有別。

環繞台前及圍欄之下，則是一灣荷池，水清見底，游魚可數。池內假山池石，則有鴛鴦野鴨，棲息其間，不時鼓翼助興。圍欄之下，還掛著數籠善歌的小鳥，台上人聲低沉時，亦可偶聞啾啾鳥聲。

這所大舞台，整個是開放式的。前台無幕，按設計，觀眾可以優游瀟灑，側帽平衫，出出進進，各從所好。劇情需要，演員亦可信步觀眾席中，台上台下，打成一片。看戲本是休閒，它沒有西方歌劇院中，那種如臨大敵的氣氛……。吾為陳君之雜糅中西，恰到好處，甚是嘆服也。

把清明上河圖搬上百老匯

舞台之上本有許多幽怨的小場面，如柳生「言懷」、杜翁「訓女」、春香「鬧學」、麗娘「尋夢」，在那柔情若絲，笛聲如夢，笙歌曼舞的場合，全台觀眾，都隨之若醉若迷的情緒之中，自然應以小舞台的造形，來表達最好。這本是崑曲底基本情調。可是，在江南三月，杜太守奉旨下訪，春耕勸農，深入鄉曲，與農民打成一片時，那就非得利用大舞台不可了。為著點綴大舞台的背景，陳君也把傳統中國社會生活和習俗的場面，搬上了舞台。在茂林修竹的高山之下，但見菜花萬畝，春雨江南，一片豐收景象。舞台上的三架「風車」，都是江南穀場的實物登台。農村三月閒人少，男女老少，手執鍬鋤，工作無間。但是勞者自吟，也是處處秧歌，耐人尋味。再就是數不盡的兒童，在穀場之上，跳繩、踢毽，各得其樂。迨勸農太守悠然出現，農民歌舞相迎，兒童笑樂無忌，穀場上一片喧嘩，陳士爭的大舞台，便是馳名世界的紐約「無線電城」了。把「清明上河圖」中的景色，搬上紐約的無線電城，與湯顯祖底「太守春耕勸農」，想像中的江南農村，沒什麼不調和嘛。只是湯顯祖心目中的崑劇，不可能有此場面、有此觀眾罷了。但是這一計崑曲現代化，不才小我，倒覺得是順理成章的呢。

聊齋也可入戲

在一些歡樂場面之外，陳士爭把中國傳統說部的《聊齋誌異》裏，陰曹地府的鬼怪故事也引入百老匯。在杜麗娘「還魂」之前，她還是個「太陽出來了，我們要睡覺了」的女鬼。她和男朋友〈幽媾〉（第二十八折）還是在「陰間」，避著閻王爺和牛頭馬面底偷偷摸摸的行為。這個陰曹地府裏，多的是牛頭馬面，油鍋刀山，人肉磨盤，和無常鉅鬼。陳士爭的舞台上，在如此劇情中，也是鬼影幢幢，陰森可怖。那些踩著高蹺、戴著尖帽的無常大鬼，若隱若現，陰氣沉沉，那人肉磨盤之上，被磨之鬼，兩腿震動；鬼差鬼卒，面目猙獰！這是人間的勞改所、集中營？還是杜麗娘姑娘所見的陰曹地府？發人深思也。但是在舞台上，這正是國際觀眾所欣賞的恐怖鏡頭，但並非脫離劇情，故意製造刺激，以迎合庸俗觀眾的低級趣味也。

評彈和雜技，算不得是雜湊

筆者在進入戲場之前，也有些行家朋友，因為陳君把崑劇的舞台上，湊上一些蘇州的評彈，和馬戲團的雜要，而不以為然。有的甚至說是「不倫不類」。可是筆者在觀賞之後，倒無此感覺。蓋《牡丹亭》這本名劇裏的故事，四百年來為各行藝人借用，正是所在多有。死而復活的杜麗娘小姐，正和《紅樓夢》裏的林黛玉姑娘一樣，在藝術上早已被國家化了。在別的劇種裏，杜姑娘也被演得栩栩如生。在今次林肯中心的演出裏，導演就把第十四折的〈寫真〉，改採評彈的劇種演出。不再是麗娘姑娘自己為自己畫像，而是由評彈演唱者，手抱琵琶（其作用類似西樂中的吉他）娓娓地唱出這段故事。它原是評彈版的《牡丹亭》嘛。讓杜小姐畫筆在評彈中出現，又有何不好呢？這一轉變，不特洋觀眾為之耳目一新，連筆者這個華裔老油條，也覺得甚為別致。這個變換劇種，老實說，我還嫌其不足呢。例如三十八折中的〈遇母〉，也可試試京戲中《釣金龜》的老旦；二十三折中的〈冥判〉，也可以京戲《烏盆記》的包公，來換換口味嘛。只是這一換，台上的文武場面，都要跟著換，那工程就未免太大了些。其實就換論換，台上的唱腔，為何就不能變換一下呢？用十九小時，馬拉松演出的五十五折長戲，用崑腔一唱到底，那種職業性的愚忠，實在也大可不必。林肯中心畢竟是個世界性的舞台嘛。

後庭花和倒馬桶

據說，陳君和上崑的糾葛，終使去年的湯顯祖四百年紀念演出流產的原因，是出在「後庭花」的色情台詞，和「倒馬桶」的難堪場面之上。劇情是：在麗娘懷春臥病，父母焦急，疑為魔鬼纏身，請來一位石道姑為之驅鬼、禳化。誰知這石道姑是個生理有缺陷的「石女」，結婚之夕，與新郎無法交媾，不得已乃以「後庭花」代之。然終因此離婚而步入空門，做了「道姑」，因此被稱為「石道姑」。此次為杜府禮聘禳鬼，乃登台自述往事，繪影繪聲，把洞房之夕，新郎持燭檢查的尷尬場面，都和盤托出，不堪入耳也。只是在《牡丹亭》原文裏，石道姑背誦「千字文」，以隱晦的文言詩詞加以描述，尚可略遮淫穢，英文直譯為「from behind」，就為中國士大夫所不能容忍了。其實在傳統中國裏，「千字文」原是國民教育的第一本教科書。天地玄黃、宇宙洪荒，人人都能背誦。石道姑把它用作歇後語，當笑話來講，在當時每個聽眾，都會為之哈哈大笑的，從頭笑到底。這也是五十五折《牡丹亭》中，最通俗和最長的一折。可是這場通俗笑話，現在連文學講座教授也聽不懂了，在現代舞台上，也就非刪不可了。導演把它保留下來，第一可能是，既稱「全本」，就應全它一下；第二，我想同性愛，是今日美國曲不離口的「人權」底項目之一。from behind 也是洋觀眾所能接受的字眼。君不見，在柯林頓大總統緋聞案期間，哪種色情名詞不在頭版頭條出現？from behind 可能還嫌太文雅一點了。是否應刪去，洋觀眾之間，可能也大有爭議呢。只是在上崑諸士女之間，確實是下流得難於啟齒也。

至於「倒馬桶」的台面，其背後的故事則是，麗娘在還魂之後，男主角因涉嫌盜墓，小倆口兒，畏罪私奔，逃到南宋首都杭州，那個以「山外青山樓外樓，西湖歌舞幾時休」，聞名後世的、紙醉金迷之地。男主角為參加科舉，求取功名，竟能考中狀元，但不幸因外寇入侵，而推遲了發榜日期，柳生乃受新婚妻子之託，冒險趕往前線尋覓丈人。孰知當時在前線督師之杜總司令，竟不信此「還魂」謬說。並以冒瀆之罪，而加以鎖拿。正在此時，臨安榜發，榜上有狀元其名，而城中無狀元其人。政府乃專遣差弁，沿街訪查。此時柳生亦有一嶺南舊僕，間關北來，投奔舊主，無所遇，也在街頭四處呼喊。此為〈僕偵〉（四十）和〈索元〉（五十二）兩折，故事之原委。導演陳君乃把兩造尋人者，都遣入觀眾席次，且唱且尋，別開生面，亦頗具匠心。此時大舞台上之背景，則為當年臨安之街景也。其最引觀眾驚詫之敏感鏡頭，厥為杭州妓女之當街拉客；以及妓院在街頭池邊之洗刷馬桶也。妓女當街拉客；妓院之洗刷馬桶，固為舊中國之實情。我輩民國遺老，亦多曾目擊之也。而陳君則著意戲劇化之，是耶？非耶？見仁見智而已。而惡之者，固可引為口實，而陳君為湯顯祖作四百周年之慶，在上海官方和國粹派（Purists 或 Fundamentalists）同聲反對之下，乃為之流產矣。但是新潮優伶，和國粹元老，對藝術幅度之認知，雖因智慧環境（intellectual environments）之不同而各是其是，而雙方認知皆自主觀出發，蓋為絕對事實。孰是孰非，終難專斷。今夏《牡丹亭》之終能在紐約上演，顯似上崑方面與中共黨中之當權者，或有不為已甚之想，而變通認可之也。主角錢熠以及與其搭配之樂師，終能合法並攜同全部道具行頭，「繞道」來美，完成演出，吾人亦不難察其契機所在也。本來嘛，評介中華文藝有誰能以一面之見，固執到底？

個人所見的最佳演出

總之，筆者此次冒紐約百年來最熱之七月，看了六場歷二十小時的全本五十五折的《牡丹亭還魂記》之後，頗有所得，感慨不盡，也餘味無窮。故不惜揮汗為文，向有心讀者略報管見：

且從個人觀感說起。筆者年躋耄耋，一生所看過的國劇（包括京戲崑曲，各種地方戲和話劇）也不下數百場之多吧。記得三四歲時，騎在農民頭上，看故鄉農村的「草台戲」開始，我看過爺爺做壽的堂戲、大戲（京戲，後來叫平劇）、合肥「小奴家」的倒七戲、廬劇、黃梅調、花鼓戲，和各種「徽調」。及長，在各大都市看京戲，從「四大名旦」，看到「四小名旦」。各省地方戲中的漢調、川劇、越劇、粵劇、評劇，河南鄉間的「皇帝老爺和娘娘在後花園吃餃子」的梆子，和「唱戲吵架分不開」的秦腔，以及台灣的歌仔戲。都各有其美。文革後期返國探親，一月之內就看過四場「樣板戲」，「紅色娘子軍」也有些可取之處。旅美五十年，從戴紙帽子的票友戲看起，看到祖國訪美底「國家一級演員」無數次的演出，真是看戲多矣。筆者在哥大服務期間，曾運用當時豐富的基金，為該大學搜集大陸上所有「地方戲」的唱片數十張，真是美不勝收，據說是當時全美唯一的一套（那時尚無錄影帶）。為著保存中國的戲曲藝術，以待知音，可以說也曾用心良苦。但是此次一連六場、二十小時的全本《牡丹亭》的演出，卻是數十年的經驗中，所見最好、最長，也是國劇現代化、世界化最成功的一次。

總提調和總規劃

何所見而云然呢？以上諸節已略述之。今再總結一下。

第一是總提調和總規劃。它這次演出，由於中西兩方主持人都是真內行，雙方都能抓住中西今古戲曲的優劣和異同，採精取華而調和之。它採取了現代舞台的一切優點，而不流於「海派」；它也保存了中國舊劇的長處，而沒有淪入拘迷、沉悶和頭巾氣。舉例以明之。洋人看華劇，通常是看而不聽；華裔內行看國劇，則往往是聽而不看。記得曾陪梅蘭芳遊美的張彭春教授（張伯苓之弟）告我，老北京很少說「看戲」；他們到劇場去是「聽戲」；眼睛半閉著去「聽」。聽到妙處，眼一睜，大叫一聲「好」。據說譚鑫培、梅蘭芳等名伶，最欣賞、最敬重的也是這種內行「聽眾」。他們最傷腦筋的卻是上海灘上那些花花綠綠的外行士女，唱腔好在何處，他（她）們原本一無所知，卻大鼓其掌，令唱者和內行聽眾，啼笑皆非。所以崑曲和京戲的精華，實在是所謂「唱工戲」。但是要把中國的唱工戲，搬上國際舞台，那就是對牛彈琴了。久適異域，我還未看過、聽過西方聽眾，對中國古典戲曲的唱腔能夠容忍呢。（當然不包括那些有意專門研究東方戲曲的少數專家。）

可是這次的《牡丹亭》就不然了。它保留了原劇本裏大量的「唱工戲」。非我誇大，筆者老朽，聽了數十年、數十場的〈遊園驚夢〉，實以錢熠這一場為最好。這當然也是上崑這位當家青衣個人底成就。二十三歲的這位錢小姐，玉潤珠圓，唱做扮相台風，無一而非上乘。五十五折，清空一氣，真也虧她年輕。但是牡丹雖好，終要綠葉扶持，她如沒有這整個現代化的總提調、總規劃把台前台後，燈光布景，和文武場面，所安排底密切的配合，錢女一人也不能盡展所長也。

作為一個中國觀眾，我們對表演者的嘉許，固無足異。奇怪的是，中國觀眾在這場演出中，人數實在是微乎其微。筆者好奇的細察全場，中國觀眾不足二十人也，也就是全場觀眾的百分之二也。這原是林肯中心，其他劇種的平均現象，不值得大驚小怪。奇怪的是西方觀眾，居然也能全神貫注，大加欣賞。散場時全體觀眾對錢女的起立致敬（standing ovation），久久不去，若非院方關燈示意，這熱烈情緒，幾至沒個了局。這可能就是與總規劃底盡善盡美不無關係了。

我們看後，一位我所敬佩的崑曲行家，也頗為讚嘆，但她還是嫌錢女唱腔不夠圓滿，這一個缺欠，卻正是不才我這個外行，所正要讚許的地方。記得筆者在戰時大別山中，聽名作家趙景深講崑曲，他那套四聲八病、蜂腰鶴膝的理論，在雞蛋裏找骨頭，過猶不及。我反嫌他迂腐呢。我覺得要把崑曲現代化，錢熠唱腔倒是恰到好處呢。據說陳士爭（可能也是接受他洋同事的建議）把原有的「身段」，簡化了很多。作為一個現代的觀眾，我覺得也是應該的。在現代化大舞台上，究與「舞錯伊州」的場面不同嘛……。不才外行，胡說一通，行家恕之也。

衝出三峽，擺脫可憐形象

總之，這次全本《牡丹亭》之在紐約成功的演出，實是中美表演藝術界全力以赴的合作，和史無前例的、第一次大膽而十分成功的嘗試。在我們學習文化史的學者學生看來，實在也是中國表演藝術走向現代化和世界化的一個里程碑。我記得胡適老師以前講「全盤西化」，在各方保守派全力圍剿之下，他自己在晚年也嫌過分，乃改口說什麼「充分世界化」。可是當我不知輕重的問他，什麼叫做充分的世界化，並能舉出若干實例來否？胡老師也就不知所云了。四十年後回思，實在不是我小子曾經笑他的：「抽象無一不對，具體無一不錯。」實在是那時我們社會文化的轉型階段還未到。他老人家確是無例可舉。我也記得五十年代之初，我在哥大研究院參加一個討論班（seminar），一位名學者就曾當面向我說：「唐君，你是從一個可憐的國家來的。」我感情上雖感到憎恨，而理智上則不得不私下承認也。毛澤東那時是張牙舞爪、大話連篇。但是他始終未能改變我們「可憐的國家」在西方人心目中的實際形象。老實說，中國這一個世界形象的改變，至今尚不出二十年。那是蔣、毛二公幾乎同時死亡之後，台灣和大陸同時平行發展的結果。朋友，我保證今後西方學者再也不敢說中國是個「可憐的國家」了。「可嫌」、「可惡」、「可怕」則有之，「可憐」的形象是不再有了。

同胞們，這是我們民族文化轉型的「新階段」，它也是我們這個光榮偉大底古老民族全體苦幹的結果，不是三數位民族領袖可以居功的。我們的文化轉型運動雖已接近尾聲，但是三峽並未到底。設有任何頭頭，妄自尊大，胡來一泡，他仍然會觸礁滅頂，而禍延全族的。在今日身居高位者，千萬不能胡作非為，朋友，一失足成千古恨，您會在歷史上，遺臭萬年的。

中國古典表演藝術的可能出路

話說回頭。筆者不學，曾一再陳述，所謂文化轉型是一轉百轉的，政治經濟在不斷轉型；文學藝術，乃至其他一切社會文物建制，都是跟著一道轉的。政治經濟走入「新階段」，文學藝術，乃至表演藝術，也會同步進入「新階段」。其中尤以表演藝術更為敏感，因為它與社會經濟的發展最是息息相關的。這次全本《牡丹亭》在林肯中心成功的演出，所給我們的印象便是，它似乎替我們那些奄奄一息的古典表演藝術，提供一線新的生機。也替我們傳統戲曲走向世界舞台，演出了第一部的樣板戲。希望能後繼有人。來者可追。

這次演出，縱在票房收入上說，也是個絕對的成功。筆者所參加的第二組馬拉松，六場觀眾近六千人次，全部爆滿，盛況空前。最後一場謝幕時，觀眾肅立鼓掌歡呼，經久不息，逼得院方關燈逐客，我真為錢姑娘和陳導演感到自豪也。三個馬拉松下來，觀眾近一萬八千人次，票房收入蓋在六七十萬美元之間。這種 消費，老實說，也只有紐約這一類大都市的中產階級，才能負擔得起。這樣的票房收入，和它兩年來籌備的總開支，或可相抵，縱有盈虧，相差也有限。這是個新榜樣。將來北京、上海、香港、台北，顯然的，都可如法炮制。

須知，「林肯表演藝術中心」不是個營利機關。它是靠政府津貼、基金會捐助，和票房收入三項維生的。《牡丹亭》的成功演出，沒有虧本，或虧本不大，對它顯然是個例外。其他演出，演的是盡善盡美，但一般在經濟上都是虧本的。為何要虧本而為之呢？朋友，不虧本而為之，難道我們這個文明社會，就坐視人類精神生活中，崑曲、歌劇、芭蕾、古典交響樂這些最高級表演藝術，走向滅亡？它們原是我們文明中的珍禽異獸、麒麟、仙鶴和熊貓。它們太珍貴了，珍貴到不能自我生存的程度。社會國家不加以特別保護，它們會自動消滅的。

錢熠姑娘，老實說，就是我們表演藝術裏的一頭小熊貓。我們的文化社會如果對她不善加護持，讓她傳宗接代，那就太可惜了。但是崑曲在我們的表演藝術界，早已壽終正寢了；京戲也已差不多了。它們都是無法自存的熊貓和東北虎，不善加保護，聽任它們自然死亡，那就是民族文化的損失了。搶救和繁殖之道，我私衷禱告，此次《牡丹亭》在美國林肯中心的成功演出，或許會提供我們一些漸悟的靈感，它們需要經濟起飛後的城市中產階級，和改革開放後開明的政府，攜起手來，在各大城市中，為它們多建幾座林肯中心，對它們來善加保護就好了。

一九九九年八月十七日於北美新州

＊原載於《傳記文學》一九九九年九月第七十五卷第三期

唐德剛詩詞鈔

序

何妨餘事作詩人

——讀史學家唐德剛舊體詩詞遺稿

梅振才

一個楊柳抽芽的春日，詩人王渝約我見面，交給我一疊唐德剛先生的詩詞遺稿。她知我與唐教授有過交往，並醉心舊體詩詞，故囑我寫篇讀後感。當晚挑燈夜讀，思緒連翩。唐先生的音容笑貌，活躍在他的詩稿上，浮現在我的腦海中……

展誦遺篇憶故人

第一次見到唐先生，大概是上世紀八十年代中期，到中城聽唐先生演說。他「鄉音未改」，操一口安徽官話，聽起來頗覺吃力。但搭配他那生動的肢體語言，倒也明乎所以。他言必幽默詼諧，引發聽眾席上此起彼伏的笑聲。

真正與唐先生有比較密切的交往，是自一九九五年開始。那年，我們籌備成立「美國北大筆會」，聘請他這個胡適先生的「私淑弟子」，擔任顧問之職。他欣然應允，並笑談往事：「胡適先生有三大好：安徽、北大和哥大。他生前曾戲我曰：『你我皆安徽同鄉，哥倫比亞大學同校，惜你與北大無緣。』」、「乖乖，如今可好，我與胡適先生是『三同』了！」唐先生得意地補上一句。筆會活動，高齡的唐教授，經常與妻偕行，長途駕車與會，風雨無阻，令我輩感動不已。

二〇〇一年十月，百齡少帥張學良在夏威夷去世。在紐約華埠舉行的追思會上，我見到神情哀傷的唐教授。他致悼詞，言簡意賅，嚴肅沉重。這是我所聽過的、唯一一次他沒有幽默、詼諧語調的「正經」演講。隨即，香港《明報月刊》登出唐先生〈敬悼張學良將軍「舊」詩二十首〉。多年前，我曾選錄其中一首〈著史作傳〉，編入拙著《百年情景詩詞選析》。其詩云：

笑語燈前老少儒，豈因褒貶別親疏。
且編舊事成新史，唯一心情願著書。

後來我把拙著呈送給唐先生，他顯得十分高興。

張學良追思會後不久，就傳出唐先生突然中風的消息，從此再未見他現身公眾場合。二〇〇七年夏天，「第一學生右派」林希翎從巴黎來到紐約旅遊。她與唐教授是舊交，於是由我駕車載她到新澤西州的唐府。林、唐二位，談笑甚歡。

想不到，這竟是見唐先生的最後一面。不久，他轉赴三藩市養病，後來又傳來他病逝消息。

鄉間學校育詩才

面對唐先生的詩稿，我心中產生一個疑問：他的正業是治史，為何對吟詩填詞這類「雕蟲小技」一往情深，樂此不疲？為解疑團，我趕緊惡補，一連幾晚細讀唐先生的回憶錄、詩友的酬唱和書信。終於，理出了一些頭緒。唐先生之所以「餘事作詩人」，似乎有「鋪墊」和「氛圍」兩個要素：

其一是自小在私塾和中學就接受國學訓練和詩詞薰陶。他回憶道：「讀高中時，很多同學都能試撰詩詞，文言自更不在話下……」他當年應有不少詩詞習作，可惜未見保留下來。

其二是受海外華裔學者濃厚詩詞氛圍影響。其中不乏詩賦高手，他們是唐先生之師或友，常有酬唱互答。在這種氛圍中，唐先生當然不時技癢，叫他不作詩也難。

胡適是個「兩面派」，既寫新詩，又作舊詩。他對入室弟子唐德剛不時施以「詩教」。有「胡適之後最傑出的中國學者」之譽的余英時先生，早在一九五五年就認識了唐先生。據余先生回憶：「我們當時一見如故，一方面因為我們都是安徽人，都喜歡文學和詩詞。」而與唐先生唱酬最多的，當數周策縱教授，有不少與唐先生酬唱之作。

唐先生自述：「舊詩詞甚可愛，我輩不妨玩弄之，就像是玩古董的嗜好一樣……」並非他自已一個人「玩弄」，而是他有一群「故人」一起「玩弄」，且看他那首〈雪夜偶抄舊詩詞有感〉：

斷箋殘橫久斑斕，雪夜摩挲感百端。
不為兒孫留漢簡，閒來聊寄故人看。

「五四」之後，舊體詩詞已漸棄之如敝屣，唐先生等一批海外學者仍喜「玩弄」。我想，不僅是「趣味」、「嗜好」而已，還應有弘揚國粹之深意。

人生百感入詩篇

翻閱「唐詩」，內容著實豐富多彩。

最動人心弦的，是他那些抒發家國情懷的詩篇。

唐先生於一九四八年離國赴美留學。八年之後，唐氏在紐約填了兩闋〈西江月．金陵懷古〉，其一云：

孺子沿街赤足，青山為雪白頭。金風如剪月如鈎，記取秦淮別後。
臨去且行且止，回頭難拾難收。錯從苦海覓溫柔，曾把鮫綃濕透。

真是故國情深！我想，這闋詞是唐先生和淚填下的。

一九七二年冬天，唐先生回到已闊別二十五年的故鄉探親。當飛機進入祖國領空，久違的故鄉山河重現眼前，他心潮激盪，不由躲進衛生間大哭一場。自此，他不下數十次回去，或省親，或旅遊，或講學。一九八一年，偕二妹德純返肥西故里，感慨而歌：

指點鄉農識墓門，白頭遙拜淚沾襟。
先塋那有孤墳跡，祖宅真無片瓦存。

如唐先生所云：「從故鄉出發，愈走愈遠，就回到了故鄉……」這就是他的人生軌跡。其心魂，起點和終點都是故鄉！

唐先生是歷史學家，歷史也自然走入他的詩中。

前面所提唐先生悼張學良舊詩二十首，乃以幽默筆調描述少帥生平遺韻。此組詩若與唐著《張學良口述歷史》對照閱讀，可說是互為補充，相映成趣。這二十首詩，每首都是一個歷史故事。其中之〈知遇有感〉，唐氏有小序說明：「第三句引張致蔣書，言與周恩來相識始末也。」此詩云：

卅年浮海感棲遲，初謁重扃頗自疑。
豈有鴆人羊叔子，慚隨翰墨識相知。

以詩藏否人物，也是唐氏的拿手好戲。

近、現代著名歷史人物，幾乎都被唐氏點評過。如對毛澤東的「千秋功罪」，唐氏亦「曾與評說」。一九七六年九月，毛去世，唐氏填一闋〈沁園春〉，結句耐人尋味：

終不解，問水晶棺內，君是龍蛇？

唐氏之旅遊詩，多抒撫今思古之情。

唐氏之足跡，遍及大江南北，西湖、三峽、黃山、峨嵋山等處，皆留下其詩篇。誠然，唐氏還有不少洋溢著友情和親情的酬唱之作，上面已經提及，在此不再贅述。

唐派詩風自一家

唐先生的散文，夏志清教授譽之為「唐派散文」，有天性詼諧，氣勢極盛，妙趣橫生的特色。而唐先生的史學著作，以論帶史、借古說今、天馬行空、處處有我，可說是史話與史評的現代變體，楊天石教授譽之為「唐派史學」。文如其人，詩也如其人。唐先生的舊體詩詞，別具一格。恕我附驥，稱之為「唐派詩詞」。

「唐詩」，如唐氏本人一樣幽默風趣。

人們說，唐先生的詼諧是與生俱來的。如此個性，見諸其談吐、文章和詩詞。且看他那組〈過三峽即興〉，有多首是對星雲大師之調侃。好友之間，逗樂一下，諧而不謔。如那首〈豪華輪上晚會〉：

豪華輪上感豪華，美女高僧是一家。

東唱情歌西唸佛，人間天上共喧嘩。

「唐詩」，即席、即興、倚馬可待。

唐先生快人快語，做詩也好做快餐，文思如潮，一揮而就。此類即興之作，著實不少，如〈過三峽即興〉（七絕二十首）、〈敬步尹會長鐵錚兄原韻〉（七絕十二首）、〈星雲大師返揚州探母隨喜壽筵即席〉（七絕四首）、〈之中伉儷召飲即席并柬策縱〉（七律）等。

「唐詩」，淺白如話，流暢自然。

唐先生寫詩，大有黃遵憲「我手寫我口」之風。不用生詞、澀語、僻典，力求明白清新。他既循古，又求新，有時用些新辭語，更顯新鮮親切。如五律〈沙坪夜雨〉中的「滴答」：

屢漲巴江水，頻添蜀坂泥。

隨風時遠近，敲瓦自差池。

人靜聽簷急，聲清覺漏遲。

涓涓隨夢去，滴答幾多時？

「唐詩」的總體風格，就是明白如話，清新自然，幾近「竹枝詞」體。

唐氏不僅寫詩，也論詩。他有篇完稿於一九九九年七月、數萬言的大文《論五四後文學轉型中新詩的嘗試、流變、僵化和再出發》。他曾贈我一冊，當時我打趣曰：「題目太長，四字已夠：『唐派詩論』！」

現在遠流出版公司準備出版五四新文化，並附有唐德剛先生新舊詩詞集，我以為很有意義。不僅方便讀者閱讀欣賞，而且有助於進一步挖掘「唐詩」軼篇。唐氏說過，他作詩「向不留稿」，所以散佚不少。

囉嗦千言，意猶未盡，且以一首小詩作結：

神州興廢究前因，三峽航程分段陳。
樂在終生泅史海，何妨餘事作詩人！

梅振才，中華詩詞學會顧問，全球漢詩總會名譽會長，紐約詩詞學會、紐約詩畫琴棋會會長，東南大學、海南大學客座教授。

序

溫馨、幽默又充滿歷史感

——唐德剛先生的新詩

王渝

最初接觸到唐德剛先生的新詩是〈煙蒂〉。因為喜歡這首詩，我有意地尋找唐先生作品，發現他在文學創作上是個多面手。小說《我的女上司》，笑中有淚，極其幽默地描繪出留學生涯的孤寂淒苦情懷。再後來唐先生成了我的男上司，我在他當館長的哥倫比亞中文圖書館找到了第一份工作——管理報紙。

也是由於〈煙蒂〉，我開始知道一九四〇年到一九五〇年早來的留學生中，有一群愛好文學的圍繞在胡適身旁，組成了一個文學團體「白馬社」。胡適具有「新詩老祖宗」的稱謂，他們這個社團裡面詩風興盛也就是必然的了。心笛、周策縱、艾山、唐德剛等等都寫出過許多傑出的作品。

閱讀唐先生的新詩，我常常感覺到如見其人如聞其聲，生動有致。唐先生熱情，各種年齡的朋友都有。後來我們這一批圍繞他身邊的年輕朋友，就像他們當年圍繞在胡適身邊一樣也成立了一個文學社團「海外華人作家筆會」，是國際筆會的分會，現在的會長是詩人嚴力。其中熱衷寫詩的朋友竟然也佔了大多數。

唐先生熱愛朋友，寫了不少給友人的詩，如給胡適、心笛、周策縱、鹿橋的等等。這些詩滿溢溫情觸動人心。例如在慰問胡適的那首中他寫道：你不談主義，不談革命／你卻創造了一個時代：／又替另一個時代播了種，／我們正在努力耕耘。

他們那個時代的人對時空隔離的感覺非常強烈，鄉愁既深且濃。他這麼寫〈還鄉〉：離開了故鄉，漂流到最遠的地方；最遠的地方，便是故鄉。

史學家唐先生，提筆之際的歷史感都很強，創作新詩時亦然。前面提到的〈煙蒂〉，著筆卻在煙蒂主人的身上。層次巧妙地鋪展開，呈現出各類的吸煙人士，其中有善良的囚犯、豪華少年、大腹賈、獨裁者和貴婦。對他們的作為，唐先生的書寫有調侃，有諷刺，但也沒有忽略掉對歷史事件的刻畫。有一段是這樣地描述煙蒂的某類主人，他寫道：猙獰底大獨裁者也和善地吻吻你／他紅筆圈內的集中營／這時正血腥遍地。他從煙蒂想到吸煙的人，聯想到大屠殺，譬如希特勒的大肆虐殺猶太人，還有日本的侵略中國。此外，由於對歷史的關懷，他更雄心勃勃從事史詩的創作，如〈上海戰場一角〉，細緻地寫出戰場的場景，有勇士、有美女也有漢奸。

唐先生所寫的新詩，範圍廣泛、題材多樣，而又表現新穎，雖然如此，他卻沒有像心笛、周策縱和艾山那樣出版過詩集。現在遠流出版公司為他出版古典詩詞和新詩，真是一件令人欣慰的事。謝謝遠流出版公司的深遠用心。

二〇一九年四月八日寫於紐約

王渝，作家兼詩人。

唐德剛詩詞鈔目錄

新詩

舊體詩詞

沙坪夜雨（一九四一）

為機械系王振宇助繳「基本文」習題[1]，用通韻

屢漲巴江水，頻添蜀坂泥。
隨風時近遠，敲瓦自差池。
人靜聽簷急，聲清覺漏遲。
涓涓隨夢去，滴答幾多時？

*原載於《中外雜誌》一九九八年四月號

與數學系高金衡同謁羅校長[2]，請纓去新疆被勸阻（一九四三）

流沙風捲黃金髻，塞上寒雲白玉關。
尊酒征塵三萬里，馬蹄秋草幾千山。
忘形窮達渾如是，不與浮沉料應難。
稽首合當不了了，斜陽輸予我心閒。

重陽偕妹及其安大同班諸友登高（立煌，一九四四）

呼僮收拾度重陽，且把書香換酒香。
攜手登臨澆快壘，平分秋色入詩囊。
生憎強寇思磨劍，喜伴鄰娃采菊黃。
應為兆民計興廢，忍看六合自蒼茫。

送劉霆開表弟入伍青年軍，出征印緬，調寄一剪梅（立煌，一九四四）

抗戰末期，政府號召「青年從軍」，出征印緬。一時全國響應，余時任教安徽學院，亦已報名參加。因見入伍名單上，甚多班上受業學生，頗有自己「已非青年」之感。與學生同隊出操，甚為尷尬，乃臨時退出。時表弟劉霆開亦在入伍生中，出發前夕，余在大觀園酒家為其餞行。霆開取出其日記簿，要我題詩相送，以壯行色。乃為填詞如下。事隔數十年，已全忘之矣。一九八一年余回大陸作「交換教授」，霆開聞余歸來，乃從江西來信敘舊，並抄示此舊作，前後已近四十年矣。真不堪回首。

勸君此去莫蹉跎，跨上明駝，逐去殘倭。淮南壯士古來多，渡了紅河，便到恒河。

與依江上奪青娥，拋卻干戈，披上紅羅。黃龍醉倒舞婆娑，唱了軍歌，再唱情歌。

與王振宇兄同訪大嶺陶師[3]**，越宿而去**（一九四五）

斜掛詩囊踏月來，為尋紅葉到蓬萊。
蒼松稽首迎新客，黃犬依人故主回。
笑指前庭花自發，愁看曉日照離杯。
避人低問連枝桂，豈是使君到後開。

夜歸微雨，眼兒媚（一九五二）

繾綣初離，油碧車；人懶不勝扶。輕言，「箇那」；將行且止，份外踟躕。
新愁——渾似春宵雨，密密潤如酥；沾衣欲濕，揮之不去，欲就還無。

註：「箇那」者 Goodnight 也。

＊原載紐約《天風月村》，一九五二年

無題（一九五二）

豈向窗前，效謫仙？每依沙發，挾書眠。傷心，家國權拋卻；一任桐陰，上鬢邊。
也好沉吟，作短箋；忍循舊譜，撥新弦。月明，懶向橋頭立；怕惹閒愁，學戒煙。

＊原載紐約《天風月村》，一九五二年

小詩一首[4]（約一九五二年）

雙孽頑根久未除，昨宵小夢到西湖。
斷橋泉照歸來影，側冒平衫舊酒徒。

舊詩習作五首（五十年代中期）

又當雙燕欲來時，細玩濤箋識舊知。
一半沉思一半怯，幾番歡喜幾番疑。

三年我待橫塘樂，千里君贏織錦詩！
為向征鴻問消息，樓頭聽斷漏聲遲。

一年又值典衣時，萬卷難鐐原憲飢。
嬉逐市氓穿犢鼻，忍將消息報蛾眉。

人爭城北徐公美，辭奪江東杜小詩。
彼羨金吾與漢室，我寧飄泊廢相思？

千山紅葉報霜時，溪畔橋頭有所思。
望眼綠衣終迢遶，傷心翠袖久支離。

豈因海隅期難信，誤解江南懷舊詩？
試探姮娥心底事，腕邊未審夜何其。

茗冷菸殘雁斷時，層樓風雪轉淒其。
忍教天上人間約，化作焚環瘞玦詩！

相見何如不見好，十年爭了百年期？

摩挲琴劍情難禁，抱膝科頭不自持。
莫看村童歡笑時，月斜樓悄感棲遲。
三更夢斷疏桐影，念載魂縈未寄詩。
何堪已舍終難舍，忍向新知話舊知？
窗外寒螢連雁起，寸腸華髮兩如絲。

＊原載於《胡適雜憶》第一六一至一六二頁

為兄弟會輓傳劍裘兄（一九五五）

傳兄迷戀一離婚婦數年，不意該婦重婚之日，正傳兄咽氣之時。

聞到蘇臺合巹期，寧知竟是哭君時。
忍看薰炙三年艾，為報羅襦一寸私。
香草應傳屈子美，金蘭難勸尾生癡。
他年若再來塵世，莫戀醞瓶失寵姬。

夜遊赫貞河（一九五六）

又逐群賢上畫船，笙歌聲裏掩烽煙，
中流最怕憑欄望，家在斜陽那一邊。
莫向故人話故園，神州事已不堪論，
十年書劍皆拋卻，慢惹扁舟楚客魂。
一寸丹心半似灰，錯隨仙子到蓬萊，
勸君莫論中原事，且乘歌聲舞一回。
秀出上林第幾叢，捲簾初識莫愁容，
曾無脂粉污顏色，一笑豈因酒後紅？
笑擁瑤台第一仙，碧羅裙子曳珠璇，
蓬瀛若許遊人住，應伴劉郎五百年。
「探戈」聲裏舞遲遲，醉後貪歡醒卻疑，
互問家山無限恨，最難相許是歸期！
舞罷紅裳映晚霞，柳陰深處憶兒家，
攬舷初識愁滋味，一任風飄兩鬢斜。

憑欄軟語淡如雲，茉莉香飄袖底聞，
妒彼海風更輕薄，撩人亂拂綠羅裙。
欲別翻留意轉濃，問君何計訪萍蹤，
相隨「南渡」三更月，來聽「河邊」夜半鐘。
指點「摩天」識下城，樓頭電炬報三更，
任他紐約燈如晝，怎比西湖月色明？
初漲江潮添夜寒，海風欺我客衣單，
為他吹去愁千縷，影散人離漏已殘。
已負胸中百萬軍，忍將肝腦染紅裙，
杭州莫羨東風暖，擊楫中流待使君。
（「南渡」為 South Ferry；「河邊」Riverside Church 也。）

＊原載紐約《生活雜誌》一九五六年七月十六日，第一一九期

農曆除夕自哥大圖書館夜讀歸來，大雪沒脛（一九五六）

少小最憐除歲金，十年夢裡苦相尋。

柔條已折他人手，華髮料應半脫簪。
無術足為興國計，微軀長擊老親心。
詩書纏我歸何晏，雪壓崇階夜已深。

送劉遐齡返臺北定居（一九五六）

執手屏營百感加，故人瞬見隔煙霞。
客中送客難為別，樓外高樓何處家。
我泣新亭思漢土，君揮祖楫上張槎。
神州終有漁陽戍，臺北金陵路不賒。

金陵懷古（一九五六、暮春）

心笛戲書「綠水因風皺面，青山為雪白頭」一聯。余拆其聯，補成「雙調西江月」。

綠水因風皺面，紅綃凝淚微霜，孤篷絕域憶清涼，心事從頭一樣。
芳草曾沾粉漬，衣襟每帶唇香。金陵應已菜花黃，夢繞莫愁湖上。

孺子沿街赤足，青山為雪白頭。金風如剪月如鉤，記取秦淮別後。
臨去且行且止，回頭難捨難收。錯從苦海覓溫柔，曾把鮫綃濕透。

＊原載於紐約《華美日報》「華美吟壇」，一九五六

海外論壇編輯聚餐（紐約，一九六〇）

五陵豪氣豈難平，十載乘桴事可驚。
每向夢華尋故國，未從蠻觸角心兵。
鐫碑元祐非新黨，伏闕蘭台有舊盟。
東項西劉無賴耳，吾曹詎悔作書生。

環球五百句破題六首（由紐約東飛羅馬，一九六四）

未行先自起歸心，妻孥牽裳恨轉深。
瞬別已成雲外客，回看北斗入衣襟。

三更躍過五更頭，軟語蠻奴勸小休。
離緒漸滋鄉夢短，憐她罔自抱襟裘。

東來紫氣欲生紋，紅暈頻圈日上雲。
應是瑤台諸婢子，迎人長曳紫羅裙。

豈經梅雨獲新晴，銀翅明珠滴滴清。
萬丈霓虹嬌欲泣，桃花塢裡一舟輕。

十萬浮羅翠欲流，赤蛇蒼狗各悠遊。
雲端偶向塵凡望，不辨南歐與北歐。

青山脈脈水悠悠，羅馬當年古渡頭。
折戟沉沙知在否，橫洋鉅艘一沙鷗。

攜幼訪伍承祖赫斯汀原上[5]（約一九六六）

停車攜幼轉危欄，樹合雲封處士菴。
繞屋栽花微紐約，澹煙凝雨小江南。
吟詩已負三春願，對酒猶貪一杓甘。
主愛閒情客愛散，管他興廢白雲間。

文中伉儷召飲[6]**，即席并柬策縱**（一九六八）

停車攜幼轉青嵐，樹合雲封處世庵。
繞屋栽花微紐約，澹煙凝雨小江南。
吟詩已負三春諾，對酒猶貪一勺甘。
主自殷勤客自愧，可堪舊友剩何戡！

答策縱，用原韻（一九六八）

喜獲周郎雙玉符，燈前玩研幾摩濡。
聯箋翰墨存知己，對鏡簪纓失舊吾！
雲外鴻飛千里闊，溪邊鵠立十年孤。
長吁延頸爭餘粒，忍問君平問有無!?

海外驚聞周恩來總理逝世（一九七六年初春）

電殛神州感不勝，郵傳驟報大星沉。
艱難國事誰堪繼，擾攘環球孰與倫！
榛莽未遮千里目，沖和久煖兆民心。
遙看灰散長空裏，抆淚我隨八億人。

海外驚聞毛澤東主席逝世，調寄沁園春（一九七六年九月）

牧豕韶山，潑水湘河，者個村娃。隨電雷激蕩，手攬日月，身翻奴主，血染中華。政倚工農，權出槍桿，豎子真能不信邪。風流甚，看天安門上，吐氣成霞。

無加，霸業甚夸，詎難護重陽霜後花。聽長樂宮畔，孤鳧暗泣，淩煙閣里，百鬼交嗟。江上終曲，青峰遽渺，老樹枯藤栖暮鴉。終不解，問水晶棺內，君是龍蛇？

和闞家蓂學妹臨江仙四闋（一九七七年七月二十九日）

家蓂學妹大嫂以新詞四闋見寄，辭性婉約，海內無雙，因倚聲和之。

詞俏文清君未改，我慚雙鬢稀稀，展箋最憶少年時，三千小兒女，結伴到湘西。

浮海卅年驚聚散，應憐重結蘭輿，蜀山修禊竟無期，淚隨風後雨，兩濕薄羅衣。

照影驚鴻猶惠我，儼然漱玉詞箋，人間天上碧雲軒，新愁連舊雨，聚散若輕煙。

翰墨有緣原舊識，馨香豈為逃禪，絲絲縷縷出心田，依稀竹馬戲，遂去有迴旋。

曾拜臨江仙子影，逍遙環佩清音，晚霞秋水曉霜凝，平梁稱第一，所裏感飄零。
樊口蠻腰人似舊，鏡中華髮堪驚，憶從賭墅卻春耕，一隨淝水逝，再見晚來晴。
回首神州兵未了，可堪對酒當歌，欲歸無計只滂沱，家山千萬劫，形意兩消磨。
衰病我漸長咄咄，欺人魔語訶訶，任他國共自揮戈，目窮大世界，心折小頭陀。

步匹茨堡謝闓家蕢學妹原韻，調寄高陽臺（一九七七年九月二十三日）

謝大嫂家蕢學妹再以新詞見示，意遠辭清，足追漱玉，倚聲為和，愧我鬢眉，勉力續貂，亦恭敬不如從命之意云爾。

雙燕齊來，一般纖巧，裁箋我愧塗鴉。弄斧秋波，輸君才思渙涯。幽居亦有江南夢，嘆連天芳草平遮。最無瑕，詞清漱玉，人瘦梅花。
記曾共飲湘江水，憐廝磨舊侶，翡翠豐華。草木春城，髫環早痛無家。衰鬢猶傷身是客，更何堪，雨細風斜。忍添芽，舊恨新愁，密密麻麻。

岳丈吳開先先生嵩慶獻辭十首（一九七八）

一九七八年二月家岳八秩嵩慶，親朋祝宴于台北。德剛因課忙，未克恭自祝嘏，因託內弟攜獻頌詩十首，聊代跪拜。今慶壽翁九十華誕于海外，而海外親朋均未嘗閱及蕪詞，因再抄呈，辭雖舊作，亦記錄功在國史、福壽綿延之意云，敬乞親朋詩友吟正並賜和玉。

一、江東元老，北伐少年

萬户桃符佐壽筵，期顏預祝玉堂仙，
江東父老尊元老，北伐當年一少年。

二、春申江上、往日繁榮

車滿前庭酒滿樓，春申江上月黃昏。
攀轅貂錦三千客，珠履黃郎豈足論。

三、身陷敵軍，矢志成仁

未見衣冠淪上國，孰從肝胆識孤貞。

應知散幘斜簪客，原是黃花崗上人。

四、嘔唾倭酉，佯狂却敵

歇浦星沉一島狐，書生咳唾却匈奴，
滿城宮錦皆狐鼠，隋舌常山一丈夫。

五、勝利還鄉，內戰去國

黎元喜見凱歌旋，重續齊民百二篇，
衽席蒼生成幻夢，漁陽烽火照無眠。

六、退隱台北，從不言祿

策杖街頭踽踽行，宣因介祿感逢迎，
尚書真向市曹隱，翁是臨安第一人。

七、文桂承歡、子孝孫賢

雲外莫嫌夷夏殊，朝暾長照子孫賢，

桂自飄香文自秀，相隨已是十分圓。

八、布衣壻女、差報平安

堂前乳燕漫天飛，飛向淮南一布衣，
却喜歸來雙剪在，依然笑語報春暉。

九、筆戲雕蟲，心存黎庶

每嘆山東無足問，竊憐海隅有相濡，
著書為探生民術，忍共胡郎辨爾吾。

十、親率兒女、獻詩祝壽

婦自截笑我潤毫，呼兒適市備香醪，
且隨季子乘風便，好獻新詩作壽桃。

*原載於《新聞天地》一九八八年四月號

百字令（一九八〇）

「人間」總編高信疆兄索作家座右銘，限一百字，填百字令念奴嬌作答。

假如今日，我還是，一位年輕夥計。校內讀書考中等，學好基本科技。偶寫情書，也談文藝，興趣多來些。青春無價，管他大官大事？

等到學業完成，夢茵瑪麗，鄰舍細求之。我既疼她，她愛我，永遠和和氣氣。生個胖娃，買棟小屋，兩口笑哈哈。公民做好，人生第一真義。

＊原載《中國時報》「人間」副刊，一九八〇年三月十日

寄答蘋蘋讀者，寄調鳳凰臺上憶吹簫（紐約，一九八〇年三月二十八日）

編按：年輕讀者蘋蘋閱讀《中國時報》上刊「作家座右銘」專欄後，對唐先生這位作者好奇，投書詢問以下問題。

1. 年齡（想知道你幾歲了，為什麼那麼可愛？）

2. 籍貫（不曉得哪裡人？出生地在哪？怎麼那麼純真？）

3. 婚否？（先聲明若你結了婚，太太別誤會，我已是二個孩子的媽了，是年輕的媽，不是

老媽。）

4.有沒有胖娃？（是單身就別回答這一題）

調寄鳳凰台上憶吹簫

一紙書來，殷勤存問，回箋幾費思量。歎鏡中雙鬢，初染秋霜。家在吳頭楚尾，欲飛還，怕繞空樑。差堪慰，有兒負米，有婦調漿。

重洋，卅年三渡。慚沐猴冠履，歸燕心腸。憶結伴秦淮，打槳橫塘。也曾「熱情」「可愛」；試追尋，曉夢何妨。忍竊羨，十八紅袖，八十歌郎。

＊原載於《中國時報》「人間」副刊，一九八〇年四月十一日

首屆國際紅樓夢研討會七首（威斯康辛大學，一九八〇年六月）

紅研會前夕（六月十五日）趙岡兄伉儷夜讌群賓。余晚到，主人戲介紹為伊藤先生[7]，客人中之不識予與伊藤者竟信以為真，終宵呼余為伊藤先生。識余者亦戲呼也。打油以誌之。趙嫂陳鐘毅女士余妻吳昭文同班同學也。

不是那寅是這寅，忍將伯虎作伊藤？

平分姐妹同綃帳，我擁迎春君探春。

十八日晨，聽周汝昌先生評余珍珠女士論文，許其不譏刺賈政襲人為難能，深得我心。即席草呈汝昌先生，誓為後盾也。

自是塵凡奇女子，阿奴身世亦酸辛。
翻殘脂後三千註，最恨酸儒罵襲人。

贈葉嘉瑩教授。於葉教授「哭女詩」中初識才名，讀之為垂淚感其真性情也。

哭女詩中感性真，研紅相識亦前因。
芹溪若再來塵世，卿是金陵榜上人。

註：詩題為編者所增

和陳毓羆先生四首

一、一論胡郎百感生，喜君傳語見真情。
應期四十回成早，再寄陳蕃仔細評。

二、君有才思我未通，東風畢竟壓西風。
吟詩莫道寰球小，再起紅樓便不同。

三、試論芸娘更有聲，應教寶黛報雙成。
與君同愛江南好，更喜中京是北京。

四、握手才同三日住，偕行未逾兩層樓。
我好藏暉君惜玉，笑談各自有春秋。

＊原載於《紅樓夢研究集刊》第五輯

隨高楊教授去西京[8]，別濟南送行諸友（一九八一年暮春）

難舍新居若故廬，桃花潭水古來疏。
車前月落三山外，站後才留八斗餘。
入陝欣逢催麥雨，探囊愛讀自圈書。
論詩已自居高下，對酒朱顏更不如。

承西北大學郭琦校長招待參觀華清池兵馬俑（一九八一）

偕來妻子感情親，祭酒車前百事新。
池裏泉溫妃子浴，坑中土黑霸王焚。
客宗桐葉原為戲，主是汾陽嫡後人。
欲報賢明何自許，灞橋楊柳古來青。

偕二妹德純返肥西故里，覓先人廬墓，踪跡全無（一九八一）

指點鄉農憶墓門，白頭遙拜淚沾襟。
先塋那有孤墳蹟？祖宅真無片瓦存！
眼底哀鴻猶舊影，當年良庶半飢魂！
興師道是除民困，紀念堂前質問誰？

＊原載於《明報月刊》一九九四年二月號

西湖即事二十四首（一九八一年七月返自西湖機中戲作）

一、初到湖濱

山掩垂楊映碧波，風前華髮感蹉跎。
卅年環宇歸來後，許爾明珠第一顆。

二、堤邊懷舊

臨流應憶少年痴，柳爛荷枯半入泥。
重戀雲山成膩友，西湖恨否我歸遲？

三、孤山絕頂遠眺

幼瓣紅披一二頃，微波綠透兩三篙。
長眠柳色荷鄉裏，絕頂孤山不忍高。

四、西冷獨坐

未敢鏡中憶故吾，石欄斜倚感蕭疏。

西冷泉照歸來影，樓外樓邊舊酒徒。

五、蘇堤上念蘇小小蘇小妹

六橋如帶柳如媚，何處紅裙映夕暉。
堤上誰憐蘇學士，兩家小妹最堪悲。

六、放鶴亭念梅鶴妻子

窗前慰我一瓶春，我喚梅花作小星。
若折寒枝當妻子，床頭怎睡舊夫人?!

七、斷橋觀河賞小潮

鴉鬢荷香送晚風，車輕人笑兩匆匆。
蓬門豈必買胭脂，葉上唇邊一樣紅。

八、白堤步月

綠茵倚睡一雙雙，柳影微風幾萬行。

酒醒月斜人獨坐，不思量處也思量。

九、月光下覓蘇小墓不獲

一掬明珠一撮灰，雲邊霧裏兩低迴，
朦朧試傍蘇堤臥，難引孤魂入夢來。

十、導遊指蘇小墓遺跡

僅萬羅闈有淚痕，又施斧鉞到幽魂！
宮中猶見珍妃井。湖畔難尋蘇小墳！

十一、湖中看汪莊

雷峯塔下小山邱，塔倒邱存名自留。
詔改汪莊作長樂，沛公鹽賈兩風流。

十二、遙望花港故林彪別墅

指點車僮說舊臣，羣姬曾托百年身。

飛簷似幻原非幻，今日何人是主人?!

十三、隔湖遙看劉莊避彈玻璃窗

一抹琉璃映碧瀾，也曾花國兩相歡。
漪漣應是生民淚，窗外紅蕖當血看！

十四、謁岳王墓有感

三十功名百戰身，何嘗一念到生民。
勳猷千載回頭看，半是庸人半聖人。

十五、保俶塔下

兒童相視莫相疑，天外飛來只自知。
悄立山頭人不識，晚霞朝霧任紛披。

十六、蘇堤望山橋上三輪車中賞暴雨，用一字韻

風梳山影亂堆絲，濕透楊花鬢上絲。

雨洗柳絲絲似雨，瀰濛西子一籠絲！

十七、黃昏中買舟獨棹

船頭煙吐若抽絲，船後吳儂笑我痴。
坐對晚霞人不語，情多情少兩相宜。

十八、月下繞三罈

石甕阿誰手鑿成，未因圓缺改浮沉。
最難不變觀長變，惹得詩人說到今。

十九、微雨乘三輪再繞西湖

雨灑明湖圓滴滴，轅攀嫩葉綠油油。
風微香遠蟬聲唁，我繞西湖又一週。

二十、龍井煮茗念蒙山茶懷郭琦

影照清漣顯碧紋，煮來新茗最精純。

細嘗水是龍泉美，綠遜蒙山一二分。

二十一、花港餵魚

結伴旋迴若轉輪，水污池狹足逡巡。
爭來只為半盅米，他是杭州小市民。

二十二、白堤月下獨歸

遠樹含煙三兩紮，微波弄月百千環。
腸斷斷橋橋未斷，半圓照影影團圓。

二十三、飛離杭州

銀翅列仙新羽翼，晚霞西子舊羅裙。
雲端偶覺群山小，南北高峰未足論。

二十四、西湖即事

西湖千載萬千辭，重詠西湖應自疑。

我到西湖懶拂紙，西湖向我索題詩。

杭州岳飛墓口占二首

岳王坟上草離離，拜罷孤忠有所思。
未惜兆民餘白骨，徒嗟二聖著青衣。

莫須有罪才三户，矛盾無憑百萬屍。
若論噬人猛似虎，從來漢賊甚強夷。

國際紅樓夢研討會次韻宋謀瑒先生兼呈與會諸君子（哈爾濱，一九八六年六月）

七朝聚散草凝霜，大小姑姨老少郎。
地下芹溪豈護短，天涯庾信已無長。
尋詩愛問籬邊菊，覓伴懷思陌上桑。
展翅重洋何限恨，忍將故國作他鄉。

長仰少夫這個人（一九八六年十月十日）

卅載文章見性真　初逢寶島倍相親
我非落水充前卒　君豈濡毫作順民
說項鴻篇疑是古　過秦舊論識唯新
香江豪俊多如鯽　長仰少夫這個人

應寵召　呈少公詞長

唐德剛　一九八六年十月十日於北美洲

*原載於《新聞天地》一九九八年五月號

偕旅美加安　同鄉會諸友訪黃山車中（一九八七）

遵吳世珊、劉永和鄉長之囑

金陵朝雨濕徵襦，暮靄黃山入畫圖。

嶺上雲堆米氏墨，溪邊路轉右軍書。
近鄉似夢原非夢，建國長途接短途。
為問同車諸夥伴，眾心也似此心無。

隨星雲大師弘法探親團乘峨眉輪過三峽即興二十首，用「中華新韻」（一九八九年春）

一、登峨眉輪離重慶

揮別陪都彈指間，回頭四十六年前。
峨眉初開情何怯，仰望山城百感煎。

二、豪華輪上晚會

豪華輪上感豪華，美女高僧是一家。
東唱情歌西念佛，人間天上共喧嘩。

三、玩三峽地形圖

「即從巴峽穿巫峽」，杜甫當年作錯詩。

且自峨眉欄畔看，彼把長江顛倒之。

四、東望巫山群峰

「除卻巫山不是雲」，古人古語未全真。
今且為君加一句，巫山之上有星雲。

五、泊舟訪酆都「鬼城」

油釜刀山原是假，民情民隱此為徵。
煎熬惡鬼如真在，應有朝中一半人。

六、過巫山縣游小三峽

頭上虹橋如琢玉，眼前飛瀑若銀珠。
明修棧道遺萬孔，暗度陳倉有孔無。

七、過白帝城想到劉禪及名女作家諶容

成佛成仙誰修得，稱王稱帝爾為真。

莫嫌阿斗難扶起，後主至今有後人。

八、再過香溪見現代化賓館

舟泊江干憶歸游，明妃村上起高樓。
重來四十六年後，昔日昭君已白頭。

九、讀宋芳綺記者禪語詩有勸

禪榻空門半宿因，塵懷佛性本同倫。
紅顏自有紅顏福，莫把聽琴當做真。

十、贈洪美珍「義女」

應是金陵榜上人，雙修福慧有前因。
若聽老朽從頭勸，第一姑娘屬探春。

十一、霧中遙看沙坪壩

卌載歸來識路難，黌宮黌宇感斑斕。

船頭再潑嘉陵水，霧裏沙坪帶淚看。

十二、入巫峽見神女峰

憶曾裙下輕舟過，霧裡難尋一面緣。
雲端今日驚初見，知否檀奴已白頭。

十三、舟出三峽東門南津關

拍岸濤聲頃刻休，南津關口水悠悠。
臨風偶自憑欄望，千疊巴山在後頭。

十四、回看三峽懷古

三峽千灘回頭看，當年毛蔣此經過。
風流人物隨雲水，愛聽群僧三寶歌。

十五、遙望宜昌

險灘削壁成陳跡，萬頃煙波照眼明。

兩黨鬩墻亦如是，神州應許見昇平。

十六、宜昌各單位爭迎星雲相持不下

舟前何事久喧嚷，疑似公門爭道場。
知有搶親風俗在，錯將和尚作新娘。

十七、孔明碑有感

東結孫權北拒瞞，先生從不欲吞吳。
連營七百成灰燼，劉備原來賣屨兒。

十八、三峽棧道遺跡

削壁鑿成三尺路，懸岩一展幾千霜。
當年蜀道攀行客，多少骷髏列道旁。

十九、葛洲壩所見

天塹腰攔石壩橫，穿渠巨艘若輕鴻。

神州自有神州勢，大廈何能一角支。

二十、赤壁遙看

折戟沉沙難再得，小喬公瑾自千秋。
坡仙印佛重相訪，吩咐長沙緩緩流。

星雲大師返揚州探母，隨喜壽宴即席四首（一九八九年春）

萬里歸來

萬裡長江一鏡開，佛光幡影細安排。
揚州爆竹驚天地，道是如來探母來。

高堂喜搓麻將

弘法探親傳喜訊，蟠桃宴上不平凡。
金童新報好消息，王母又贏二十翻。

衣錦還鄉

去時每嘆沙門小，萬里歸來一大師。
二十四橋春色好，袈裟朱紫兩相宜。

贈現金二十萬元

腰纏十萬已堪誇，雙倍紅封氣更華。
寄語鞠躬賢太守，法師點石逐年加。

雜吟四首[9]（上海，一九八九年春）

機聲彈影憶當年，曾在樓前石上眠。
黃鶴理應不復返，誰知黃鶴又飛回。

天安門上曾瞻望，遙想群兒唱讚歌。
堪嘆真言十六字，如今字字屬彌陀。

亂鴉塗墻有專書，錯盡千年學子無。
莫道帝王多無賴，無聊年輕亦酸儒。

靜安寺齋飯即席

再見春申轉法輪，靜安寺裡有真情。
高僧名士同齋飯，羨煞臺灣島上人。

敬悼張學良將軍「舊」詩二十首（一九九一）

〔原編按：歷史學家唐德剛教授十年前與張學良交往，在張學良九十大壽時撰寫打油詩二十首，以幽默筆調描敘張學良生平遺韻，琅琅可誦。張學良曾要求唐德剛暫不發表，今唐德剛在編輯誠意邀請下，予以全部發表，令人一開眼界。〕

距今十年前，不才承張學良將軍寵召，曾在台北北投張府，不時飲宴，並承垂詢有關「口述自傳」之諸多史學問題，蓋耄年少帥頗有意為盛年往事，略作記錄也。長者健談，而筆者亦善聽，相濡甚樂。不易斯時台北政要，亦正為張公籌備九秩嵩慶，並借機昭告世界：當年「西安事變」之余波，至此已正式結束矣。該項慶典，發起者九十人，漢公亦欲余列名其中，而不才自知久居異國，人地生疏，力辭不得，終於遵囑附驥，並戲撰打油詩二十首，作秀才人情，為將軍壽。張公批覽詩稿後，私告我說，此種作品暫時不宜公開，將來可於所撰文稿中，漸次披露之，并囑余另草一短篇散文，「見報應景就好了」。乃遵囑改詩為文，並為台北《聯合報》社長劉昌平兄取去，刊之報端，以應景隨喜，此詩稿遂未再用。其後張公為盛名所累，兩岸爭喧，而清淨無塵之治史環境，遂一去不複返矣。

歲月不居，哲人遽萎，昨承《明報月刊》諸執事，專電為少帥之喪組稿，及於下走，緬懷遺澤，感慨何如？事忙人老，無以為應，忽憶及破笈之中，尚餘有此舊詩稿，或可刊出，以為紀念。只是原為華封三祝之詞，而十年之後，竟化為匍匐一芻之獻，空壠懸劍，不勝其無常凄惻之情云耳！

一、生辰

將軍生於一九〇一年，正八國聯軍侵華時也。

東省昔年尊二帥，南疆今日壽千觴。
生逢八國侵中國，長愛紅裝伴武裝。

二、少年時自況詩

後兩句為張氏二十八歲時，軍次保定，所撰之自況聯，時曾傳誦海內。

爭誇總角有英名，驪句聯輝掩甲兵。
「兩字聽人呼不肖，半生誤我是聰明」。

三、破吳佩孚軍於秦皇島

一九二四年二次直奉之戰時，破吳軍，盡俘其眾，吳浮海，僅以身免。

浮海驚逃上將舟，秦皇降卒不勝收。
貽書洛帥休惶愧，內戰從來兩下流。

四、青樓傳捷報

破直捷報傳誦青樓。

報捷千軍鼓角喿，捲簾十裡笑聲喧。
紅裳翠袖爭傳語，主帥原來美少年。

五、焚卷

一九二五年郭松齡倒戈身滅後，得部將通敵函數十封，盡焚之，未嘗啟開也。三國官渡之戰時，曹操亦嘗有類似焚卷故事，故云。

俯看江水漫金山，潮落潮平指顧間，
憾樹蜉蝣終自滅，也曾焚卷笑阿瞞。

六、留書張發奎

與北伐軍戰於中原，班師時留書南將張發奎，期以抗日戰爭時，並肩作戰。

共識內爭無宿怨，同仇外侮有新盟。
留書來將須珍重，異日防倭是弟兄。

七、皇姑屯事變

老師殉國於故西太后專車中，少帥繼統奉軍，乃與蔣總司令通款曲。

免煎萁豆好還鄉，太后車中痛國殤。
御寇籌邊有季子，轉旋藩幕向中央。

八、倭使誘降

日本特使林權助阻將軍易幟，極盡威脅利誘，張氏告以「你忘記我是中國人」，林權助始辭窮。

東來倭使最喧嘩，幣厚辭甘百寵加。
面語輶軒忘一事，封疆原即是中華。

九、用「謁延平王祠」詩原韻

武緯文經志卻胡，朝為飛將暮稚儒。
換旗豈為尊民朔，確保遼東入版圖。

十、九一八事件

事變時，將軍自云對敵情判斷有誤，蓋以敵軍只在製造事件，借機挑釁也。二戰時麥克亞瑟將軍撤離菲島時，有「我將返來」之名言，瀋陽事變時，張也說過。

燕雲席捲走驚雷，錯把和戎做剪裁。

麥帥名言非第一，當年早說我將回。

十一、藍衣社最高推行者

將軍於一九三三年解甲游歐，深嘆德意兩國復興之速，歸國組織「四維社」，擁蔣公為領袖。

趙燕山河一柱撐，片言半日解簪纓。
歐游真足增人智，願奉元戎作北辰。

十二、《懺悔錄》原委

世傳《懺悔錄》原為張致蔣之私函也。「骨肉情親」，張輓蔣語。

骨柔情親世莫先，私忠大義兩熬煎。
萬言懺悔豈當悔，原為生民解倒懸。

十三、少帥「贈張嚴佛詩」

贈詩作於一九三六年，有「枕上淚難乾」句，仿用之。

寇患妖氛去復回，神州廬舍半成灰。
不傷身難傷民難，枕淚難乾五十年。

十四、四小姐替代于夫人

趙四南來，捨命相陪。

北上三軍齊解甲，南來四妹最堪尊。

誓隨公瑾同生死，輩短流長豈足論？

十五、治明史

嘉定揚州細琢磨，煤山鐵鎖感人多。
為言寶島諸豪俊，莫把南明作楷模。

十六、皈依基督

最後一句為口頭禪。
晚歲欣知主意長，死生榮辱已相忘。
豈為康健求矍鑠，「上帝來時作殿堂」。

十七、于夫人主動離婚

遵基督教義一夫一妻制也。
為遵教義禮真神，未許娥英自在親。
最是賢良稱姐弟，平生稽首鳳夫人。

十八、知遇有感

第三句引張致將書，言與周恩來相識始末也。

卅年浮海感棲遲，初竭重局頗自疑。
「豈有鴆人羊叔子」，慚隨翰墨識相知。

十九、著史作傳

末句引少帥贈莫德惠詩「唯一願讀書」。

笑語燈前老少儒，豈因褒貶別親疏。
且編舊事成新史，唯一心情願著書。

二十、續編預約

再續蕪詩，原期十年後，在瀋陽舊帥府中也，嗚呼！

謬獻蕪辭說短長，平生知遇敢相忘。
奉天帥府重歡聚，再譜期頤二十章。

＊原載於《明報月刊》二〇〇一年十一月號

為王仁老丈勉仲孫畢業法學院（一九九二）

耄年喜見仲孫賢，垂老雙星未白顛。
旅美同僑誇後進，吾家喜爾著先鞭。
荊舒誰解聽樵訟，華庶應憑護法權。
遙拜祖塋增一願，崢嶸頭角早參天。

菩薩蠻　敬步樵師原韻[10]（一九九三年一月十二日）

「世人都說神仙好」，那有神仙真不老。何必問蒼天，忘形即是仙。豈憐鬢上雪，怕看窗前月。故里變他鄉，欲狂不忍狂。

湖山還是神州好，太平我亦當歸老。青山青連天，漁船作畫船。「舉杯邀明月」，同賞苑中雪。「結伴好還鄉」，何須嘆斷腸。

用「一聖一仙」名句，學生唐德剛續貂

＊原載《中外雜誌》一九九八年四月號

步合肥鄒人煜夫人原韻，調寄江城子（一九九三年五月四日清晨）

癸酉春末，返鄉掃墓。承遠方院長、人煜夫人寵賜新詩墨寶[11]，書濟米舟，詞清漱玉，伉儷雙絕，天下難兼。謹步原韻續貂，用答雅意。夜深人倦，句俚辭蕪，草章急就，報對方家。然以遊子還鄉，野人獻曝，工拙原非所計也。

歸來疊月未嫌忙，闖機房，住阿房，澗筍山薑，鱸膾作羹嚐。醉後每忘身是客，廟堂事，亂雌黃。

危樓百尺自徜徉。把故鄉，作他鄉；李句蘇書，乘興共翻翔。失箸聞雷君莫笑，您詞賦，我文章。

敬步尹會長鐵錚兄原韻十二首[12]

（一九九三年五月十六日青島東海飯店即席，五月底增改於東航機上）

我們中華聞名的特點之一，便是我們這個民族酷愛詩歌。不論工農商學兵，或男女老幼，偶有感觸，都要發而為詩。多人相聚，雅興大發，還要唱和一番。一經你唱我和，結為詩友，感情也就非比尋常了。

筆者近年來在大洋三岸旅行，參加學術會議。華友多了，總歸會有詩人來領頭作詩的。——尤其上三屆「紅學會議」。那些癡男情女的酬唱之作，聚攏來真可出一大詩集。

今春不才返鄉掃墓，在友好的盛情邀請之下，竟然在祖國大陸接連參加了數次學術研討會。正規的做了些「學術報告」（海外叫做講演會）之外，非正規的也遇到好多位詩人和書法家。他們送了我一些詩和墨寶，彌足珍貴。筆者不學，不自知淺陋，有時也追隨步韻，狗尾續貂一番。酸則酸矣，然亦不無紀念價值。愛酸友好，或亦久而不聞其酸。抄下來，亦或可招來同好。

今次我所遇到的第一位詩人，是我母省《安徽日報》的副刊編輯鄒人煜女士。她底新詩舊詞都十分清新。她的「愛人」歐遠方先生，則是安徽社會科學院的前任院長。歐君的書法，真是有松雪遺風。一次他二人來我旅邸夜訪，並送我一副先生的字，寫的是夫人的詩，真是詩書雙絕，使我有「衣冠文物猶在中原」之感。確是愛不忍釋。

時未經旬，在青島大學舉行的「胡適思想國際研討會」的一次宴會上，新認識的尹鐵錚教授問我是哪裡人。當他知道我是安徽合肥人之後，他立刻在紙餐巾上就寫了一首詩相贈。翌日他就「命」一位書法家「新野田畲」，用隸書寫了，作為紀念。他所「命」者何人，我迄未暇問。但又是一副雙絕，眞令我驚喜感佩。這時我才知道鐵錚兄原是擁有七八十位會員的青島市詩詞學會的會長。至於這位「雙榴堂主人新野田畲」是他的甚麼人，我慚愧至今還未弄清楚。

只是對他（或她）底蒼勁的書法，百看不厭了。

即席呈尹鐵錚會長

俗學原來出末流，飄蓬瀛海幾經秋。
欣逢淮北來鄉宿，文子才名重九州。

呈青大王肇基校長

王謝從來第一流，樽前祭酒富春秋。
手栽桃李三千樹，領導膠州越廣州。

呈青島社科聯合會主席傅清沛教授

班傅才華最上流，詩書社教各千秋。
我來海外君休笑，游罷杭州游汴州。
百年胡子領風流，「嘗試」於今七十秋。
莫嘆新詩來海外，績谿原屬古徽州。

從來淝水兩分流，君好陽春我仲秋。
典論論文重寫過，宿州之下有廬州。
豈為浮名逐細流？古今原有兩春秋。
江淮重見平戎策，半出廬州半宿州。
歐情美意者邊流，西域驚看一葉秋。
兩岸同春花待發，詎隨司馬泣江州？
一脈蒼茫納萬流，問君何處別春秋？
落霞孤鶩憑欄望，應許膠州勝贛州。
教讀何嘗最下流？應知皮裏有陽秋。
席前弟子皆豪俊，要把神州做聖州。
且喜清流是主流，月明臺港一中秋。

九州遍訪還須訪，塞外猶餘三兩州。
莫問清流與濁流，莫分春夏與冬秋。
老來最羨少年樂，隔座拳聲震九州。
且逐江河入海流，重來應是隔年秋。
借君旨酒與君別，明日雲端過福州。
鄭板橋詩有「教讀原來最下流，倚人門巷度春秋」句。

和文席謀[13]（一九九三年秋）

「十年雖有九年荒」，舊雨沙坪未敢忘。
惠我讜言三十萬，捧書懷袖有餘香！

＊原載於《中外雜誌》一九九八年四月號

步上海黃夫人潤蘇教授原韻[14]，調寄臨江仙（一九九三）

喜接文旌來古國，酒醇句巧人新，秋雲蟬思兩粼粼，感君姑侄意，潤我若鱸蒓。

自筑謫居百海外，曾無心緒堪珍，偶從徽漾見清芬，推敲只一字，解悟有雙音。

紅學會議祝辭（國立中央大學文學院，一九九四年六月一〇日）

每一時代有每一時代的佛學，每一時代也有每一時代的紅學。時空無窮，學問長新，則「世界對話」奚有已時？[15]因步策縱四紀祝辭，勉成一絕。呈蔡院長、林所長、康教授、馮團長、暨大會諸女士先生學長。研紅豈可無詩!?恭請和玉！

未計時空奚計年，今朝逝去有明天。
落花葬後新花開，不老顰卿色最研！

寄汪榮祖教授賀年卡詩16（一九九五年新年）

近來學佛打坐，仙佛越來越遠。思想搞不通，神仙學不成，卻寫了老僧之偈不少，抄一二博賢伉儷一笑也。

小智小知為本分，不知不識是聰明；
窗前痲雀安知我，我欲知天枉費心；
九竅三關原是幻，真丹原自幻中求；
最難俯仰皆無愧，仙佛原來第二流。
一砂之內小修行，砂外恆你信口論；
無識無知才是我，妄言神佛假聰明：
茫茫昧昧何深淺，總總零零未足論：
忘我同參天地化，千家祖佛是前生。

＊原載於《唐德剛與口述歷史：唐德剛教授逝世紀念文集》第一二一頁

抗戰勝利五十週年國際研討會題李又寧教授留念集，調寄憶王孫（一九九五）

晨邊高上美同窗，三分佳人七分郎。最愛書香拌粉香。更難忘，海外爭傳女孟嘗。

應周策從策縱兄囑，題其回文詩集[17]（一九九六）

回文小道費心裁，計國民生有去來，
台港見山河一統，才長誤曲顯襟懷。

西伯利亞上空所見，環球百韻續篇之一（一九九七）

玉峰墨象鎖金鏈，萬壑陰森海接天，
不屬仙鄉屬鬼域，此山斷不屬人間。

摘抄詩詞舊作有感（一九九八）

斷籤殘櫝久斑斕，雪夜摩挲感百端，
不為兒孫留漢簡，閒來聊寄故人看。

＊原載於《開放》雜誌二〇〇一年六月號

母校舒中李校長囑題紀念條幅，即席用一字韻（安徽舒城中學，二〇〇〇年九月）

一瞬之間六十年，錫泉伏虎憶當年。
當年哪有今年好？八十歸來老少年。
老高三班主任 唐德剛

抄寄班友書、文治伉儷二首[18]（二〇〇〇年十月）

此次晤談甚樂，惜為時太匆忙也。友書詩詞水平極高，大才子也，至佩，至佩。

追慕定遠侯，寄懷友書伉儷

爛柯水跡感陰晴，八秩驚聞機杼聲。
嶺上曾憐言脈脈，燈前難遣夜沉沉。
豈傷別久成新客？祇怕情多累故人。
欲倩班侯傳漢語，題詩原是舊張生。

友書辱詩，依韻續貂

彈雨槍林曾結駟，昇平盛世再逢君。
太平洋上東西望，始識朝暾出夕曛。

人權夜聞「綠島小夜曲」於綠島（二〇〇一年）

文化轉型是一轉百轉的。反應在人權方面，便是從一個不重人權的傳統社會，轉向一個人權會受到普遍尊重的現代社會。

一部中國近現代史，便是一部中國近現代政治社會文化的轉型史。文化轉型是一轉百轉的。其反應在人權方面，便是從一個不重人權的傳統社會，轉向一個人權收到普遍尊重的現代社會。傳統社會之剝奪人權最大的表現，莫過於對政治犯的緝捕和虐待了。在近代中國轉型期中，國共兩黨對政治犯之搜捕與誅殺，其網面之大，可說史所未有。所幸近二十年來，兩岸的政治監牢，均已逐漸減縮，其完全消除，蓋亦為其不遠矣。這實在是「東方精神文化在新世紀的命運」中的一大喜訊。

筆者近蒙「人權教育基金會」的邀請，前往臺灣綠島，原政治犯集中營所在地，參加「人權紀念碑」的周年之慶，夜聞〈綠島小夜曲〉的哀婉之音，不能成眠。竊思近百年來，我國浩劫連年，政治犯受難人，多至億萬。實為人類文明史中，最慘烈之災難。我輩旅美華裔，避秦海外，實為一群漏網之魚。覆巢之下，一卵倖存，思之可歎，為使此一惡政，不再萌於故國，我輩固亦匹夫有責也。因草小詩如下：

月迷島黯海聲喧，夜曲遙聞百感煎。
萬劫神州餘漏網，覆巢忍見一雛全？
最憐兩岸慈親淚，難化雙獠霸主鞭！
面對豐碑申末願，要憑禿筆別奸賢。

＊原載於《明報月刊》二〇〇一年一月號

路邊枯柳再見綠意（新澤西州，二〇〇一年）

門前路邊有枯柳三株，久踣泥沙。疑其不堪嚴冬，而每歲春來皆有綠意。美洲原無柳樹，哥倫布初訪時，舟人偶棄一破柳條筐於海岸，後竟蔚然成林，是為新大陸柳屬之第一代移民云。卅年相伴，喟然有感。

傴僂同悲老更癡，憶從破笈委沙泥。
詎憐故土無根莽，化作新洲第一枝。
飛絮憑君隨處歇，棄民身世兩心知。
卅年道左成良友，最愛無聲語片時。

風濕小瘳，扶杖山前念中美撞機糾紛（二〇〇一年）

又向山南策杖行，疏林新綠淨無塵。
草叢鼷鼠自為食，枝上雛鶯不避人。
緩步才知人漸老，望鄉初喜見昇平。
雲天國事勞心思，辜負黃昏雨後晴。

＊以上二首原載《開放》雜誌二〇〇一年六月號

【附註】

1. 王振宇，唐先生安徽舒城中學初中同班，後同時就讀於重慶中央大學。
2. 高金衡，後任東南大學數學系教授。
3. 陶佛蘇，舒城中學教師，四十年代末任該校校長。
4. 詩題為編者所增。
5. 伍承祖，一九四五年畢業於重慶中央大學地理系，後長期任教於紐約市立大學亨特學院。
6. 周文中，白馬社社員，哥倫比亞大音樂系教授。
7. 伊藤漱平，東京大學教授，曾譯《紅樓夢》為日文。
8. 高楊，原名荊又新，西北大學歷史系教授。
9. 詩題為編者所增。
10. 顧毓琇，字一樵，曾任中央大學校長。
11. 歐遠方，安徽社會科學院前任院長；鄒人煜，曾任《安徽日報》副刊編輯。
12. 尹鐵錚，青島市詩詞學會會長。唐先生當時正在青島參加胡適思想研討會。
13. 詩題為編者所增。文席謀，中央大學機械系畢業，晚年居美。
14. 黃潤蘇，復旦大學中文系退休教授。
15. 該紅學會議的正式名稱為「與世界對話：甲戌年世界紅學會議」。

16. 詩題為編者所增。

17. 本首也是回文詩。

18. 班友書，唐先生舒城中學低班同學，五十年代初曾改編黃梅戲《天仙配》劇本。

新詩

企鵝

原生在最熱底赤道。
　因為是弱者，
被趕到最冷底南極——
　那失去溫暖的地方：
　全是冰山，
　沒有金礦。
商人不願來！
野獸不願來！
　讓不染纖塵底積雪，
　保持了潔白底胸膛。
踱來踱去，
在冰塊上；
　看，海天邊際
　　一片汪洋！
永遠地站着；
挺着脖子！
　像，檢閱台上的首長！
　　夜總會裡的茶房！
可不替紳士服務；
也不在苦難人民底面前，
　裝模作樣！

——一九五六年四月廿二日

煙蒂

憑着點沒有火的煙，
給別人吹噓！
是光榮嗎？
經常掛在主人底嘴裡。
善良底囚犯們，
對你多麼留戀！
為着高貴！
豪華底少年，
卻盡速把你拋棄。
大腹賈們笑了
把你高舉在胸前，
對跳樓的人表示勝利。
猙獰底大獨裁者，
也和善地吻吻你；
他紅筆圈內的集中營，
這時正血腥遍地！
你驕傲了！
在黝暗底舞會走廊裡，
讓貴婦們底口紅，
染遍了外衣！
主人要丟掉你了，
當你吐盡最後一口氣；
在被扼死的廢墟裡，
擠滿了伙伴的屍體！

——一九五六年四月十日

夢

〈（顧獻樑）按語〉：鹿橋兄講「傳統與創造」時說，「譬如寫一首詩說夢，卻不提個「夢」字。」蒂楷（T K.）兄便當場寫了首詩。

朋友，
　你錯了——
　　不該斷斷續續。
你替我帶來了，
萬里外底情人；
看着床頭的陽光，
　我多麼失望！
你嫁與我，
　　無窮災禍；
翻過身來，
　　我又忘了乾淨！
昨夜、
　今夜、
　　明夜；
你為何，
　　不連成一氣？
讓：
苦難底人們，
　　都生存在，
　　兩個世界裏。
不知道：
　哪個是真；
　哪個是假。

——一九五七年《滄海》

公園裡的雪萊石像

——寫給我們在一起「作詩的朋友」

它原來，
　　是塊石頭。
生在，
　　深山幽谷。
真得可愛；
笨得可笑。

無端，
　　被搬到城市裏來，
　　亂加雕鑿；
便被人們當成了詩人。
　作家們，
　　　說他偉大；
　藝術家們，
　　　說他美麗；
環繞他底少女們，
　羨慕他聰明；
有錢的人們，
　也買了些花圈兒，
　　套得他，
　　　滿頭滿身。

但是……
他只是塊，
　　受了傷的石頭；
默默地站在路旁；
凝視着，
　　花花綠綠底，
　　過往行人。

——一九五八年香港《人生雜誌》一九一期

街車——寄周策縱

此詩原載《海外論壇》月刊二卷一期（一九六一年一月），題下稱：「策縱寄來賀年片，並附詩責我『來信每如蝸步緩，論交略勝古人狂。』不善「步韻」，因寫新詩一首作答。」原詩分行不同。（策縱補註）

負載着，
　忙忙碌碌底群眾，
在人世間，
　　兜着圈子。
沒有驕傲的份兒，
也從不暴戾。
在警察的棒子前，
　停下了，
　　嘆口氣。
再繼續前進吧；
繼續那，
　沒止境的奔馳。
走向崎嶇的路；
把平坦底大道，
　讓給那，
　　來勢洶洶的勇士；
讓給那，
　　瀟灑風流底，
　　伙伴們，
　　飛馳而去！
宇宙變黑了，

人也睡了；
在風雪泥濘底深夜——
　那失去光彩的豪傑們，
　　都僵臥在，
　　　路旁水泊裏。

你，獨自
　發出吼聲，
　冒着熱氣；
讓眸子裏，
　　發出的光芒，
照耀着大地！
——一九六一年一月紐約《海外論壇月刊》

海灘

是大地底邊緣；
也是，
　海底邊緣。

潮來了，
　就是海；
潮退了
　　就是陸地。

蚌殼、
　海藻；
今年、
　明年，
永遠相同！
在那，

蠕蠕爬行的，
　小動物間，
永遠找不着——
　昨天底足跡！

——一九五七年

失去的追尋

讀曹又方《送君千里》，寄《一行詩刊》

熾熱、戈壁上
　炒熟每顆砂粒
卑微、怯懦、苦痛……在
黝暗的海底，為何
　不浮出水面、傾訴自己
　　一直到失去

追尋、老人家
　一行箋紙
大陸底盡頭
古運河底終端、祇見
　　雲和樹
寫不出一行詩

尋不着失去
像一縷輕雲
一小撮柳絮
依然是清湖
一陣微風
飄來失去
送君千里
寄出一行詩

——一九八八年十月十七日
紐約《一行》一九八九年三月第七期

祭

脖子上有點癢，
　抓一抓，空氣中
　　有條小黑線，
　　　盤旋，
　　　　盤旋……
　　　停下了，
　　針尖大，
　　　小黑點。
黑點又變成
　小黑線——
盤旋，
　盤旋……
　　還是個小黑點。
拿起放大鏡，

椅子邊；
啊，一片森林，
一片高原——
原來是你！
有爪、有牙，
有頭、有尾；
幹嘛，這樣忙——
淘金礦？
挖油田？
找溫泉？

放下放大鏡，
對準小黑點，
啪！
找不到，小黑點；
空氣中，再不見
小黑線。

透過放大鏡，還是
一片森林，
一片高原——
林中有些痕跡，是
失事飛機的殘骸？
露營人留下的餘灰？
啊！都不是，
我殺死了一條小生命！
他在——
淘金礦，
挖油田，
找溫泉……

你該有爸有媽，

有妻有兒；
　和我一樣——
無國有家！
就是因為：
　我比你有力量；
　我比你大——
　　比你大
　　　幾千萬倍，
我就要殺掉你！
我為何要殺掉你呢？！
……？
我淒然下淚……

慰問胡適之先生

適之先生
自從你進了病院，
亞洲、美洲、歐洲……
乃至全世界的人，都在
為你祝福；替你焦心！
但是我們——
「五四」以後才出生的一群，
知道你沒有病。
你只遇着了一點小災星。
因為你，
抵抗力最堅強；
永遠站在時代的前面；
和我們一樣年輕！
四十年來，

你從葫蘆裡，
放出了多少小鬼！
這些小鬼，
現在翻說你是妖精！
漫山遍野，看！

他們正在追捕「胡適底幽靈」！
還有，
恭維你的朋友們，
曾替你塑了一尊像，
抬起來到處遊行。
不抬着這個像，
躲在後面的朋友，
就立刻要暴露原形！

但是我們——

你學生底學生，
做工、讀書，
不聲不響的年輕人，
一直在追隨着你，
追隨你做個「人」！
你不談主義，不談革命，
你卻創造了一個時代；
又替另一個時代播了種，
我們正在努力耕耘。
胡老師：好好休養！快快出院！
沒有你走在前面，
我們真要變成，
三十來歲的「老先生」！（註）

註：胡氏當時曾戲呼余為「唐老先生」

夜返

閃鑠的星在天邊，沉默的星在窗外
最遠的最近，最近的卻最遠
默默地相視，隔着一層玻璃

心笛箸《貝殼》詩序

（一）

我曾問過胡適，「什麼叫做新詩？」
「新詩嘛？」他說，
「要用有韻味的語文，
寫出你自己的意思。
要避免陳腔濫調，
要不怕俗語俗字……」
「舉個例子。」我說。
他取出幾份《少年中國晨報》，
要我讀那幾首，一位
少女作的新詩。

（二）

我不知道這位詩人是誰；
我倒歡喜她心裡的意思：

她傾吐出一些少女的心事；
描畫出一個女孩兒家的小天地。
她有愛，但她沒有愛到
　要跳樓，要上吊——要尋死。
她有恨
　那只是一點小脾氣；
　原子筆沒有替她咬牙齒。
她高興，她歡喜，
　要和小狗兒比賽搖尾巴；
　讓小花貓跳到懷裡。
也想家，也憂國，
有微笑，有暗泣，
充滿着矛盾，充滿着情思……
　一股腦都寫在那幾張小紙裡，
　寫得那樣恬淡，那樣新奇；
　把個老祖宗讀得笑咪咪。

（三）

朋友指着告訴我：「她就是心笛。」
心笛是個女孩子。
　大大底眼睛，
　小小底嘴唇，
　烏油的頭髮——還沒有編成兩條小辮子。
　她總是微笑——寡言少語。
　我們吵吵鬧鬧，
　她只躲在屋角裡。
「心笛，」我問，「為什麼不回胡老師的信？」
「啊。他太有名氣，我不好意思……」
「心笛像個『詩人』嗎？」社長大聲問我。
「不像，」我說，「她自己才是一首詩。」

（四）

我們歡喜自己的動物園。
那裡有充足的陽光，新鮮的空氣。
　金絲猴在不斷地打鞦韆；
　黑尾狐在地上走來走去。
　那胖猩猩一直在剝香蕉；
　水裡的老河馬，鼻子在不斷顫動
　　——撲嗤——撲嗤
籠子裡有自由；
　隔着欄杆，有可愛的伴侶。
我看見，
　水溝那邊的小島上
　有一隻小白兔——
　　她在和烏龜賽跑；
　　　和痲雀跳舞。

睏了，就睡在草窩裡。
那草坪上插個牌子：
　　「心笛底小天地。」

（五）

我愛心笛底詩，因為她
　不要言志，
　不要為人民服務；
　天空中沒有希臘，
　地獄裡缺少階級；
　地下沙龍的洋酒未濺她，
　聞不到格林維區狐臭氣。
她是提着個小皮包的少女，
　乾乾淨淨，
　歡歡喜喜；

詩就是她，
她就是詩……
……
——硬是「從零開始。」

（六）

我愛看她底〈辮髮〉，
那在「很久以前」——
「溜出後門，
放下鞋，
我坐在池塘邊；
貪看水中平靜的天。
……
自從離開故居，
沿途流浪；
我才遇見許多不平的水面
和不藍的天；
我才憶戀起舊池塘，
和母親那時梳編的髮辮。」
我沒有髮辮——我只是
掉入舊池塘——淹掉了魂；
在深夜，在池邊，直到蚊帳裡，
母親把我底魂，輕輕地喚回來，
使我睡得那樣安詳，那樣甜，那樣美。

（七）

我們都是「紐約樓客」
住在人腳底下；
也住在人頭上。
「塵埃死不去

……
風為何風？
雨為何雨？
人為何人？
謎就是謎。
……
恨就在——
手摸不着天，腳也不常踩着地。」

你可能說我有偏愛——
偏愛心笛底詩。
偏愛就偏愛吧。
她說出我們紐約流浪漢，
自己說不出底滿腔心事。

（八）

可愛的人化成灰了；
可敬的家庭也毀了。
可倚的大樹爛了。
白馬非馬，
猢猻散了。（註）
心笛也失蹤了，在紐約——
「我想停留一下，
坐看天上的亂雲霞，
你們大夥兒去吧——」
去向何方？——我？
「那鍾擺左轉了右轉，
一停也不停——
十年二十年，
呆在老地方——」

我默誦心笛的詩，
　記住她詩後
　　遺忘了的日期。

注：白馬社可愛的詩人，藝人寶瑜死了。社長夫婦不幸離異，白馬社就淒涼的散夥了。

（九）

打散了的猴子，
　上山去撿果子——
　　各有所愛，
　　各有所恨。
「在追尋的長路上，
　我抱着心，
　也抱着頭……」

「不想停也得停，
　自己不可多作主張……」
顧不得是愛河，是愁鄉。
「午夜我驚醒起坐，
想抓住你的衣襟……
不見你形影在側，
輕聲呼喊兩三回，
或許，過道，
隔室，會有相應……」
她雖然不見了，
這不是她底聲音？

（十）

她失去了家，
　那家，在「江南雲樹下」。

她也失去了母親，和她那
「比藥還靈的聲音。」
但她也重建了家；
也重建了廚房——
「煮多少頓飯，
量百萬盅米。
年華
也煮在飯鍋裡。

切斷綠菜葉，
放油裡炒黃，
炒黃的也有
少年時的夢想。
打開鍋蓋子，
把湯兒來嘗；

若是有淚滴，
快滴在湯鍋裡……」

（十一）
心笛是好妻子，好媽媽，好同事；
在「不尋常的園地」裡，
做最尋常的事。

「與古代的哀民共哭，
聽不朽的詩詞吟語。
走出自我貧困的小軀殼，
看盡世間的恨和愛——
在圖書館的領域裡。」
她管理圖書，
圖書也愛她管理。

是婦女就業；
不是職業婦女。

沒有這八小時的工，
女兒的學費，
漲價的汽油，
小家庭如何負擔得起。

（十二）

下課了——
「我坐在一隻小桌，
　在擠鬧的食堂，
　……
四顧，
年輕人，
　他們臉上光滑沒紋……」
踱出來，再找個去處，
「舉瘦步，
且看前頭怎麼個路……」

「抖去滿身的累。
我也向樹幹上靠，
避一下炎夏的熱，
暫忘都市的鬧……」

「失落的，
　無處尋；
老了，
　　冷了……」
這是誰在徬徨，躑躅？

是那位先生的生活寫照？

（十三）
下班回來——
「廚房外
　鳥鳴，
　　葉影搖。
廚房裡
　髒碗碟，
　　催人老。
……
新亮的日子，
　已早過去。
……
細鐵絲刷子，
刷不亮廚婦的眼神。」

這是心弦的低沉？不是，
　這是敏感和靈性。因為，
　　作詩的是主婦；
　　　洗碗的是詩人。

（十四）
「二十多年不見了。」
電話裡的聲音——
　陌生，熟習，熱情，明亮。
「啊，猜出了……
孩子們也都大學畢業了……」
那是年輕時的
　假感慨，真幻想——
「鏡中，

我看到，
　有千軍萬馬；
駕着春夏秋冬，
　揮策急跑。
擦過我的頰額旁，
　留下怪圖樣。」

在三千哩長線的另一端，
　我可以想像——
　　想像那，
有些花紋的「怪圖樣」；和
隨那花紋增多底美麗詩章。

（十五）
心笛送我一束舊稿，
　說那不算詩——因為
　　詩人都站在詩壇上；
　　躺在詩刊裡。
　做工餬口的公民哪算詩人；
　　洗盤碗，換尿布的更不是。
她也曾問過站在講台上的詩教授，
　「海外也有些新詩人嗎？」
「海外也有些新詩人嗎？」
教授的回答——到問題為止。

海外原沒有詩人，
心笛也沒有想到要作詩。但是，
海外有生活——從童年到白髮——
　有辛酸，也有情趣——
是感慨，是悲傷，是歡樂，還是——
　都有些「心裡的意思」。
心笛只是用「有韻味的語文」，

譜出了七十首沒有譜的歌詞。
這就是詩人心笛底「詩史」；
這也是心笛詩人的「史詩」。

（十六）

美洲沒有牛棚，
海灘偏多貝殼。
長年長月——它
封閉了多少生命；
鎖住了多少靈魂？
只能默默地在海底爬行；
張開的全是骷髏。
游出海面吧。
我們自然主義的女詩人。莫讓
「褪了色的光彩，
訴說着當年。」

爬過那骷髏遍地的海灘吧。
向藍天白雲，捧出
你心房裡滋長的明珠——
讓新潮低頭，和
新月爭光。

你承繼了三千年「思無邪」，
最可貴的傳統；
也為六十年的新詩，寫出
最感人的篇章；
更為當代文藝，畫出
最美好的思維形象。
胡適說你是五十年代底
「中國新詩里程碑。」
其實你是我們奄奄一息底現代詩，

八十年代的新希望，新榜樣。
是朋友，是讀者——
我願以為最微弱的聲音，
為你獻出，
最忠誠，最永恒底
熱情歌唱
熱情歌唱
熱情歌唱……

——一九八〇年八月十五日於紐約郊區
北林寓盧

自傳的詩，詩的自傳（節錄）之一：始祖

他可能是個猩猩，猿人
他一定是個裸體的初民
生活在黃土高原之上
太行之麓，黃河之濱；但
他不是黃帝，炎帝；更不是
唐堯，虞舜。也不是
周成王的「小弱弟」，
拿了一片桐葉，變成了貴族
他肯定是個農民，漁民，獵人……
娶妻生子，有兒有女，
我祖，我父，
我就是他底子孫

自傳的詩，詩的自傳（節錄）之一：可怕的空白

……這兒是一片可怕的空白
一千年，兩千年，三千年……？
多少飢荒，多少戰爭，多少洪水猛獸……
死掉多少皇帝，將軍，億萬人民和小兵
他們渡過黃河，跑遍中原，渡過了長江
這兒是：大明帝國的江西行省
在贛江的東岸？西岸？
大湖的這邊？那邊？
出了埃及，就忘記了埃及。
反正，反正，
祖先是農民，子孫還是農民；
祖先在山西，子孫在江西

自傳的詩，詩的自傳（節錄）之一：那靜靜的四合院

那靜靜的四合院，
火一般的陽光，正蓋在院磚上
牆上，屋頂上
堂屋裡的掛鐘，正在滴答……滴答……
迴廊上的小女孩，也在探頭，探腦
向那套房的門窗出神
噹……噹……噹……噹……
那大掛鐘剛敲過十二下
室內傳出嬰兒的哭聲
套房的門輕輕的開了
趙奶奶探手探腳地走出來
小女孩緊張地迎上去
趙奶奶彎腰輕聲地告訴小女孩

你又有個弟弟了
小女孩跳起來，拍手
我又有個弟弟了
我又有個弟弟了

這時間是農曆七月二十日，
一九二〇，民國九年
故事是這小女孩告訴我的。
她長我七歲
　叫我弟弟
我叫她姊姊

自傳的詩，詩的自傳（節錄）之一：祭祖

媽替我穿上官紗長衫
　小馬褂，戴上紅頂小帽
媽用個銀色的湯匙餵湯給我吃
　媽媽，祖宗在那裡
我從房門的藍布門簾底下
　偷看看祖宗
媽說，祖宗不在這裡
　祭神如神在

　祭神如神在
　祭神如神在
　祭神如神在
什麼是：祭神如神在
　我一直不懂，但它
是我背誦四書五經的第一句

自傳的詩，詩的自傳（節錄）之一：槍戰

那是個和暖底初夏的早晨，一九三三年。
金色的陽光剛從樹林中穿射而出；
　　鳥兒唧唧的鳴聲，忽遠忽近。

強盜進莊子了；強盜進莊子了。
楊毛兒飛奔的喊叫，衝進她主人的臥室，
女主人正在梳洗，男主人剛要換衣起床。

什麼？……什麼？
強盜進了莊子；強盜進了莊子……
毛兒激動地指向窗外天空……
那不遠的東方有個大村落：郭家莊子。

爸，從熱水瓶裡倒了點熱水，喝了幾口茶。
　悠閒地從木盒裡，抽出了
　　那支青光閃閃的三號駁殼。
整一整他底夏布睡服，走出了臥室。
毛兒，毛兒，把這條子彈帶，送過去。
　媽從衣架上取下皮製的子彈帶。
　　毛兒飛奔的送了過去。

　　乒乒……乒乒……那顯然的槍聲，
發自莊園大門的方向。爸，加快步伐走去。
　他穿過臥室所在的四合院
　穿過正廳，轎廳，走出了大門，
　他正轉向左方，穿過長方的廣場
　　　走向閘門……
驀地裡，一具流血的死屍，攔阻了他。
　　　他緊張了，
用他那三號駁殼，向閘門方向，

開了兩槍，沒有回應
乒乒……乒乒……
這槍聲響在臥室的後方。
提了駁殼，他回頭，再穿過大門，轎廳
走回正廳。
屏門那邊有兩個男人在說話：
你不能只讓我一人開槍，一個在說，
下一次我一定開槍，另一個回答……
爸，三步，兩步，迎了上去，
繞過屏封，三人碰個正着。

乒。爸首先開槍，射入一個大漢的肚皮
他，掉頭而逃。
乒。那小漢一舉手
爸把身軀一扭

子彈從胸前擦過，
打掉了一顆鈕扣。

乒，乒……爸射向那小個子
乒，乒……那小漢也射回來
爸，一扭身軀，左臂一舉，
左腋下的睡衣，被射穿了兩個洞。

爸，舉起駁殼，砸向那小漢的頭
他躲過這一招，掉頭而逃；又
回馬一槍，打碎了
廳堂壁上的大掛鐘

乒，乒……爸又射向小個子的脊梁。
他奇怪小個子並未倒下
小個子只竄出轎廳的石庫門，

俯身向外，屁股抵着
左側磚牆，反手盲目開槍。
爸的盒子炮張開大嘴，沒子彈了。
停下來，換上一條，再趕上去，
站在石庫門檻上，爸可踢他的手
射他的頭
爸還是射向小個子滿是鮮血底脊梁。
小個子迅速竄過天井院
伏在大門後，屏門下，盲目開槍。
爸對着那屏門，連開三槍。
小個子帶槍爬入門邊的客室
大門下的鮮血，一片汪洋
乓，乓……爸的身後又有槍聲，

回頭一看，是那原先受了傷的大漢，
大漢又迅速的不見了。
爸在徬徨？三個弟弟，那兒去了
穿過右側的花廳
他去尋找，
一片死寂，蹤影全無。
爸又走回正廳，只見大門口，一堆
手中都拿着槍的人群
那大漢看到爸，大叫：「就是他，就是他。」
人群一哄而散；爸也衝向人群，
大門前的廣場，全是帶槍而逃的人。
爸也盲目掃射，直至
逃的人不見蹤影，他也裝好門閘，
關起了大門。

爸靠在門上喘息，面前忽然又出現
　手中拿著一條長槍的人，原來
　這人是他的弟弟，我的三叔
　　早從清華園回來的學生。
「你的盒子呢？」哥哥問弟弟。
　　卡殼了，卡殼了……
　弟弟不斷的喘息流汗……
「強盜哪兒去了」三叔問爸爸。
「都還在閘門裡，」爸也喘息的回答。
「嗨，」三叔驚奇的問，「誰在外面吹號」
　　兄弟二人屏息靜聽……
「他們是北方股匪，」爸說，「這像是撤兵
號。」
爸說，「你警戒，讓我開門看看。」三叔端
着步槍，爸爸開了大門。
廣場中一片沉寂；只一無頭小鬼在徘徊，
他是莊園剃頭師的小學徒。
「土匪那兒去了？」爸大聲問他。
「都走了，都走了……」小鬼沒頭沒腦的
說。

三叔端着步槍
爸爸提着合子炮
剃頭小鬼跟在後面
三人走進了閘門

那兒遍地是血；血灘裡有兩具屍體

那個仰面向上的，無人認識
　顯然是個匪徒。
三叔翻起另一具，伏在地上的屍體
剛翻過來，三叔便「哇」的一聲
　　抱住屍體，
　嚎啕大哭起來……
　　那是
他的弟弟，我的四叔
　　南開大學
度假歸來的學生。
「爸，」從小學回來的兒子問爸爸，
　「你一人打兩個強盜，
　為什麼這樣勇敢呢？」
爸笑笑說，「我在保家，
　　他們在搶人。」

自傳的詩，詩的自傳（節錄）之一：小孩子

「小孩子」來莊園要飯
　三天了——未見到他媽。
莊園的女主人，好奇了，問他：
　「小孩子，你媽呢？」
「她睡覺了，我叫不醒她。我餓了。」
女主人慌了。她找來個園丁。
　園丁抱着小孩子，
　找他的媽。
他媽睡在一群義塚的草蓬裡；
　許多蒼蠅在亂飛，
　已經有濃烈的氣味了。
女主人覓了一口「義材」
　把小孩的媽葬了。
小孩子被留下來，

交趙奶奶代為撫養。
趙奶原是男主人的乳母。
年老了，兒子媳婦，都不要她，
趙奶留在莊園裡……養老。
忽然間趙奶撿了個小孫子；
孫子叫她「奶奶」，奶奶替他洗澡；
換了一套合身的小衣服。
晚間，便和「奶奶」在一床睡覺。
「小孩子」漸漸的聰明活潑了。
他愛領他玩的玩伴，
玩伴有個「媽咪」
「小孩子」也跟着叫「媽咪」。
小孩子叫他玩伴「二哥」，
二哥兒也歡喜小孩子。
「小孩子」便是「二哥」的尾巴。

但是二哥在後堂裡吃飯；
小孩子吃飯在廚房裡。
小孩子漸漸地變成大孩子了。
二哥也上學了。
管家要把小孩子搬出內宅；
搬出和男工人一起住。
趙奶憤怒的反對。
「媽」好奇了，說：
「搬出不也是很好嗎？」
「跟那些雜種住一起？」
趙奶憤怒的說，「他們會入他屁股。」
「小孩子」繼續和趙婆婆住，
在婆婆房裡另一個小床單睡。
小孩子長成大孩子了。

他會種麥，種菜
　在廳堂裡抹桌，掃地。
忽然間，藍天變成紅天了。
「解放軍」解放了莊園。
「二哥」也到美國留學去了。
「媽」在農村裡要飯，
無家，無姓，無名的小孤兒，
變成了小貴族

新來的官，要為小孤兒
　娶妻，生子，
推翻舊社會，舊秩序。
原先的小孤兒，也被
　取了個革命的名字。
小貴族要結婚了。可是

原先的小孤兒沒有新「家長」
　黨，要為他
　　分配個無產老人，
　　　作他的「爹」。
小貴族堅決不要，
他要他原先的「媽」做媽，
　主持婚禮。

黨不許，
不許無產階級有個地主的「媽」。
可是，
新起的小貴族，不依。
他堅持，
　沒個「媽」主持婚禮，
　　他就不要新娘，新房。

黨拗不過新貴族，乃把他
原先的「媽」改變身分——
由地主，改成「破產富農」。
富農主持了婚禮，
也領到了些土地。

公社起來了，
「富農」不會種地。
黨開恩了，讓富農依親為生，
搬到城市裡去

三年大飢荒，死人千萬，
破產的老富農
沒被餓死。

上海戰場一角（抗戰詩選之一）

一、保衛上海之戰

是京滬鐵路最後的一站
上空的敵機我機正在纏鬥
車中的軍士也正在高唱
「大刀向
鬼子們的頭上砍去……」
忽然間一陣爆炸
火車出軌了
僵臥在鐵路之旁
前面的槍戰聲震耳欲聾
趙團長抽出指揮刀
在車邊大呼
下車，
下車

整隊，整隊
這時炮彈四處爆炸
機槍彈密如雨點
戰場上煙火一片
團長命令：散開，散開
向前方戰壕內的
守軍增援
忽然間，團長中彈倒下了
擔架兵把團長抬上擔架
預備後撤
團長忽從擔架旁站起來
一腳把擔架踢開
抽出腰裡手槍
大叫向前

忽然一陣濃煙烈火
團長和擔架兵
都不見了
戰場上一片呼聲，各自為戰
援兵向前方戰壕狂奔
戰壕內也是一片煙火
槍炮聲震耳欲聾
坦克在前，士兵隨後
敵軍正在衝鋒
戰場中呼聲，槍聲
慘烈一片
敵人衝過來了
坦克壓過我方戰壕
我機槍手被壓成肉餅
敵方步兵也一哄而過

坦克未壓到機槍
　彈藥兵小張也還活着
小張抽出機槍，反身
　去射敵人的屁股

敵人愈跑愈遠了
　小張拖起機槍
　要爬出戰壕追上去
他腿不聽話，爬不上
小張忽然發現，穿
　草鞋的右足尖轉向後方
忽然間又是一陣烈火；
　小張就失去知覺了

二、倖存的傷兵

他終於醒來了
也發現了自己，躺在
　一個基督教堂裡
教堂的地上滿是鮮血
　長椅上，都睡滿了
已死和半死的傷兵
　活着的都在呻吟苦叫
教堂裡有許多穿白衣的
　醫生和護士，忙成一團
一位護士正在替小張包紮
　斷了的腿，破了的頭，和
　血流不止的膊子

小張感到疼痛無比
　狂呼大叫不止
醫師替他打嗎啡針

小張又繼續的昏睡了

三、好運道和鮮花美女

小張再度醒來了
他睡在一張整潔的
　病床之上
右腿高高吊起
身上綁滿了繃帶
床頭還有
大把大把的鮮花，和
　整盤整盤的糖果
着白衣，白裙，戴白帽
　的一群小天使，正在
　向他微笑，問候他好
小張感到要嘔吐

圍繞病床的小天使們
　趕緊替上一個小銀盆
小張在銀盆裡吐了
　吐了半盆鮮血和紗布
小張感覺全身輕鬆多了
「這是什麼地方？」
小張問天使
「這是上海基督醫院呢。」
「我怎麼到這裡來？」小張再問
「您是抗日英雄
　受了重傷呢
　國際紅萬字
　把你救回來的。」
「哦……哦……」
　小張想起了
　戰場上的遭遇來

我們向抗戰英雄敬禮
一隊小童子軍
站在床邊敬禮
小張不知如何還禮

您太可敬可愛了
一群美女也站在
阿張的床頭
輪流吻他的面額，並
送小張，許多
單身和團體簽名的照片
後來護士告訴阿張
「她們都是中國
最有名的
電影明星呢。」

小張還是茫然

小張受重傷未死
卻是最幸運的傷兵
敵人打掃戰場時
以為他死了
沒有對他「補槍」
萬國紅十字會掩埋他時
發現他還有口氣
乃分開了
他和死人的屍體
在教堂裡分配傷兵時
他被分到最豪華的
基督醫院裡

四、把漢奸丟到江裡去

小張在醫院住了半年
　又在療養院療養數月
他可以步行了
　也學會騎腳踏車
醫院要留他做個小雇員
　可惜他不識字
留他做個小工人
　他又太有名氣

敵人攻佔了武漢
　政府遷到重慶
小張嚷着要「歸隊」
　他已死過一次
　不怕死第二次
地下人員安排他

　過長江，取道蘇北
　到陪部歸隊

小張被打扮成，一個
　西裝，革履
　左手提皮包
　右手拽手杖，極像個
跑單幫的富小販

小張乘計程車，匆匆趕到
　長江邊的輪渡碼頭
在匆匆上輪渡的碼頭上
小張和幾個同行的男人
　被一個偽警官拉下了
他說小張不是小商販
　是個偽裝的「蔣軍」

小張力辯他只是個
　跑單幫的小商販
那偽警不聽，他吩咐
　輪船開船，把小張等留下
大家都緊張了
　小張也火了
他丟掉皮包和手杖
一手抓着那偽警的皮帶
　另手抓着那廝的領口
　用力把他提起來
　一下便把他丟到江裡去
這時江流正急，三下兩下
　那偽警就沉沒了
這一下，船上船下

人人都緊張起來了
　帶着刺刀的偽警
　也紛紛地跑過來
可是，那站在堤上的
一個偽警官卻在
　岸邊揮手
阻止了
　正在奔跑的偽警
　另外揮手示意開船
這時岸上岸下一片緊張
小輪船帶着小張
就迅速開到江中去了

武漢街頭觀戰（抗戰傳真之二）

大家都在仰首觀戰
　爬着，坐着……
　瞻大的就站着

搜索天空中
　正在進行的
　一場空戰
天上嗚嗚聲響
　忽遠，忽近……

「看……」瞻大的阿王
　忽然大叫：
「那是我們的飛機，
　那是蘇聯的飛機……
　日本的飛機冒煙了……」

忽然間，街頭大亮
原來一座高牆，在
　觀眾之後
無聲地倒下了

退還一個小皮包（抗戰餘波之一）

我要退還這個小皮包
原買主向一個洋店員哭訴
Lady，店主言明
買主不能退貨呢
我買了它每夜都作惡夢
不能睡眠
Why, lady？
因為我發現它是「日本造」
店東聽了兩人的糾紛，
也走過來問 Why？
我是中國人，女顧客說，
戰爭給我的惡夢太多了
看到 Japan 我就戰慄

我也和日本人作過戰……
店東乃約買主到他 Office
喝杯 coffee 談談 why？
女顧客眼眶紅了
欲言又止
Lady，我也是個老兵，
看我的腿，
他原是個跛子
在太平洋上受傷的
女顧客擦了擦眼淚
說出了她的故事
她原是個南京的小女孩
日軍進城了
媽帶她逃出避難

爸在家守店
爸在家裡被日軍殺了
媽和她躲在洋阿姨
設的避難所

日軍又來了，把媽拉走
日軍也要拉她
她被洋阿姨奪回來了
她在洋阿姨撫養下
做了小孤兒

後來舅舅把她接到
自由區來
日軍又來了，她跟
舅舅舅媽乘輪船
逃往漢口

她和表弟正在船上玩
日機來了，用機槍掃射
表弟的頭中彈了
血流遍地
舅媽大哭要跳江
舅父把她綁住了
死了的表弟，
被丟到江裡去

舅父母後來逃到重慶
舅父在商家當店員
舅媽在做保姆
日本的飛機又來了
他們全家都逃入「大隧道」
小女孩不知何時睡着了

她一醒來
舅舅，舅媽不見了
只見遍地是死人，和
半死的人，和
叫爸叫媽的孩子

小孤兒
被抬到一個破廟裡
舅舅舅媽再也不見了
小孤兒便成小難童
小難童連啼哭也不會了

鬼子投降了
小難童被運回南京
原先的孤兒院裡
有的洋阿姨也出現了
小孤兒被原先的

洋阿姨領養了
洋阿姨帶她過大洋
小孤兒在美洲上學了
小學，中學，大學
原先的小孤兒也
結婚了，生孩子了
可是在夜晚，在夢中
她有時還在南京，
在重慶奔跑
床頭有個小皮包，
舊夢就更多
和更可怕了
店東的 coffee 冷了

他不斷地嘆息，說
我們奪回中途島
就曾看到許多，
原住民的無頭死屍
和啼哭的孤兒

Johny，店東招喚店員
退還這 lady 的皮包錢
換一個好皮包送她
你開她的車，送她回家

還鄉（英譯漢詩）

拚命地向北飛，愈飛愈遠，飛到了南方。
（飛越北極圈抵東京）

直線原是弧線的一部分：愈前進，愈轉圜；終點就是起點。（東京飛香港）

離開了故鄉，漂流到最遙遠的地方；那最遙遠的地方，便是故鄉。（香港飛合肥）

Home Village Revisited

Flying northbound,
The more it proceeds,
The farther it goes,
Until the south, We found.

Straight line is all but a part of the curve,
The further we advance,
No change of direction it turns
Until the starting point is around.

It is the very village we left behind,
Drifting to the farthest places we've gone,
The farthest point being the same village,
Nowhere is beyond!

——Te-Kong Tong

題自畫像

若是留在大陸，五關何能飛渡？
假如去了台灣，綠島必然長住。
生個右派嘴巴，加上白專腸肚；
黃巢殺人千萬，怎能不在其數？
歷史原有偶然，命運實難自算。
作了天朝棄民，竟能苟延殘喘。
豈是歪打正着？還是別有天意？
所幸夕陽還在；慢慢寫他則個。